Au nom de l'islam

Enquête sur une religion instrumentalisée

Publié en accord avec l'Agence littéraire Pierre Astier & Associés
Imprimé en France *Printed in France*
ISBN : 978-2-7082-4058-2

Ben Salama

AU NOM DE L'ISLAM

Enquête sur une religion instrumentalisée

DE L'ATELIER
LES EDITIONS
Les Editions Ouvrières
51-55 rue Hoche
94200 Ivry-sur-Seine

À Mohamed Charfi qui nous a quittés le 6 juin 2008
et à tous ceux qui luttent, dans leur pays, pour un islam libéral.

Remerciements

J'adresse mes remerciements, en premier lieu, à Laure Pécher sans qui cet ouvrage n'aurait pas vu le jour.

Ma reconnaissance va à Mathilde Voinchet qui m'a encouragé à entreprendre ce travail d'écriture et à Annie Bouyx pour sa relecture du manuscrit et ses remarques toujours pertinentes. Les traductions de l'arabe et du persan de Hassan Zbib et Ahmed Salamatian ainsi que leurs conseils pour saisir une réalité complexe m'ont été très utiles, tout au long de cette enquête.

Un grand merci enfin à Claude Lasnel et Benoît Bouyx, toujours présents dans les moments difficiles.

Introduction

Ce livre est né du désir de comprendre les racines de l'immense vague islamiste qui submerge depuis trois décennies la plupart des pays arabo-musulmans. Il s'agit d'un phénomène multiforme, infiniment plus complexe que ses réductions médiatiques.

Que s'est-il passé entre l'époque où ma grand-mère croyante, pratiquante, vivait sa religion paisiblement dans les montagnes kabyles d'Algérie, comme des millions d'autres musulmans, du Maroc au Pakistan, et aujourd'hui où, semble-t-il, les seules voix qui portent prônent une lecture rétrograde du Coran ?

Pourquoi les mosquées sont-elles devenues les refuges de tous les espoirs, mais aussi de toutes les peurs et de toutes les haines ? Comment expliquer que le ressentiment semble être le sentiment le mieux partagé en terres d'islam ?

Il ne se passe pas un jour sans qu'un acte de violence ne s'accomplisse au nom de l'islam, à travers le monde et particulièrement dans les pays arabo-musulmans. Car il ne faut pas oublier que les premières victimes de cette violence sont les musulmans eux-mêmes. En a-t-il toujours été ainsi ? Que s'est-il donc passé pour qu'on en arrive là ?

Aujourd'hui, la confusion entre islam et terrorisme est aisée. Les premiers à l'entretenir sont les terroristes eux-mêmes qui s'offrent ainsi une légitimité religieuse et espèrent l'approbation des populations musulmanes. De son côté, l'opinion occidentale, souvent par ignorance des contextes historiques, impute à la religion musulmane tous ces actes de violence et de terrorisme, se référant indifféremment au Coran et à la charia, ensemble de textes juridiques et éthiques, fruit des interprétations des textes sacrés établies par des théologiens lors des premiers siècles de l'islam. La majorité des musulmans en prend ombrage et défend sa religion, affirmant que le Coran et l'islam ne sauraient justifier de tels actes. J'ai souvent entendu des amis athées ou agnostiques, originaires de pays musulmans, défendre le Coran face aux bêtises entendues ici ou là. Défenseurs comme pourfendeurs oublient que nous pouvons trouver tout et son contraire dans le Coran, comme dans les textes sacrés d'autres religions.

Dans son discours au Caire, le 4 juin 2009, Barack Obama a choisi de mettre en exergue la tolérance et la paix dans ces textes sacrés de l'islam : « *Le Saint Coran nous enseigne que quiconque tue un innocent tue l'humanité entière, et que quiconque sauve quelqu'un, sauve l'humanité.* » Il poursuit : « *La foi enracinée de plus d'un milliard d'habitants de la planète est tellement plus vaste que la haine étroite de quelques-uns*[1]. »

Cette adresse du président américain à l'ensemble des musulmans, dans la capitale égyptienne, l'un des grands centres intellectuels du sunnisme, la branche la plus importante de l'islam, donnera-t-elle une nouvelle orientation aux relations tumultueuses de l'Occident et du monde arabo-musulman ? Barack Obama le sait, pour lutter contre la haine d'où qu'elle vienne, le respect de la religion d'autrui et le dialogue des cultures ne suffiront pas.

Ce face à face Occident/Islam, religieux et culturel, mais aussi politique et économique, est un formidable terreau pour tous ceux qui veulent imposer un islam passéiste. Et cette poussée du conservatisme n'est pas seulement l'apanage des islamistes qui cherchent à prendre le pouvoir par les urnes ou par les armes selon les pays ou les circonstances. On assiste aujourd'hui à une véritable surenchère entre les mouvements islamistes et les institutions religieuses officielles toutes sous le contrôle des pouvoirs politiques. Pour ne pas être coupés de leurs peuples attirés par certains discours, les despotes musulmans encouragent ces institutions de l'islam officiel à aller sur les plates-bandes des islamistes, dans l'espoir de leur couper l'herbe sous le pied.

Cette instrumentalisation de l'islam profite évidemment aux islamistes qui enferment les musulmans dans une situation bipolaire, écartelés entre deux camps, l'un pro-occidental et l'autre anti-occidental, l'un qui critique l'islam et l'autre qui le défend.

C'est là une technique séculaire de révolutionnaires qui imposent aux populations de choisir un parti ou son contraire en gommant toute nuance. Les voix modérées, celles qui respectent la foi des croyants sans accepter l'application stricte des lois coraniques, les voix qui

---

1. Toutes les citations de Barack Obama sont extraites de la traduction française de son discours prononcé au Caire, le 4 juin 2009 (traduction effectuée par la Maison Blanche, Washington, USA).

luttent à la fois contre les despotes et les diktats des islamistes, ne trouvent malheureusement plus d'espace pour s'exprimer dans leur pays.

Le passé pèse peu sur le présent pour les peuples heureux. Et les peuples malheureux ne font que ressasser leur histoire et leurs rêves de paradis perdu. Les peuples arabo-musulmans sont de ceux-là ; ils ressassent à n'en plus finir l'âge d'or de l'islam qui a vu les musulmans dominer une partie du monde durant plusieurs siècles.

La mémoire arabo-musulmane est chargée. Pour comprendre ce qui se passe aujourd'hui dans le monde arabo-musulman et mesurer le ressentiment de ses peuples, force est de recourir à l'histoire. Mais quelle histoire ? L'histoire de l'islam, du monde arabo-musulman et de ses relations avec l'Occident ? Celle-ci a déjà été maintes fois traitée par des spécialistes de renom. Ce qui nous intéresse ici, c'est moins cette histoire que la lecture qui en est faite par les uns et les autres. Car il y a l'Histoire écrite par les historiens et l'histoire vécue, celle que l'on enseigne et celle que l'on retient, celle que l'on amplifie et celle que l'on minimise, il y a la sienne, et celle de l'autre.

Amplifiée par les prêcheurs de tout acabit, cette histoire est intériorisée, y compris par des musulmans nés et éduqués en Occident. C'est le cas, on l'a vu en 2005, des kamikazes de Londres. Dans une vidéo posthume, l'un des terroristes s'adressait aux Britanniques et à l'ensemble des Occidentaux en justifiant ainsi les attentats : « *Vos gouvernements élus démocratiquement continuent de commettre des atrocités contre mon peuple à travers le monde. Leur soutien vous rend directement responsables*[2]. »

Lors de mes voyages dans les pays musulmans, j'ai souvent entendu des propos similaires tenus par des hommes et des femmes qui n'ont pas forcément de la sympathie pour les islamistes, sans que mes interlocuteurs appellent nécessairement à la vengeance. La responsabilité historique de l'Occident est souvent montrée du doigt, à qui on reproche ses ingérences dans le monde arabo-musulman, tout au long du XXe siècle.

L'humiliation subie de la part de l'Occident sonne comme un leitmotiv dans la bouche de beaucoup de musulmans, faisant indifféremment référence à Israël, à l'occupation en Irak ou en Afghanistan, ou à une période historique plus lointaine telle que la domination

2. Vidéo diffusée le 1er septembre 2005 par la chaîne satellitaire arabe Al Jazira.

britannique et française sur une grande partie du monde musulman, du début du XIXe jusqu'au milieu du XXe siècle.

Chercher à comprendre les contextes historiques et politiques qui ont permis l'émergence de l'islamisme et de son excroissance, l'islamisme radical, ce n'est nullement excuser les horreurs commises à New York ou à Madrid, à Londres ou Charm Al Cheikh, Bali ou Alger, Riyad ou Le Caire, la liste est loin d'être exhaustive. Il faut saluer les quelques tentatives d'analyse exprimées courageusement par des personnalités occidentales comme l'ancien maire de Londres qui n'ont malheureusement trouvé que très peu d'écho. Quelques jours seulement après les attentats du 7 juillet 2005 qui ont tué cinquante-six victimes innocentes, Ken Livingstone, alors premier magistrat de sa ville, déclarait sur la BBC que ces attentats-suicides, pour lesquels il n'a «*aucune sympathie*», «*ne seraient probablement pas arrivés si l'Occident avait laissé les pays arabes libres de prendre leurs décisions après la Première Guerre mondiale.*» Et il ajouta: «*Je pense que nous avons eu quatre-vingts ans d'intervention occidentale dans des pays majoritairement arabes, à cause du pétrole*[3]*...*» De son côté, l'écrivain libéral anglais John Le Carré situe les racines du terrorisme dans les frustrations, les humiliations passées et présentes. «*C'est une hérésie moderne*, précise-t-il, *en Grande-Bretagne et en Amérique, de suggérer que la guerre en Irak a pu, en quoi que ce soit, pousser certains à commettre des actes terroristes. Bien sûr la guerre ne les excuse pas. Mais il est idiot d'imaginer qu'elle n'a pas créé un contexte favorable à la terreur.*» Tout en condamnant le terrorisme qui n'a aucune logique et ne mérite aucune excuse, John Le Carré cherche des explications: «*Lorsque quelqu'un veut vous tuer, il est utile de savoir pourquoi*[4]».

Les propos de «Ken le Rouge», comme le surnomment les tabloïds anglais, et ceux du maître du roman d'espionnage, diamétralement opposés sur l'échiquier politique anglais, avaient été accueillis dans l'indifférence par les dirigeants occidentaux.

«*Quatre-vingts ans d'intervention occidentale*», dit l'ancien maire de Londres, faisant ainsi référence à l'arrivée des Britanniques au Moyen-Orient durant la Première Guerre mondiale, cette époque du légendaire Lawrence d'Arabie qui a fait rêver tant de générations

3. «Il fallait laisser les pays arabes libres», *Le Monde*, 22 juillet 2005.

4. «La colère de John Le Carré: La guerre en Irak "a attisé le terrorisme"», *Le Monde*, 24 juillet 2005.

d'orientalistes. On se souvient de ces images magnifiques, gravées à jamais sur la pellicule par le réalisateur britannique David Lean, d'un Lawrence caracolant sur son chameau à la tête de tribus arabes dans le désert. Le colonel anglais Thomas Edward Lawrence, et les Français partenaires de cette aventure coloniale, avaient promis aux Arabes, pour les pousser à se révolter contre l'Empire ottoman, un grand royaume. La victoire acquise, le partage des dépouilles ottomanes se fera au seul profit des nouveaux maîtres de la région. Les Britanniques et les Français tracent sur des cartes d'état-major les frontières de nouveaux États, dirigés jusque dans les années 1950 par des hommes de paille. La Palestine, promise à la fois aux Juifs et aux Arabes, connaîtra plusieurs guerres de territoires. Et la violence n'a jamais cessé depuis cette époque. Ce point de fixation reste l'un des facteurs du ressentiment des Arabo-musulmans à l'égard de l'Occident qui apparaît comme un soutien inconditionnel à Israël.

À partir de la Deuxième Guerre mondiale, ce sont les États-Unis, l'une des nouvelles puissances mondiales, qui succèdent aux Britanniques et aux Français dans cette région. Une influence que lui disputera l'Union Soviétique. Ces deux grandes puissances militaires et diplomatiques feront des pays du Moyen-Orient quelques-uns des théâtres de leur Guerre froide, durant plusieurs décennies. L'épisode afghan qui a donné naissance à Al Qaïda en a été un. C'est avec l'aide logistique et financière des États-Unis et de leurs alliés dans la région, les pétromonarchies du Golfe, que les islamistes ont combattu l'occupation soviétique. Ces mêmes islamistes se sont retournés, par la suite, contre leurs anciens alliés.

Le XXe siècle restera celui de toutes les violences et de tous les désordres dans le monde arabo-musulman.

Les contextes historiques, récents ou passés, suffisent-ils à expliquer la montée de l'islamisme et les nombreuses diffucultés auxquelles est confronté le monde musulman, un demi-siècle après les indépendances de la plupart des pays ? Évidemment non, mais ils servent de paravent à toutes les critiques venant de l'extérieur ou de « *distraction des populations*[5] », pour reprendre l'expression de Barack Obama, parlant du conflit israélo-palestinien et des États arabes.

5. Toutes les citations de Barack Obama sont extraites de la traduction française de son discours prononcé au Caire, le 4 juin 2009 (traduction effectuée par la Maison Blanche, Washington, USA).

Citoyen originaire d'un pays musulman et observateur en tant que journaliste de cette bataille des idées que les conservateurs et les islamistes mènent partout où ils se trouvent, j'ai entrepris, il y a quelques années, une enquête sur ce phénomène aux multiples facettes. Je voulais aller au-delà de l'écume de l'actualité rythmée par des événements et des poussées de fièvres, parfois sanglants, ayant pour étendard l'islam. J'ai pu m'entretenir avec des femmes et des hommes qui combattent, au péril de leur vie, cette hégémonie d'une certaine interprétation du Coran. J'ai écouté aussi des acteurs de cet islamisme conquérant et des gardiens de l'islam officiel, tout comme des observateurs musulmans ou occidentaux de ce phénomène qui n'épargne aucun pays musulman. Aussi paradoxal que cela puisse paraître, il est plus aisé dans certains pays de rencontrer des islamistes, ceux qui ne contestent pas les pouvoirs en place, ou les conservateurs que les réformistes ou les militants des droits de l'Homme qui sont étroitement surveillés par leurs gouvernements.

Démocrates, libéraux, réformistes, conservateurs religieux ou islamistes, je les ai tous questionnés sur l'histoire de leur pays, celle du monde arabo-musulman, celle des relations avec l'Occident et leur ai demandé d'expliquer ou de justifier la place, la lecture ou l'utilisation qui est faite de cette histoire. Ils m'ont parlé de cette vague islamiste, de cette lame de fond conservatrice submergeant les années 1960 et 1970 où dominait la fascination pour la modernité occidentale. Je les ai questionnés sur le rôle des femmes et cet enjeu politico-religieux du voile, sur cette référence récurrente au califat, sur la démocratie et la modernité, et le recours au jihad parfois légitimé par des dignitaires religieux rémunérés par les États.

Durant cette période d'enquête commencée il y a six ans, j'ai effectué, en 2004 et 2005, des tournages en Égypte, en Iran et en Arabie Saoudite pour un film documentaire sur la montée de l'islamisme. « *N'oublie pas Dieu* » est le graffiti le plus répandu aujourd'hui dans les rues du Caire. Dans cette ville trône également depuis le début des années 1960 la statue d'une femme faisant le geste de se dévoiler, qui symbolise la renaissance arabe ; or, aujourd'hui, en Égypte, rares sont les femmes qui osent sortir sans voile. Les prédicateurs, à l'image des évangélistes américains, envahissent les écrans des télévisions et des sites Internet. Le plus célèbre d'entre eux, Amr Khaled, est aujourd'hui une star dans l'ensemble du monde arabe. Et il n'est pas rare de voir des vedettes du cinéma ou de la télévision évoquer, à grands renforts de publicité, leur foi retrouvée. Quatre-vingts ans après leur création, le mouvement des Frères musulmans[6] marque de son empreinte toute la société égyptienne. Officiellement interdit mais toléré, avec des députés au Parlement, il représente aujourd'hui l'opposition politique la plus importante, la plus crédible et la plus influente dans toutes les couches sociales.

Cette emprise du conservatisme religieux et de l'islamisme, version Frères musulmans ou wahhabite[7], gagne petit à petit l'ensemble du monde musulman. Les pouvoirs politiques en place, qu'ils soutiennent ou qu'ils luttent officiellement contre ces mouvements, semblent subir leur influence. En Algérie, six jeunes gens ont été condamnés en 2008 à quatre ans de prison pour non-respect du ramadan par les tribunaux du pouvoir[8], celui-là même qui lutte contre les terroristes islamistes. Suite à des protestations de la Ligue algérienne de défense des droits de l'Homme, ils ont été heureusement libérés quelques mois plus tard. Au Maroc, pays de tourisme, ouvert sur l'extérieur, un visiteur attentif des grandes villes peut se sentir schizophrène à la vue des femmes marchant dans les rues, pour la plupart voilées, et celles exhibées, sans voiles, sur de grands panneaux publicitaires vantant tel ou tel produit. Des publicités qui n'ont rien à envier à celles que nous voyons quotidiennement en Europe ou en Amérique du Nord. C'est aussi dans ce pays qu'un dignitaire religieux prononça une fatwa autorisant le mariage des filles dès l'âge de neuf ans[9], osant même des commentaires sur leurs présupposées performances sexuelles sans que l'État le poursuive en justice pour appel à la pédophilie. L'entourage du roi a préféré « déléguer » cette tâche à un avocat du barreau de Rabat qui a porté l'affaire devant les tribunaux et suscité heureusement un mouvement de protestation chez de nombreux Marocains.

En tenant ces propos, ce cheikh[10] intégriste, qui officie notoirement dans une mosquée, cherche à ramener la société marocaine

6. Mouvement politico-religieux créé en Égypte par Hassan Al Banna, en 1928.

7. Voir le chapitre « La vague islamiste ».

8. Voir Christophe Ayad, « Quatre ans de prison pour non-respect du ramadan », *Libération*, 9 octobre 2008.

9. Voir Robert Solé, « Jeunes mariés », *Le Monde*, 13 septembre 2008.

10. Le titre de « cheikh » est donné au sage ou à un guide dans la vie spirituelle, en raison de ses grandes connaissances religieuses.

quatorze siècles en arrière, à l'époque du prophète Mohamed qui avait pris pour dernière épouse Aïcha tout juste âgée de 9 ans.

C'est en Arabie Saoudite, amie de l'Occident, que j'ai entendu les propos les plus virulents à l'égard de l'Occident, ou plus exactement à l'égard de la civilisation occidentale. C'est dans ce royaume wahhabite que le concept du « *takfir* », de l'excommunication, cher aux islamistes radicaux, est le plus répandu. Dans une université de Riyad, la plus moderne et la plus « présentable » aux visiteurs étrangers, j'ai entendu de la part de certains étudiants des discours équivalents à ceux que l'on pourrait entendre dans la bouche de militants des mouvements extrémistes.

Paradoxalement, c'est en Iran que j'ai entendu les critiques les plus virulentes à l'égard du conservatisme musulman, et cela en raison d'une génération de pouvoir islamiste. Un pays sous une chape de plomb tenu par une nomenklatura politico-religieuse, mais où existe une véritable société civile active et contestataire, comme dans les pays du bloc communiste durant les années 1980, avant l'effondrement du mur de Berlin.

Le soulèvement populaire de juin 2009, même s'il a eu comme déclencheur une élection présidentielle truquée, était prévisible pour de nombreux observateurs. J'ai observé en Iran une contestation du régime théocratique et du pouvoir politique qui ne vient pas seulement des étudiants et des intellectuels laïcs mais aussi d'une partie du clergé chiite. C'est le cas du hojatoleslam Mohsen Khadivar rencontré à Téhéran ou de l'ayatollah Ali Montazeri à qui j'ai pu rendre visite, à Qom où il est en résidence surveillée.

Durant ce soulèvement dans plusieurs villes iraniennes, l'ayatollah Montazeri a apporté tout son soutien aux manifestants et condamné la répression sanglante dont ils sont victimes. « *Si le peuple iranien ne peut pas revendiquer ses droits légitimes dans des manifestations pacifiques et est réprimé, la montée de la frustration pourrait éventuellement détruire les fondations de n'importe quel gouvernement, aussi fort soit-il*[11] », a-t-il déclaré dans un communiqué, tout en appelant les manifestants à poursuivre le mouvement.

La rencontre la plus émouvante pour moi est celle que j'ai eue, au Caire, avec Gamal Al Banna, le frère du fondateur des Frères musulmans dont il n'a jamais été proche affirme-t-il. Âgé aujourd'hui de près

---

11. Dépêche de l'Agence France Presse du 25 juin 2009.

de 90 ans, Gamal Al Banna prône un islam libéral et audacieux. Il fustige les héritiers idéologiques de son frère et toutes les institutions officielles de l'islam qui propagent un islam salafiste [12] et cherchent à imposer à l'ensemble des musulmans de vivre « au rythme de la vie d'il y a dix siècles et non pas à celui de notre époque [13]. »

Puisse cet ouvrage apporter un éclairage sur les soubresauts qui traversent le monde musulman où la place occupée par la religion peut paraître aux yeux des Européens, plus qu'aux Américains d'ailleurs, incompréhensible. Cette enquête ne prétend pas à l'exhaustivité, ni thématique, ni géopolitique. De nombreux pays et situations locales dans ce vaste ensemble musulman, qui va jusqu'à la Chine, ne sont pas évoqués. Pour autant, cette réalité n'épargne aucune région du monde musulman.

Ce livre est divisé en chapitres thématiques, ordonnés pour une meilleure compréhension de cette réalité complexe.

Paris, le 1er juillet 2009.

12. Le salafisme est un mouvement religieux revendiquant le retour à l'islam des origines.

13. Entretien avec l'auteur. La table des entretiens figure en fin d'ouvrage, page 199.

Chapitre 1

LA VAGUE ISLAMISTE

Le monde s'inquiète de la montée d'un islamisme dépourvu de définition précise. Les signes sont visibles, criants, voire insupportables lorsqu'il s'agit d'atteinte aux droits de l'Homme ou de terrorisme. Depuis les attentats de New York et Washington du 11 septembre 2001, un seuil a été atteint, si bien que la question de l'islamisme se trouve au cœur de bien des débats. En réalité, les vagues islamistes – et non la vague islamiste – sont anciennes. Leurs manifestations extrémistes en sont l'expression paroxystique. Mais elles ne sauraient à elles seules expliquer le phénomène qui les sous-tend. Dans chaque pays, la vague islamiste trouve des expressions multiples et des causes singulières. L'interaction entre les différents mouvements se réclamant de l'islam les a souvent renforcés, mais les a surtout unis en une nébuleuse islamico/islamiste qui renvoie à un constat : les sociétés musulmanes revendiquent le droit à une identité musulmane. Au-delà de ce qui est décrit comme une idéologie, se cachent des projets de société aux caractéristiques multiples : des tendances islamistes acceptent le jeu démocratique, d'autres se réfèrent à des modèles totalitaires, certaines d'entre elles usent de moyens pacifiques, d'autres appellent à la guerre, d'autres encore recherchent le consensus, alors que les plus violentes ont recours au terrorisme. En d'autres termes, il n'existe pas un islamisme, mais des islamismes.

La face émergée

Les manifestations tangibles d'un phénomène de société aussi ample que l'islamisme sont comme la face émergée de l'iceberg. Elles masquent des soubassements édifiés décennie après décennie à l'abri des regards. Elles étaient annoncées, mais insuffisamment prises en compte. Aujourd'hui, personne ne peut plus les ignorer. Femmes voilées, prêches et prédicateurs, mosquées pleines, écoles coraniques en développement, victoires électorales des partis islamistes jusque dans les pays laïcs comme la Turquie, sans parler des mouvements jihadistes et terroristes qui font la une des journaux télévisés du monde entier. Alors que chacun de ces phénomènes pris isolément appelle remarques et explications, rassemblés, ils inquiètent et la peur qu'ils engendrent prend le pas sur l'analyse.

Le voile d'abord, qui a pris possession de la rue, y compris là où on ne l'avait plus vu depuis un demi-siècle ; voile haute couture porté négligemment sur un visage ultra-maquillé, ou bien burqa, tchador ou abaya[1] austère, le port du voile est devenu massif, ostentatoire ou imposé, dans tous les cas incontournable. Qu'il soit compris comme un symbole identitaire, un instrument politique ou un attribut religieux, il n'en reste pas moins un indicateur, celui d'une revendication à laquelle le reste du monde ne peut être indifférent. Au Caire, considéré longtemps comme une ville où les femmes sont plus libres que dans le reste du monde arabe, le voile est porté aujourd'hui par une très grande majorité d'Égyptiennes. Même les actrices, stars ou débutantes, que l'on voyait autrefois légèrement vêtues dans des films ou des *soap*-opéras télévisés, se sont mises à revendiquer le voile comme signe d'une religiosité retrouvée. L'une d'elles, Mayar Al Beblawy, est devenue prédicatrice sur une chaîne de télévision satellitaire après des études religieuses sommaires. La prédication télévisuelle est devenue pour cette ancienne starlette un nouveau rôle qu'elle tient avec une conviction affichée. « J'ai voulu profiter de mon expérience et de mon nom dans le milieu audiovisuel pour servir l'islam[2] », me confia celle qui, aujourd'hui, conseille les téléspectateurs à propos de ce qu'il faut faire ou ne pas faire au regard de textes sur lesquels les érudits ont des interprétations divergentes.

1. Le voile – *hijab* en arabe – porté au-dessus des vêtements est appelé différemment selon les régions : *tchador* (Iran), *burqa* (Afghanistan), *abaya* (Arabie Saoudite) ou encore *nikab* (voile couvrant le visage – sauf les yeux – en prolongement du *hijab*, principalement porté au Moyen-Orient et qui touche aujourd'hui d'autres régions du monde).

2. Entretien avec l'auteur.

Quelle que soit la nature de ce qui a motivé un tel changement, ce qui importe ici est cet « avant » et cet « après » : que s'est-il passé pour que cette femme couvre du jour au lendemain ses cheveux sans renoncer pour autant à l'objectif des caméras ?

Que s'est-il passé pour que les études coraniques explosent, pour que les jeunes se pressent en masse dans les universités islamiques ? La grande université islamique d'Al Azhar, au Caire, comprenait une douzaine d'instituts durant les années 1940, aujourd'hui elle en compte plus de sept mille à travers toute l'Égypte, accessibles aux hommes et aux femmes.

En marge des institutions officielles de l'islam, on voit pulluler depuis plusieurs décennies des autodidactes de l'islam appelés les « nouveaux prédicateurs » qui prêchent la bonne parole islamique un peu partout dans le monde. Et les nouvelles technologies de l'information, notamment la généralisation des chaînes satellitaires et de l'Internet contribuent largement à leur développement.

Le journaliste égyptien Hossam Tamam, rédacteur en chef du site IslamOnline[3], explique que ce qui les caractérise, « c'est leur volonté de se référer à d'autres sources que la religion pour étayer leur enseignement et leur argumentation ». Dans le discours islamique classique des années 1970, les références étaient purement inspirées du Coran, des hadiths[4] et de la charia[5] et de rien d'autre. Le mouvement des nouveaux prédicateurs est plus souple et ouvert à d'autres disciplines et d'autres références que l'islam et la religion.

« Il n'est pas rare de les entendre citer un verset du Coran, puis évoquer une parole de Bouddha, de Confucius ou d'autres philosophes ou penseurs et chercheurs occidentaux non musulmans, le tout ponctué d'anecdotes puisées dans la vie quotidienne. Leur discours islamique est ainsi complètement libéré de toutes les restrictions qu'impose le respect absolu des fondements de l'islam[6]. »

Autre signe éclatant de cette montée de l'islamisme : les résultats électoraux. En 2002, la victoire du Parti pour la Justice et le Dévelop-

3. Site bilingue arabe-anglais d'informations générales, de conseils pratiques et de recommandations pour les musulmans.

4. Le *hadith* est un terme arabe qui désigne les dires et les actes du prophète Mohamed.

5. La charia est la loi islamique établie lors des premiers siècles de l'islam.

6. Entretien avec l'auteur.

pement, l'AKP, en Turquie, pays historiquement laïc, a été vécue comme un choc par les élites nationalistes et la gauche turque. Même si Recep Tayyip Erdogan, le leader de l'AKP et Premier ministre turc depuis 2003, se défend de vouloir appliquer la loi islamique et de remettre en question la laïcité de l'État, son parti se présente comme un parti démocrate musulman. En Égypte, à chaque élection, les Frères musulmans voient leur représentation au Parlement progresser et cela en dépit de toutes les actions intentées contre eux par le pouvoir. Dans tout le monde arabo-musulman, on assiste à une montée en puissance des islamistes ; organisés en partis officiellement reconnus ou dissimulés sur des listes dites indépendantes, ils grignotent chaque année des parts électorales importantes. De manière générale, les observateurs politiques des pays musulmans s'accordent à dire que les islamistes emporteraient la quasi-totalité des élections si celles-ci étaient organisées de façon libre.

Les parlements ne sont pas seuls touchés par cette vague. En Égypte par exemple, les élections syndicales professionnelles sont largement remportées par des islamistes. Une partie non négligeable de l'élite de la nation – médecins, ingénieurs, avocats – se reconnaît dans l'idéologie des Frères musulmans. Les tentatives récurrentes du gouvernement pour soumettre ces syndicats à sa volonté échouent.

Les Frères musulmans, ce parti politico-religieux né en Égypte au début du XXe siècle, est la matrice idéologique de la plupart des mouvances islamistes dans le monde. Et ce phénomène ne concerne pas uniquement les pays musulmans. À l'instar de l'Internationale communiste, une Internationale des Frères a été créée pour coordonner les différentes confréries à travers le monde. Cependant, la confrérie de chaque pays est complètement autonome et indépendante, et elle poursuit ses propres politiques et ses propres buts, mais elle peut, si elle le souhaite, s'adresser à l'organisme central pour consultation.

Enfin, les réactions les plus radicales se sont multipliées au cours des deux dernières décennies. Appel fréquent au jihad sous sa forme guerrière et non dans son sens de combat intérieur, multiplication des fatwas[7], des anathèmes, des mouvements et actes terroristes suffisamment marquants pour qu'il ne soit pas utile de les rappeler ici.

7. *Fatwa* est un mot arabe désignant un avis juridique émis par un spécialiste de la loi religieuse pour régler un problème où la jurisprudence islamique n'est pas claire.

Quel sens donner alors à cet islamisme montant aux allures d'idéologie ? S'il s'agit pour les uns de se construire un avenir, un nouveau projet politique, économique et social qui permette aux États de sortir de la dictature et de la dépendance à l'égard de l'Occident ou de l'Asie, pour les autres l'islamisme constitue avant tout une réaction fortement identitaire.

Il est vrai que les expériences politiques menées de gré ou de force dans l'ensemble des pays musulmans au cours du XXe siècle se sont presque toutes soldées par des échecs : échec du modèle de vie à l'occidentale, de la modernisation à marche forcée de la société, et échec des nationalismes, du socialisme arabe comme du libéralisme.

De nos jours, l'islamisme agit comme la dernière idéologie à laquelle les peuples arabo-musulmans puissent adhérer. Et elle est d'autant plus active qu'elle comporte une dimension révolutionnaire. Aujourd'hui la seule opposition forte aux régimes dictatoriaux des pays musulmans s'exprime dans les mosquées, via l'islam. Ironie de l'histoire, ces forces politico-religieuses sont celles que ces régimes ont laissé longtemps se développer pour barrer la route aux oppositions de gauche qui cherchaient à les renverser.

Dès lors l'islam apparaît comme un label, une marque déposée et un gage de succès. Islamiser le discours politique, c'est lui donner plus de chance d'atteindre sa cible. Le cas de la Palestine illustre assez bien la résonance du discours islamiste. Le mouvement de libération de la Palestine était au départ laïc, même si Arafat lui-même était proche des Frères musulmans égyptiens dans les années 1950. L'échec du processus de paix suite aux accords d'Oslo en 1993, la pauvreté dans les territoires et la corruption de l'Autorité palestinienne ont permis l'émergence d'un discours islamiste fortement mobilisateur. C'est aujourd'hui un mouvement islamiste, le Hamas, regardé à ses débuts avec bienveillance par les Israéliens, qui remporte les dernières élections dans les territoires palestiniens.

Cette vague islamiste ne peut se lire uniquement comme une adhésion à un projet ou à une idéologie politique. Elle répond également à une crise identitaire qui a frappé la plus grande partie du monde musulman. L'aspiration à un retour aux sources, fussent-elles mythiques, est un phénomène assez généralisé qui se comprend, entre autres, comme une force de résistance à la mondialisation et à la standardisation des modèles. Il est d'autant plus fort dans le monde islamique que les peuples se sont senti arrachés à leurs racines par les différents projets de modernisation et d'occidentalisation amorcés au cours du XXe siècle. « Le regain de l'élément identitaire est une sorte de réappropriation par nos sociétés de leur destinée », explique Abdoullah Al Sabih, professeur à l'université islamique de Riyad. « Sans lui, le sous-développement que connaît le monde musulman actuellement continuera encore longtemps[8]. » L'échec du nationalisme arabe mentionné précédemment et la difficulté pour de nombreux musulmans de se définir par une appartenance nationale ont servi la cause de l'identité islamique. Plus cette identité islamique leur est refusée, plus elle s'affirme.

Aux origines de l'islamisme

À ce stade de notre enquête et pour comprendre les racines de l'islamisme, un bref retour en arrière s'impose. Loin de vouloir ici écrire l'histoire de l'islamisme, on rappellera les grandes vagues qui ont porté jusqu'à nous cette idéologie politico-religieuse.

Le wahhabisme

Au milieu du XVIIIe siècle, l'islam de la péninsule arabique a commencé à se déliter, non seulement en se déclinant en de multiples variantes, mais en se heurtant à toutes sortes d'influences extérieures. Hérésies, cultes locaux et idolâtries s'épanouissaient, quand les pouvoirs locaux, eux, vacillaient. L'océan Indien, considéré longtemps comme la mer intérieure de l'islam, était parcouru par des navires occidentaux. Et dans ce monde musulman malade, un homme, un théologien, s'attache à faire valoir une lecture rigoriste et originelle de l'islam ; c'est Mohamed Ibn Abdelwahhab (1703-1792). Avec le prince Mohamed Ibn Saoud[9], il rassemble sous un même pouvoir, et dans une même foi, les différentes tribus de la péninsule arabique, réalisant du même coup une unité politique et religieuse. Cette unité de quelques tribus de l'Arabie ne durera que peu de temps ; les Ottomans qui règnent sur cette région ne peuvent l'accepter. Mais le

---

8. Entretien avec l'auteur.

9. Mohamed Ibn Saoud est l'ancêtre du fondateur de l'Arabie Saoudite, Abdelaziz Ibn Saoud.

wahhabisme est né et devient dès son origine un mouvement islamiste fortement ancré dans le pouvoir politique. Sa postérité, en dépit de son austérité, sera immense à partir du milieu du XXe siècle ; il a prêché dans le désert durant deux siècles jusqu'au jour où le pétrole est arrivé.

L'Arabie Saoudite est en réalité le premier État moderne créé, après la Première Guerre mondiale et l'effondrement de l'Empire ottoman, au nom de l'islam, avec pour seule constitution le Coran. L'Arabie qui abrite les deux lieux saints de l'islam, La Mecque et Médine, devient, dans les années 1920, saoudienne du nom de celui qui l'a conquise par le sabre et le Coran, Abdelaziz Ibn Saoud[10].

Dans la conquête des territoires, le bras armé des Saoud fut les « Ikhwans[11] », les Frères saoudiens qui soumettent par la force les tribus bédouines récalcitrantes, leur imposant par la même occasion cet islam rigoriste wahhabite. L'islam est de ce fait le facteur essentiel de l'unité du royaume au sein duquel se partagent les pouvoirs : le temporel revenant à la famille Saoud et le spirituel aux wahhabites. Ce pacte est à l'origine de toutes les concessions à venir ; le royaume ne cessera de donner toujours plus de garanties aux wahhabites qui prennent ainsi le contrôle des mosquées et de l'ensemble des institutions religieuses du pays.

À partir de la Seconde Guerre mondiale, grâce à la manne pétrolière, l'essor économique de l'Arabie Saoudite favorise l'expansion de cette secte de l'islam sunnite. Le premier État à en bénéficier sera le Pakistan qui vient, lui aussi, d'être créé au nom de l'islam. Nous sommes en 1947. Au nom de la solidarité islamique, de nombreuses écoles, madrasas, mosquées ou institutions religieuses sont construites avec les pétrodollars saoudiens ; une nouvelle nation musulmane est née de la partition de l'ancien royaume des Indes sur fond de décolonisation.

En 1962, à La Mecque, toujours grâce à la manne pétrolière, l'Arabie Saoudite du roi Fayçal crée la Ligue islamique mondiale, outil de propagande wahhabite à travers le monde qui servira à financer mosquées ou centres islamiques, y compris en Occident. Et, en cette période de Guerre froide, les États-Unis encouragent la solidarité islamique parce qu'elle est en lutte contre le communisme.

---

10. Voir sur ce sujet Pascal Ménoret, *L'énigme Saoudienne. Les Saoudiens et le monde, 1744-2003*, Paris, La Découverte, 2003

11. *Ikhwans*, frères en arabe.

La Jamaat-e-Islami pakistanaise

De l'Inde, nous n'avons gardé que les images du chantre de la non-violence, le mahatma Gandhi, l'homme qui a mené son pays à l'indépendance. Ce faisant, nous avons oublié la partition qui a suivi, destinée à mettre un terme aux affrontements sanglants entre musulmans d'un côté, hindous et sikhs de l'autre. C'est Mohamed Ali Jinnah, éduqué dans les meilleures écoles de Londres, qui, en 1947, obtint pour les musulmans indiens la création d'un État : le Pakistan. Cette partition ne réglera pas pour autant la question communautaire ; un tiers des musulmans continue à vivre en Inde et les violences ressurgissent régulièrement. Dès les premières années de l'indépendance, Mohamed Ali Jinnah et son parti, la Ligue musulmane, avaient cherché à fonder un État moderne, sur des bases confessionnelles, certes, pour les raisons que nous venons d'évoquer, mais inspiré par le système politique de l'ancienne puissance coloniale, la Grande-Bretagne.

Or Ali Jinnah meurt un an après l'Indépendance, et c'est un autre parti, la Jamaat-e-Islami d'Abdoul Al Mawdoudi, qui sera finalement à l'origine de la promulgation de la première république islamique au monde, dont la constitution sera adoptée le 23 mars 1956. Contrairement à Jinnah qui était chiite, Al Mawdoudi est sunnite comme la majorité des musulmans du nouveau Pakistan. Il crée son mouvement politico-religieux, la Jamaat-e-Islami, en 1941, dans une Inde britannique avec l'intention de promouvoir les valeurs et pratiques islamiques. Après s'être opposé à sa création, il rejoint finalement le Pakistan. Pour lui, comme pour tous les islamistes, ce qui caractérise un État islamique, c'est l'application stricte de la charia, et non le fait qu'il soit dirigé par des musulmans.

L'islam est le ciment de cette nouvelle nation soumise à des forces centrifuges et composée de plusieurs groupes de populations [12], chacun ayant sa propre langue, même si la langue nationale adoptée depuis l'indépendance est l'ourdou, pratiquée aussi en Afghanistan. La religion, ici comme dans d'autres pays musulmans, est instrumentalisée par les gouvernants successifs ; Ali Bhutto, dans les années 1970, et les généraux qui lui ont succédé, contribuent à l'islamisation du pays sous

12. Ces principaux groupes de population sont les Penjabis, les Sindis, les Balouches, les Pathans, les Cachemiris et les Mohajirs.

la poussée des fondamentalistes. À partir de 1979, cette instrumentalisation se développe via un soutien incessant aux talibans[13] dans leur guerre contre les Soviétiques et via l'implication de l'armée et des services de renseignement dans la formation des moudjahiddins cachemiris.

Les tentatives du gouvernement pakistanais, après les attentats du 11 septembre 2001 et l'intervention américaine en Afghanistan, d'interdire les partis extrémistes et de fermer ou de contrôler les madrasas en y introduisant des enseignements scientifiques et profanes n'y font rien. La vague islamiste poursuit sa course, même dans ce pays quadrillé par des services de police et de renseignements. Des régions entières du Pakistan sont aujourd'hui sous le contrôle des islamistes qui imposent leur loi à la population. Ainsi, dans la vallée de Swat, au nord-ouest de la capitale Islamabad, les Talibans pakistanais ont instauré un État dans l'État, appliquant une charia que les fondateurs de la loi islamique, aux premiers siècles de l'islam, renieraient probablement. Comme toutes les lois, religieuses ou profanes, la charia a besoin de l'interprétation de spécialistes, celle des Talibans est des plus rétrogrades. Le pouvoir central ferme les yeux en échange d'une paix hypothétique, et accepte, par exemple, l'interdiction faite aux filles d'aller à l'école, au nom de l'islam.

Les Frères musulmans

L'histoire politique de l'Égypte, avec la création des Frères musulmans dans les années 1920, a joué incontestablement un rôle moteur dans l'expansion de l'islamisme. Bien avant le grand boum pétrolier, deux événements ont favorisé la dynamique islamiste : le démantèlement de l'Empire ottoman et l'abolition du califat en 1924. Le califat, on le verra, servait d'agent unificateur dans le monde musulman. Avec son abolition, c'est une partie de l'identité musulmane, et de sa grandeur, qui était comme gommée. Quant aux conséquences du délitement de l'Empire, elles diffèrent d'un pays à l'autre selon le degré de sujétion au calife ottoman. Le Maghreb, par exemple, ne faisait plus

13. Les talibans sont des étudiants en théologie islamique dans des madrasas. Depuis la guerre contre les Soviétiques (1979-1989), des talibans ont donné naissance à un mouvement politico-religieux en Afghanistan et au Pakistan appelé par les médias occidentaux : les Talibans.

partie de l'Empire depuis l'invasion française du milieu du XIXe siècle. L'Égypte non plus, même si elle était clairement sous influence ottomane. Un des meilleurs spécialistes égyptiens des mouvements islamistes, Diaa Rashwan, rappelle au contraire que le Machrek, l'Orient arabe, avait des raisons de se réjouir ; le joug ottoman y céda la place à des mouvements panarabes apparus dans la région. Le cas de l'Égypte est différent. « En Égypte, précise-t-il, on a assisté à partir de ce moment à une division au sein de l'élite. Un Parti national qui ne reniait pas l'héritage ottoman et une autre branche de cette élite égyptienne, représentée par le parti Wafd, qui réclamait l'instauration d'un État laïc moderne à l'image des États européens de l'époque. Enfin il y a eu, en 1928, la naissance des Frères musulmans qui a été une réponse à la disparition de l'Empire ottoman et du califat [14]. »

Les Frères musulmans naissent sur les rives du canal de Suez, dans une zone sous domination britannique. Dès l'origine, ils sont animés par une double réaction. Ils réagissent d'une part à la disparition du califat – celle-ci date de 1924 et la naissance des Frères musulmans de 1928 – et s'opposent d'autre part à l'influence et à la domination britannique sur la région, même si, au départ, le mouvement a un projet plus caritatif et religieux que politique. C'est ce que Diaa Rashwan rappelle très clairement : « En 1938, dit-il, se déroule ce qu'on appelle la cinquième conférence annuelle des Frères musulmans. Dans cette cinquième conférence, Hassan Al Banna a présenté pour la première fois son programme politique, à savoir l'établissement d'un État islamique en Égypte, sa position vis-à-vis de l'occupation britannique, et sa vision de la région, à savoir les relations entre les différents pays de ce qu'on appelle aujourd'hui Proche-Orient et Moyen-Orient ainsi que la situation de la Palestine. Il faut savoir en effet que ce qui se passe aujourd'hui en Palestine a déjà commencé à la fin des années 1930. Ainsi les Frères musulmans, qui s'étaient d'abord situés hors du champ politique, y entrèrent dès leur dixième année pour ne jamais en sortir [15]. »

---

14. Entretien avec l'auteur.

15. *Ibid.*

L'échec du panarabisme

La Seconde Guerre mondiale constitue un grand tournant dans l'ensemble du monde arabo-musulman, avec l'émergence des mouvements nationalistes. À partir du début des années 1950, sous l'impulsion de Gamal Abdel Nasser (1918-1970) et du mouvement des Officiers libres, l'Égypte se libère de la monarchie et par la même occasion du joug britannique. Se développe alors ce qu'on va appeler le panarabisme, modèle qui, après l'avoir côtoyé, va tenter d'éliminer le panislamisme prôné par le fondateur des Frères musulmans, Hassan Al Banna (1906-1949). Durant cette période, le panarabisme de Nasser est porteur d'un formidable espoir. Il fait vibrer les peuples arabes de Rabat à Tunis, de Damas à Aden, d'autant qu'ils sont pour la plupart encore sous domination de puissances européennes. La nationalisation du canal de Suez en 1956 suscite des réactions enthousiastes au sein des foules arabes et des peuples du tiers-monde qui voient là un acte anticolonial et anti-impérialiste important. Après une guerre d'intimidation menée par Israël, avec l'Angleterre et la France, l'Égypte sort vainqueur de ce bras de fer avec l'Occident et trouve le soutien des Soviétiques qui lui fournissent les armes et l'aide nécessaire pour mener à bien son projet pharaonique : la construction du barrage d'Assouan.

Le colonel Nasser est devenu le Raïs, le guide d'une nation arabe mythifiée. Ses discours, retransmis en direct par la radio du Caire, enflamment les capitales arabes. En cette période de décolonisation, Nasser symbolise une fierté retrouvée pour les masses arabo-musulmanes.

Or parallèlement au nassérisme s'élève une autre voix, celle des Frères musulmans, considérablement renforcée d'abord par l'assassinat de son fondateur, Al Banna, en 1949 [16], puis par les incarcérations et sévices subis par ses membres à partir de 1954. Cette répression oblige les Frères musulmans à s'organiser dans la clandestinité et à se structurer. Au départ, ils étaient pourtant des alliés de Nasser. Le professeur égyptien Mustapha Kamel Al Sayid insiste sur le rôle qu'a joué la rivalité entre les Officiers libres et les Frères

---

16. Le 12 février 1949, quelques mois après l'assassinat par un frère musulman du chef du gouvernement, le fondateur du mouvement Hassan Al Banna est à son tour assassiné. Les services secrets égyptiens sont suspectés.

musulmans. « Ces derniers ont été informés, précise-t-il, de la date du coup d'État militaire qui a renversé la monarchie. Il paraît même que celui-ci a été reporté d'un jour à cet effet. Au début donc, il y a sans doute eu collaboration entre les Frères musulmans et les Officiers libres. Mais les Frères musulmans ont fait leurs calculs, de faux calculs. Ils ont cru que la société des Officiers libres tomberait sous leur influence. Or il y avait une sorte de rivalité entre les deux mouvements, et c'est elle qui va présider à la destinée de l'Égypte. Au bout du compte, Nasser, avec l'appui d'un grand nombre de jeunes officiers, réussira à décapiter les Frères musulmans et à interdire leur organisation, et cela malgré l'influence de leur pensée sur les Officiers libres. » Que s'est-il donc passé entre le 23 juillet 1952, date de la révolution de Nasser soutenue par les Frères musulmans, et 1954, année de rupture entre les Frères musulmans et les Officiers libres ? « D'abord – au mois d'août, juste après la révolution –, rappelle Mustapha Kamel Al Sayid, les Officiers libres, qui veulent une réorganisation des partis politiques, demandent aux Frères musulmans de se constituer en parti, ce qu'ils refusent. Le 16 janvier 1953, les partis politiques sont abolis en même temps que la constitution de 1923. C'est un moment délicat pour les Frères musulmans parce que, tous les autres partis étant dissous, ils restent la seule organisation à agir ouvertement dans le pays. C'est alors que les Officiers libres créent le Rassemblement de libération. On assiste durant cette période à des bagarres incessantes entre les membres de cette organisation soutenue par les Officiers libres et les jeunes étudiants de l'université partisans des Frères musulmans.

Puis, en février et mars 1954, un conflit éclate au sein de la société des Officiers libres. Les uns, conduits par Mohamed Naguib et Khaled Mohiédine, prônent le retour au régime parlementaire, tandis que les autres, sous la direction de Nasser, veulent la continuation du régime militaire. Et les Frères musulmans évidemment soutiennent Naguib et le retour au régime parlementaire. Une fois Naguib éliminé, les autorités accusent les Frères musulmans d'avoir fomenté l'assassinat de Nasser. C'est à ce moment que le mouvement est dissous. Plusieurs de ses membres sont arrêtés et des milliers de militants emprisonnés [17]. »

17. Entretien avec l'auteur.

Nasser s'arroge donc tous les pouvoirs et promulgue une nouvelle constitution après s'être débarrassé de ses anciens alliés, les communistes et les Frères musulmans. Des opposants par milliers se retrouvent derrière les barreaux, d'autres sont exécutés.

La radicalisation de l'islamisme égyptien

C'est dans ce contexte qu'entre en scène un personnage déterminant pour l'islamisme radical : Saïd Kotb.

Fonctionnaire de l'Éducation nationale, poète et critique littéraire, plutôt libéral et proche du nationalisme laïc au début de sa carrière, il rejoint les Frères musulmans au début des années 1950 après un séjour aux États-Unis. Envoyé par son ministère en 1949 à l'université du Colorado où il séjourne une année, il est doublement heurté, par ce qui apparaît à ses yeux comme une trop grande libéralisation des mœurs de la société américaine, ainsi que par le racisme dont souffrent les Noirs. Kotb, qui a une peau foncée, en a souffert, lui aussi. De retour au Caire, il entre dans la confrérie d'Hassan Al Banna et dirige une de leurs publications. Avec l'accord des Frères, il devient même un des conseillers du président Naguib et des Officiers libres, au pouvoir depuis le putsch de 1952. Mais après des désaccords importants avec Nasser, lequel a renversé Naguib et pris sa place, Saïd Kotb, comme des milliers d'autres Frères musulmans, est emprisonné en 1954, année de la dissolution des Frères musulmans et de la tentative d'assassinat de Nasser.

Il restera onze ans en prison, années déterminantes au cours desquelles il rédige une interprétation du Coran en six volumes : *À l'ombre du Coran*[18]. La version abrégée qui sortira au début des années 1960, *Les signes des pistes*, constituera l'assise théorique de l'avant-garde islamiste en Égypte et dans le reste du monde arabo-musulman. Son auteur sera pendu au Caire, par Nasser, en 1966 malgré des protestations et manifestations organisées dans plusieurs pays arabes et musulmans, en particulier dans le Pakistan de Abdoul Al Mawdoudi.

La pensée de Kotb et son parcours ont finalement inspiré les jihadistes de la nébuleuse islamiste d'Al Qaïda, notamment l'Égyptien

18. Saïd Kotb, *À l'ombre du Coran*, traduit et annoté par Osama Khalil, Asnières, mosquée Al Hidayah Al Islamyah, Alphabeta, 1998.

Ayman Al Zawahiri. Principal théoricien de l'islamisme radical, Kotb estime que les sociétés musulmanes doivent être débarrassées de l'influence occidentale et que les États musulmans, issus pour la plupart de la décolonisation, sont des États impies, tant qu'ils n'appliquent pas la charia dans sa totalité.

Un an après l'exécution de Saïd Kotb, Nasser subit une déroute militaire cinglante. Suite à plusieurs mois de tensions, Israël déclenche, en juin 1967, une attaque préventive et détruit, en six jours, l'armée égyptienne ainsi que celle de trois autres pays, ce qui provoque un véritable séisme dans tout le monde arabe.

Cette défaite, ô combien humiliante, de la guerre des Six Jours (1967) et la mort de Nasser (1970) sonneront le glas du grand projet nationaliste panarabe, première force idéologique durant deux décennies. Les Frères musulmans ont alors beau jeu de revenir sur le devant de la scène avec la même recette et la même exigence, le retour aux valeurs islamiques d'antan pour mettre fin au déclin des nations arabo-musulmanes.

À partir des années 1970, ce sont eux, les islamistes, qui vont tenter de reprendre la flamme de la grande espérance du monde arabo-musulman. En Égypte, comme dans d'autres pays lors de la décennie suivante, la revendication de l'identité islamique est donc profondément ancrée dans le champ politique.

L'Éveil saoudien

Persécutés et chassés d'Égypte à partir de la fin des années 1950, les Frères musulmans trouvent refuge en Arabie Saoudite qui les accueille à bras ouverts, d'autant que le leadership de Nasser sur le monde arabe inquiète la famille Saoud, gardienne des lieux saints. D'Égypte ou de Syrie à la fin des années 1970, une émigration massive (des universitaires, des ingénieurs, des théologiens proches des Frères) s'installe durablement en Arabie. Les Frères musulmans trouvent là une opportunité extraordinaire pour propager leurs idées et établir avec le pays d'accueil un échange de bons procédés. Mohamed Kotb, frère de Saïd, s'y réfugie, enseigne dans les grandes universités du pays et édite les écrits de son frère. Lors d'un séjour à Riyad et à Médine, en février 2005, j'ai été surpris de lire une série de commentaires de ce même Saïd Kotb sur le Coran publiés dans *Arab News*, le journal saoudien en langue anglaise. Kotb est en effet considéré aujourd'hui comme la référence idéologique de tous les mouvements islamistes, y compris Al Qaïda.

La greffe entre l'islam politique des Frères musulmans et les wahhabites a très vite pris. Le wahhabisme, c'est-à-dire l'islam saoudien salafiste qui se réfère aux pratiques religieuses des premiers califes et vit donc dans le passé, s'est très vite accommodé de l'édifice intellectuel des Frères, érigé au contact des courants idéologiques venus de l'Occident, le communisme, le socialisme, le libéralisme et même le fascisme. Mustapha Kamel Al Sayid souligne la concomitance historique entre la naissance des Frères musulmans, à la fin des années 1920, et celle du fascisme en Europe. « Ils sont nés en même temps qu'a commencé le déclin de l'Occident libéral. En 1930, c'est la crise économique mondiale. Et avant cela, en 1928, les fascistes sont arrivés au pouvoir en Italie et quelques années plus tard les nazis ont gagné les élections en Allemagne. C'était donc le début de l'affaiblissement de l'Occident libéral[19]. »

Les premiers contacts entre les Frères musulmans égyptiens et l'Arabie Saoudite ne datent pas en réalité de cette période d'exil. Leur tentative de s'implanter dans le royaume islamique, qui a pour constitution le Coran et pour loi la charia, remonte au début des années 1940. Gamal Al Banna, le frère du fondateur de la confrérie égyptienne, mais dont les idées sont très éloignées de celles de son aîné puisqu'il prône un islam libéral, se souvient que « dans une rencontre entre Hassan Al Banna et le roi Abdelaziz Ibn Saoud, la question de la création d'une cellule des Frères en Arabie Saoudite fut évoquée. La réponse du roi fut très habile : "Cher cheikh Hassan, nous sommes tous ici des Frères musulmans, vous n'avez vraiment pas besoin de créer une cellule." Les relations étaient en général très courtoises. Les Frères défendaient l'islam et son message, et les Saoudiens encourageaient ce mouvement. Mais si elles étaient bonnes, elles n'étaient pas très chaleureuses. Parce que le régime saoudien avait ses spécificités. Comme l'aspect tribal qui le caractérise ou le wahhabisme[20]. »

L'histoire en décidera autrement. L'écho grandissant des Frères musulmans en Arabie Saoudite a finalement abouti à la création d'un mouvement proprement saoudien, au milieu des années 1970, Al Sahwa (l'Éveil). « La venue des enseignants musulmans en Arabie, notamment des Égyptiens formés à Al Azhar et, pour certains, adeptes de la pensée

19. Entretien avec l'auteur.

20. Entretien avec l'auteur.

des Frères musulmans, a participé à l'éclosion du courant Al Sahwa[21] », reconnaît l'un des leaders de ce mouvement, le cheikh Salman Al Aouda. Et Saoud Al Sahran, un enseignant saoudien opposé aux islamistes, d'ajouter : « Al Sahwa est né au milieu des années 1970. À cette même époque, un autre groupe salafiste plus actif existait avec à sa tête Jouheiman Al Oteibi, l'homme qui dirigea l'attaque contre La Mecque en 1979. Suite à cette attaque, le groupe a été exterminé, ses membres ont été tués lors des combats ou exécutés par les autorités après avoir été emprisonnés. Sa disparition laissa la voie libre à Al Sahwa que l'État soutenait très largement, en lui confiant des missions d'éducation et en lui ouvrant les vannes financières du royaume[22]. »

Tout comme les Frères musulmans dans les premières décennies, Al Sahwa était au départ un mouvement très impliqué socialement, dont l'État saoudien s'est servi pour contrecarrer l'avancée à la fois d'autres mouvements islamistes plus radicaux et d'une opposition de gauche, laïque. Le discours bien sûr était religieux, il s'agissait de ramener les jeunes, en particulier les jeunes filles, à la religion en leur donnant un cadre wahhabite. Mais dans les années 1980, surtout après l'attaque de La Mecque, l'islamisme saoudien devient une force réellement politique et remet en question la soumission de la politique étrangère saoudienne à la stratégie américaine, dénonce la corruption et demande un meilleur partage de la rente pétrolière.

« Cette mouvance a connu son apogée lors du jihad en Afghanistan, en 1979[23] », estime l'historienne saoudienne et professeur à l'université du roi Saoud à Riyad, Hatoun Al Fassi. Al Sahwa a encouragé les jeunes Saoudiens à aller faire le jihad en Afghanistan en 1979 puis en Irak à partir de 2003.

La révolution islamique

C'est précisément l'année 1979 qui constituera le grand virage pour l'avenir, et donnera à la pensée politique islamique son contenu et sa force. C'est l'année de l'attaque à La Mecque qui ébranle durant trois semaines la famille Saoud, c'est aussi celle de la révolution en Iran et de

21. Entretien avec l'auteur.

22. Entretien avec l'auteur.

23. Entretien avec l'auteur.

l'invasion de l'Afghanistan par les troupes soviétiques. En Iran, les religieux s'étaient fait remarquer sur la scène politique au moment de la réforme agraire et de la Révolution blanche[24]. À côté de la gauche iranienne, affaiblie par les stratégies totalitaires du Chah, se constitue peu à peu, en opposition au régime, une force politique islamique chiite qui s'exprime sur des terrains à la fois religieux, économique et social ; elle se dresse contre les prises d'intérêt économique grandissantes des puissances occidentales, contre les inégalités sociales qui se creusent, contre l'inflation galopante et le monopole politique exercé par le Chah. Ses discours sont d'autant plus fédérateurs que les mutations imposées par le pouvoir, et souvent incomprises, on le verra, privent les populations rurales de leurs modes de vie ancestraux sans leur apporter les bienfaits escomptés de la modernité. Pour la première fois dans l'histoire moderne des pays musulmans, l'islam va porter un projet révolutionnaire qui inspirera bien d'autres mouvements islamistes, de l'Algérie au Pakistan, en passant par le Soudan. Ce projet de l'ayatollah Khomeiny et de ses disciples est limpide : il s'agit d'islamiser par le haut tous les rouages de l'État en prenant le pouvoir par la révolution.

D'une part, le monde des années 1970 est balayé par une tempête révolutionnaire, de toutes tendances et de tous groupes. De Cuba à Pékin en passant par Paris, Rome ou Munich, la révolution est à la mode. L'ayatollah Khomeiny a parfaitement intégré ce contexte ; il va donc jouer sur tous les registres : islamiser le discours révolutionnaire tout en idéologisant le discours islamique.

D'autre part, en sortant du strict cadre du religieux, l'islam iranien est perçu comme renouant avec la tradition, religieuse certes, mais également politique et militaire. Comme le rappelle Youcefi Eshkévari, religieux réformiste iranien condamné à mort en 2000, puis gracié, il faut remonter à l'époque du prophète Mohamed, chef politique et chef des armées, pour le comprendre. « L'islam, dès le début de la prophétie du Prophète, a été mêlé d'une certaine manière à la politique. Ainsi peut-on dire que le rôle de la religion, aussi bien dans le monde sunnite que dans le monde chiite, et en Iran d'une manière constante, était

24. Au début des années 1960, le Chah met en chantier une série de grandes réformes appelée la « Révolution blanche » : la redistribution des terres, le droit de vote pour les femmes et l'extension du pouvoir royal. Les chefs religieux s'y sont fortement opposés pour des raisons religieuses et économiques – ils étaient eux-mêmes de grands propriétaires fonciers.

influent et important. Seulement il y a eu des périodes où il s'est renforcé et d'autres où il s'est affaibli[25]. »

Pour de nombreux Iraniens pourtant, la séparation du politique et du religieux a toujours été propre à la culture chiite ; c'est l'ayatollah Khomeiny qui l'aurait précisément remise en cause. Toujours est-il que cette révolution a eu un formidable retentissement dans l'ensemble du monde musulman car l'ayatollah apportait l'espoir. Il redonnait aux musulmans foi en un avenir qui n'était plus guidé par l'Occident ni source d'humiliation.

Avec l'invasion de l'Afghanistan, les idéologies marxisantes, seules à pouvoir encore prétendre concurrencer l'islamisme, s'effondrent littéralement. Les visées impérialistes du soviétisme éclatent au grand jour, et elles n'ont rien à envier à celles de leurs prédécesseurs occidentaux.

La suite est davantage connue, porteuse de la même dynamique islamique : retrait des forces d'occupation d'Afghanistan, guerre du Golfe, conflit israélo-palestinien, invasion de l'Irak. Aucun de ces foyers allumés çà et là au cours du XXe siècle ne s'est éteint. Au contraire le feu se propage, grossit au contact des autres et s'installe dans la durée.

Divergences et convergences

Ces poussées locales montrent à quel point l'islamisme est porté par des questions de politique intérieure. Bien sûr, toute influence extérieure n'est pas à exclure, loin de là, et certaines alliances ou conflits ont largement attisé le feu. Mais la théorie du complot en vigueur dans de nombreux pays musulmans consistant à désigner l'étranger, qu'il soit saoudien, égyptien, algérien ou pakistanais, comme la mauvaise graine à éradiquer est aussi stratégique qu'abusive.

Plus que des influences étrangères, il existe des confluences entre mouvements proches tels que les Frères musulmans en Égypte et la Jamaat-e-Islami au Pakistan, entre les Frères musulmans et l'Éveil saoudien ou le Hamas palestinien, etc. Ces convergences vont se faire sur des projets, en particulier l'instauration d'un État islamique ou de

25. Entretien avec l'auteur.

restauration de la charia, sur un type de gouvernement qui avait cours lors de la splendeur des différents empires musulmans, et qui doit cette fois utiliser les technologies occidentales. C'est l'islamiste marocain cheikh Abdessalam Yassine qui a conceptualisé cette idée d'islamiser la modernité, et non moderniser l'islam[26]. Le grand orientaliste Jacques Berque (1910-1995) définissait ainsi cette position : « *un rattrapage de la modernité mais sans passer par la voie occidentale, à savoir sans passer par la démocratie, la critique sociale, les droits de l'homme et de la femme, tels que le reste du monde les entend*[27]. »

Au niveau international, plus que des complots, il existe bel et bien des conflits d'intérêts économiques ou politiques qui se traduisent par des divergences entre mouvances islamistes, lesquelles donnent lieu à des surenchères. Ainsi, les Frères musulmans, qui ont exercé une influence incontestable en Arabie Saoudite, se sont heurtés aux wahhabites purs et durs. Al Qaïda a critiqué la participation des islamistes palestiniens aux élections législatives. Dans une vidéo diffusée sur la chaîne arabe Al Jazira le 20 décembre 2006, Ayman Al Zawahiri, l'idéologue et numéro deux d'Al Qaïda, fait la leçon aux militants du Hamas : « *La libération de la Palestine se fera par le jihad et non par les élections.* » Il ajoute : « *Comment n'ont-ils pas exigé une constitution islamique avant de s'engager dans des élections ? Ne sont-ils pas un mouvement islamiste ?* »

Qu'y a-t-il de commun entre les islamistes palestiniens qui mènent leurs actions dans le cadre d'un projet national et ceux d'Al Qaïda qui prônent le jihad international ? Entre les partis islamistes irakiens, chiites d'un côté et sunnites de l'autre, qui prolongent ici une rivalité de plusieurs siècles ? Entre l'ancien Front islamique algérien et le Hezbollah libanais ? Entre les mollahs de Téhéran et les Talibans du Pakistan ou d'Afghanistan ? Entre l'Alliance des tribunaux islamiques de Somalie et le Parti de la Justice et du Développement marocain ?

En Turquie, la situation est encore différente. La victoire de l'AKP (Parti pour la Justice et le Développement) à de nombreuses élections depuis 2002 semble installer durablement l'islamisme sur la scène politique turque. Après avoir réclamé dans le passé l'instauration de la

---

26. Voir Abdessalam Yacine, *Islamiser la modernité*, Casablanca, Al Ofok Impressions, 1998.

27. Jacques Berque, *Les Arabes, l'islam et nous*, Paris, Arte Éditions/Mille et Une Nuits, 1994, p. 18.

charia, les islamistes d'Ankara et d'Istanbul s'accommodent aujourd'hui d'une constitution laïque et frappent à la porte de l'Europe.

Cette multiplicité de situations, d'histoires, de contextes permet de mieux appréhender l'islamisme en tant que phénomène ou idéologie, et non en tant que réalité ou projet sociopolitique clairement déterminé. Il existe autant de mouvances islamistes dans le monde actuel qu'il a pu exister de mouvances communistes au siècle passé ; qu'y avait-il de commun entre un Soviétique, un sympathisant des Brigades rouges, un Khmer rouge et un membre de parti communiste dans un pays occidental, sinon la revendication de ce qualificatif : communiste ? Et l'on peut s'étonner de ce que l'Administration américaine, depuis la fin des années 1970 et forte de l'expérience de la Guerre froide, n'ait pas appréhendé la question de l'islamisme avec plus de circonspection.

Faut-il distinguer un islamisme modéré d'un islamisme radical, les islamistes qui veulent arriver au pouvoir par les urnes et ceux qui cherchent à le prendre par les armes, le jihad ? Doit-on faire la différence entre l'islamisme et ce retour en force du conservatisme religieux et des pratiques religieuses ? Pourquoi ce regain de religiosité chez les musulmans fait-il plus peur que celui des protestants évangélistes qui réalisent beaucoup plus de conversions que l'islam ? Quelle différence marquer alors entre la pensée islamique, musulmane, et l'islamisme ? Michael Barry, spécialiste du monde musulman et professeur à l'université de Princeton, aux États-Unis, définit ainsi l'islamisme : c'est « un vocable que je hais, dit-il, parce qu'il suppose qu'une personne se réclamant de l'islam est marquée par une forme de terrorisme ou d'extrémisme, ce qu'induit l'usage abusif de ce terme : islamisme. Autrefois, islamisme voulait dire simplement islam ou culture, pensée, spiritualité, vision esthétique relevant de la civilisation islamique. S'affirmer islamiste au sens de la mouvance de certains partis politiques, c'est affirmer que tout ce qui n'est pas islamiste n'est pas islamique, ce qui est une absurdité. Donc c'est vrai que, pour la commodité du vocabulaire, j'aimerais bannir complètement le terme islamiste. Et si je réinstaurais des termes méchants – je ne récuse pas que mes termes soient méchants –, je parlerais d'"extrême droite islamique", ce qui serait une autre façon de voir les choses[28]. »

Depuis l'irruption de l'islamisme, avec le sens que nous lui donnons aujourd'hui d'islam politique, à partir des événements de

28. Entretien avec l'auteur.

1979 (révolution islamique de Khomeiny, prise d'assaut de La Mecque par des insurgés wahhabites et guerre en Afghanistan), la religion des musulmans n'est vue qu'à travers ce prisme de la violence ou de la revendication politique. La visibilité de l'islam intégriste occulte les autres lectures du texte sacré pratiquées par plus d'un milliard de croyants. Michael Barry s'insurge alors contre certains spécialistes de l'islam. « Si nos chercheurs, dit-il, veulent continuer à s'occuper d'islam en se détournant avec un mépris proprement consternant de ce qui constitue le riche héritage spirituel et culturel de cette civilisation, nous allons vers le désastre intellectuel. Et d'ailleurs je crois que nous y courons [29]. » Car selon Barry, pour comprendre la pensée et la philosophie islamique, on ne peut faire l'économie de la lecture des Ibn Arabi, des Ibn Sina (Avicenne), et des Ibn Rouchd (Averroès), d'Al Farabi (Alpharabius) ou d'Ibn Khaldoun. « Vous ne pouvez pas lire la pensée islamique en profondeur sans vous référer à ce que les philosophes musulmans et les spirituels musulmans eux-mêmes appelaient les Anciens. C'est-à-dire les ancêtres qui ont écrit pendant un millénaire en langue grecque. Car c'est de cela qu'est fait le tissu de la civilisation islamique. Et là je m'insurge contre ceux qui se prétendent spécialistes de l'islam, soit pour le défendre, soit pour le vilipender, et qui négligent cet héritage spirituel, qui l'ignorent et qui le méprisent comme s'il n'était plus pertinent [30]. » Et Michael Barry de comparer ces soi-disant spécialistes de l'islam à des spécialistes de la civilisation chrétienne « qui s'autoriseraient à négliger la lecture et la méditation, non des Évangiles, mais des penseurs chrétiens, qui négligeraient tout cet apport pour affirmer que l'analyse de la civilisation chrétienne ne consiste d'un côté qu'à démonter les mécanismes financiers de l'Opus Dei ou de la secte Moon, d'un autre côté à défendre un rigorisme biblique, une lecture littérale de l'Ancien Testament. Je dirais, dans un cas comme dans l'autre, vous ne parlez pas très sérieusement. Vous ne parlez pas de civilisation chrétienne. Oui, il faut s'intéresser à l'Opus Dei. Bien sûr qu'il faut s'intéresser à ce qui a pu se faire au nom du catholicisme pendant la guerre civile d'Espagne ou en Argentine ou au Brésil. Bien entendu qu'on doit le faire. Mais si l'on prétend interpréter la civilisation chrétienne, sa pensée et ses agissements en négligeant son aspect spirituel et son héritage culturel, on

29. *Ibid.*
30. *Ibid.*

ment. Et d'abord on se ment à soi-même. Pour l'islam, on doit exiger pareil effort[31]. »

L'islam est accaparé par les islamistes. Ils n'exercent pas le pouvoir, sauf dans de rares pays, mais ils édictent les normes. La plupart des pays musulmans ont adopté des constitutions qui instaurent l'islam comme religion d'État et se réfèrent à la charia comme source du droit. Beaucoup de musulmans se retrouvent devant ce choix, abominable, d'accepter l'islamisme conquérant ou de se soumettre à des dictatures militaires, quand bien même celles-ci se camouflent sous un vernis de costume-cravate. Les Irakiens, par exemple, sont passés de la soumission au sanguinaire Saddam Hussein à la soumission aux islamistes, sunnites ou chiites, selon le partage des territoires, et cela avec la bénédiction de l'armée américaine.

Le retour en force de l'islam dans le pays de Mustapha Kemal Atatürk qui s'était détourné, il y a bientôt un siècle, de la loi religieuse pour aller puiser en Occident tout un champ de références juridiques et politiques, est symbolique de ce qui se passe dans la plupart des pays musulmans. Les nouvelles nations constituées lors de la première moitié du XXe siècle, après le reflux de l'expansionnisme européen, se sont d'abord tournées vers le modèle occidental. Depuis trois, quatre décennies, un champ de références islamiques est revendiqué par une majorité de musulmans. Les gouvernements en place du Maroc au Pakistan, fragiles parce non démocratiques pour la grande majorité, cèdent aux demandes de réislamisation de la société. Pour obtenir la caution des religieux, les dirigeants font toujours plus de concessions et laissent les fondamentalistes contrôler les mosquées et les institutions religieuses. La plus grande production éditoriale est d'ordre religieux et, dans l'enseignement, les heures consacrées aux matières religieuses sont en progression d'une année à l'autre.

L'emprise islamiste semble profonde et durable. Les radicaux et les modérés ont les mêmes références et veulent, les uns et les autres, soumettre la société aux lois religieuses. Il n'y a que les méthodes qui changent, les uns sont prêts à la violence pour imposer leurs vues et les autres comptent sur le temps qui joue en leur faveur. Les premières victimes de cette réislamisation des sociétés musulmanes sont les femmes et les hommes, croyants ou non, qui refusent l'islam des islamistes et y résistent parfois au péril de leur vie.

---

31. *Ibid.*

Chapitre 2

LE CALIFAT OU L'IDÉALISATION D'UNE GRANDEUR DU PASSÉ

Deux événements ont favorisé la dynamique islamiste : le démantèlement de l'Empire ottoman et l'abolition du califat en 1924. Les deux événements sont liés car la réislamisation de la société participe d'une nostalgie : celle de la grandeur passée des califats. Depuis la mort du Prophète, ses successeurs les califes garantissaient la continuité et une certaine unité de l'islam.

Depuis deux ou trois décennies, la question de l'unité des musulmans se fait omniprésente dans les discours politico-religieux qui militent pour une résurgence de l'identité islamique ; celle-ci est souvent exhibée comme devant se substituer à une identité nationale à laquelle les indépendances n'ont pas rendu toute la fierté souhaitée. Et ces discours exaltés présentent comme une nécessité la renaissance du monde musulman. Yahia Al Amir, éditorialiste du plus grand quotidien saoudien, *Al Riyad*, fait remarquer que, dans les discours de nombreux islamistes, le rejet absolu de la notion même de nationalité est central. On a vu, lors de procès de terroristes en Europe comme dans certains pays musulmans, des accusés refuser de décliner leur véritable nationalité et affirmer que leur seule nationalité est l'islam, sous prétexte qu'il n'y a aucune référence à cette notion dans le Coran. Pour Yahia Al Amir, « ce genre de propos et de vision nous ramène à une tradition séculaire de l'islam qui définit l'identité et l'appartenance de l'individu à la communauté – la Oumma – uniquement par rapport à la religion. Cette allégeance inconditionnelle et globalisante à l'islam ne laisse aucune place à d'autres formes d'identification. Une idée qui trouve aujourd'hui une nouvelle dynamique grâce à l'activisme islamiste et à un corpus important d'écrits et d'essais théoriques[1]. »

Cette référence exclusive à l'identité islamique n'est pas l'apanage des islamistes ; les dirigeants saoudiens en ont fait aussi leur porte-drapeau pour revendiquer un leadership sur le monde musulman. L'écrivain français Jean Lacouture, qui a couvert, comme journaliste, les événements du monde arabe dans les années 1950-1970, raconte que lors d'une conférence de presse il s'était adressé au roi Fayçal d'Arabie en le qualifiant de leader arabe ; le roi lui avait alors répondu : « Je ne suis pas un leader arabe, je suis un leader musulman[2]. » Après la poussée de l'islamisme dans les années 1980, et pour répondre à une demande des dignitaires religieux du pays, l'Arabie Saoudite est devenue le pays des deux lieux saints (La Mecque et Médine) dans la présentation officielle de cette nation.

Treize siècles de califat

Parmi ceux qui revendiquent la renaissance islamique, on trouve aussi bien les islamistes et les courants fondamentalistes que des dignitaires d'institutions religieuses étatiques. Les uns sont prêts à se satisfaire d'une consolidation des instances panislamiques existantes comme la Ligue islamique mondiale ou l'Organisation de la conférence islamique qu'ils verraient bien se transformer en un grand ensemble économico-politique, à l'instar de l'Union européenne, pour peser dans les affaires du monde. Pour les autres, l'unité islamique passe nécessairement par un retour au modèle du califat, synonyme à leurs yeux de grandeur et de rayonnement de la civilisation islamique ; un système qui a prévalu, avec des fortunes diverses, de la mort du prophète Mohamed en 632 jusqu'en 1924, date à laquelle Mustapha Kemal Atatürk, père de la nation moderne turque, a aboli le dernier califat. Durant cette longue période ont régné en terres d'islam plusieurs califes, successeurs du prophète dans l'exercice du pouvoir spirituel et politique. Ces successions, semblables à ce qu'ont connu d'autres aires géographiques, se sont faites parfois paisiblement ; le plus souvent elles ont été accompagnées de guerres, d'assas-

1. Entretien avec l'auteur.

2. Entretien avec l'auteur.

sinats, et donc de schismes. Le plus important a eu lieu à la mort, en 661, du quatrième calife de tous les musulmans, Ali, gendre et cousin du Prophète. Ses partisans s'étaient regroupés sous le nom de Shi'at Ali (le parti d'Ali). Selon eux, l'autorité sur la communauté devait revenir aux descendants du prophète, seuls garants de la bonne compréhension du Coran. D'autres prétendants au titre élimineront les fils d'Ali, Hassan et Hussein, et provoqueront la première et grande *fitna*[3] au sein de la Oumma musulmane. Désormais, la Oumma sera divisée en deux grandes branches, les chiites qui ont choisi le « parti d'Ali » et représentent aujourd'hui 12 à 15 % des musulmans, et les sunnites qui se réclament de la Souna, c'est-à-dire de la tradition du Prophète, laquelle comprend ses paroles, ses actes et ses pratiques. Ce courant majoritaire de l'islam va perpétuer le système califal. Durant les treize siècles de ce système politico-religieux, aucun calife n'a eu véritablement autorité sur l'ensemble des terres d'islam, mais au plan symbolique, les musulmans, en tous cas les sunnites, avaient un représentant sur terre, un guide, un commandeur des croyants. Or le califat comme modèle politico-religieux gouvernant l'ensemble des musulmans dans le passé est aujourd'hui mythifié par les islamistes sunnites qui l'exhibent et le parent de toutes les vertus, jusqu'à une supposée perfection originelle.

L'islam sunnite n'a pas l'équivalent d'un clergé ou d'un pape doté d'une autorité incontestable lui permettant de dire la loi religieuse. Depuis les débuts de l'islam, il y a donc confusion entre l'État et la religion ; une confusion qui s'est aggravée avec les successeurs du Prophète, les califes censés représenter l'islam et édicter les lois religieuses. Dans les faits, l'autorité religieuse des califes pesait à hauteur de leur domination politique sur les différentes populations musulmanes. Il y eut des périodes où plusieurs califes régnaient en même temps sur des territoires séparés. À cela s'ajoute que, dans l'islam sunnite, n'importe quelle autorité religieuse locale, imam ou ouléma – docteur de la loi –, peut édicter une fatwa. Ce sont les spécialistes de la charia – la loi islamique – qui sont généralement habilités à les émettre ; or dans l'islam sunnite sans clergé, il n'y a pas de règle qui s'impose à tous.

3. *Fitna* est un mot arabe qui se réfère à la guerre civile et aux divisions au sein de l'islam.

Les chiites, pour qui l'autorité politico-religieuse est héréditaire, sont opposés au califat depuis la mort d'Ali. Ils pensent que ce dernier et ses descendants (les Imams) ont bénéficié de la même inspiration divine que celle accordée au Prophète et cela leur donne ainsi une meilleure connaissance du message coranique à laquelle aucun calife ne saurait prétendre. Après la disparition – non pas la mort mais la dissimulation aux yeux des hommes – du douzième imam historique, à la fin du IXe siècle, les chiites ont développé une doctrine de l'imamat inconciliable avec le califat sunnite. En attendant le retour de l'imam caché, appelé le Mahdi, un clergé chiite s'est constitué et s'est progressivement attribué l'autorité religieuse. Il a fallu attendre la prise de pouvoir de l'ayatollah Khomeiny à Téhéran en 1979 pour que le clergé chiite exerce lui aussi le pouvoir politique. Et Khomeiny s'est octroyé par la même occasion le titre d'imam, repris par son successeur l'imam Khamenei. Le turban noir, porté par de nombreux dignitaires religieux chiites, est le signe distinctif du Seyed, descendant du prophète Mohamed, une descendance d'ailleurs non établie.

À l'exception de la Perse, aujourd'hui l'Iran, les sunnites ont exercé une certaine domination sur les chiites. C'est ainsi que l'Empire ottoman dirigé par un sultan-calife a privilégié les sunnites même dans les provinces à majorité chiite sous son contrôle. L'exemple de la province de Bagdad, aujourd'hui l'Irak, est symbolique. Cette situation a perduré avec le mandat anglais conséquent à la Première Guerre mondiale puis après l'indépendance. Ainsi ce pays, à majorité chiite, a-t-il toujours été dirigé par des sunnites jusqu'au renversement de Saddam Hussein par les Américains en 2003. La nouvelle donne qui permet aux chiites de peser de tout leur poids dans l'exercice du pouvoir est contestée violemment par les islamistes sunnites, Al Qaïda en tête. Certains, comme Salman Al Aouda, le leader du mouvement islamiste saoudien Al Sahwa, réfutent même une réalité connue de tous : « Les sunnites d'Irak déclarent qu'ils sont même majoritaires en Irak. Évidemment les chiites nient cette version et disent qu'ils ont la majorité. Ce que disent les sunnites représente leur vérité et nous nous devons de les écouter. Les sunnites ont assumé le pouvoir durant plusieurs siècles en Irak. Aujourd'hui certains tentent de nier cette vérité historique par la force et cela pousse les sunnites, qui se croient majoritaires et dépositaires de l'Irak historique, à ne pas se laisser écarter du pouvoir les bras croisés[4]. »

4. Entretien avec l'auteur.

Salman Al Aouda est l'un des vingt-six cheikhs saoudiens à avoir signé, en 2004, une fatwa pour justifier le jihad en Irak. De nombreux jeunes Saoudiens ont suivi cet avis religieux et ont participé au côté d'Al Qaïda au combat contre les Américains mais aussi contre les chiites.

Le choc de l'abolition

On imagine, dans ces conditions, pourquoi l'abolition du dernier califat par Atatürk a provoqué une immense émotion auprès des sunnites du monde musulman, de l'Afrique du Nord au sous-continent indien, en passant par le Proche-Orient. Ces populations musulmanes, bien que sous domination anglaise ou française, gardaient un lien spirituel avec le reste de la Oumma à travers le calife d'Istanbul, au nom duquel se faisaient les prières du vendredi. La fin de ce symbole « fut ressentie comme un choc terrible pour les peuples musulmans et leur civilisation », rappelle l'historienne saoudienne Hatoun Al Fassi. Elle note que « cette disparition du califat évoque encore aujourd'hui dans la mémoire arabe et musulmane la défaite devant l'Occident, le sentiment de défaite de l'Islam. [...] Les musulmans, qui jusqu'alors jouaient un rôle de premier ordre dans les affaires mondiales, se sont vus, du jour au lendemain, dominés par l'Occident[5]. »

Jusqu'au début du XXe siècle, l'Empire ottoman qui exerçait le califat donnait l'illusion aux musulmans d'être les égaux des Occidentaux, alors même que depuis le début du XIXe siècle plusieurs territoires musulmans étaient occupés par des puissances coloniales. Cette perte d'influence de l'islam s'est accélérée avec l'effondrement du dernier Empire musulman ; commence alors un siècle de défaites et de conflits dont nous vivons aujourd'hui encore les répercussions. Pour le spécialiste américain du Moyen-Orient, Bernard Lewis, « *dès les années vingt, le triomphe de l'Europe sur l'Islam semblait total. Autrefois glorieux, l'Empire ottoman était vaincu et occupé, ses provinces musulmanes partagées entre les puissances victorieuses. Bien qu'officiellement neutre, la Perse avait été envahie par les troupes britanniques et russes, agissant parfois en alliées, parfois en rivales, parfois les deux à la fois. Le reste du monde musulman se trouvait incorporé dans l'un ou l'autre des grands*

5. Entretien avec l'auteur.

empires européens. Selon toutes les apparences, le long combat depuis les croisades entre l'Islam et l'Europe s'était achevé sur une victoire décisive de l'Occident[6]. »

Cette défaite de l'islam, en tant que civilisation, face à l'Occident et cette perte simultanée du symbole de son unité, le califat, sont vécues encore aujourd'hui par tous les mouvements fondamentalistes et islamistes comme une « catastrophe », pour reprendre le terme utilisé par certains de mes interlocuteurs dans de nombreux pays arabes. « Les musulmans dans leur majorité l'ont ressenti ainsi tout au long du XXe siècle et ce sentiment continue à ronger la réalité d'aujourd'hui[7] », affirme Salman Al Aouda, le leader saoudien de la mouvance islamiste Al Sahwa. Un autre Saoudien, Oussama Ben Laden, chef d'Al Qaïda, a évoqué dans sa première déclaration[8], après les attentats du 11 septembre 2001 à New-York et à Washington, « *quatre-vingts ans d'humiliation des peuples musulmans* ». Pour l'historien Marc Ferro, « *le chef d'Al Qaïda faisait allusion, évidemment, à la fin de l'Empire ottoman, qui est aussi la fin du dernier califat islamique à l'issue de la Première Guerre mondiale, et aux traités qui les ont accompagnés. Cette référence renvoie donc à la mainmise des Occidentaux sur le Proche-Orient – Syrie, Palestine, Irak, Jordanie, Liban – qui marque la fin d'un monde*[9]. »

Comme on le verra ultérieurement, le sentiment d'être humilié par l'Occident est partagé par beaucoup de musulmans. Pour Hatoun Al Fassi, « ce qui fait durer ce sentiment d'humiliation aujourd'hui, même après l'indépendance de tous les pays arabes, n'est autre que le drame palestinien qui continue à ronger la conscience arabe et à l'empêcher de jouir pleinement du sentiment de libération et d'indépendance[10]. » Le drame palestinien a été le ciment du panarabisme dans les années 1960 et constitue un étendard, aujourd'hui, pour les islamistes qui cherchent à rallier les populations arabo-musulmanes à leur cause.

6. Bernard Lewis, *Que s'est-il passé ? L'islam, l'Occident et la modernité*, Paris, Gallimard, 2002, p. 82-83.

7. Entretien avec l'auteur.

8. Cassette envoyée par Al Qaïda et diffusée par la chaîne Qatari, Al Jazira, en septembre 2001.

9. Marc Ferro, *Le choc de l'islam*, Paris, Odile Jacob, 2002, p. 23.

10. Entretien avec l'auteur.

Les tentatives de restauration

Cette infériorité face à l'Occident fait naître chez les Arabo-musulmans un sentiment de colère, un ressentiment qui les pousse à se réapproprier la gloire passée en adoptant une posture valorisante pour la civilisation islamique, réduite souvent à la religion. « L'islam, c'est la civilisation, c'est la grandeur, tout le monde le sait, je n'ai pas besoin d'insister davantage. La preuve, c'est que beaucoup de savants occidentaux le disent », affirme un jeune saoudien rencontré à Riyad. En écho, une jeune étudiante égyptienne du Caire évoque le passé en ces termes : « Autrefois, lorsque le bon islam était pratiqué, à l'époque des califes et des grandes conquêtes islamiques, nous dominions le monde, y compris l'Europe. » L'histoire de l'islam enseignée aux jeunes d'Égypte, d'Arabie Saoudite ou d'autres pays arabo-musulmans célèbre l'âge d'or de la civilisation musulmane, au sommet des arts et du progrès jusqu'à la fin du XVe siècle. Quoi de plus facile, pour surmonter un présent qui semble sans perspective, que de regarder en arrière et d'évoquer la grandeur passée et les splendeurs des califats de Bagdad (762-1258), de Cordoue (929-1031) ou du dernier royaume musulman d'Espagne, l'Émirat de Grenade[11] (1238-1492), et rappeler ainsi que les musulmans n'ont pas toujours été faibles et dominés.

Les prétentions à la restauration du califat ne datent pas de l'émergence des mouvements islamistes dans les années 1970. L'abolition du califat, jusque-là dans les mains des Turcs, est vécue par une majorité des Arabes comme l'opportunité de récupérer l'autorité religieuse qui leur avait échappé en 1517 au profit des Ottomans. Le choc et le temps de l'émotion passés, les initiatives de restauration du califat se sont très vite multipliées. Des appels ont été lancés dans différents pays pour que soit restaurée l'institution symbolisant l'unité des musulmans, et cela s'est fait dans une certaine confusion.

La réaction des musulmans à l'abolition du califat a été diverse. Tout un courant de pensée progressiste, ouvert aux idées nouvelles venues de l'Occident, s'est réjoui de la fin de l'institution jugée stérile et inutile. Un autre courant plus conservateur, pour ne pas dire islamiste, voyait dans la disparition du califat une « catastrophe ». Très

---

11. L'Émirat de Grenade était placé sous la suzeraineté des rois catholiques d'Aragon et de Castille.

vite, des comités pour sa défense se sont créés en Inde, en Égypte ou dans la péninsule arabique.

Le 25 mars 1924, soit quelques jours après l'abolition, les oulémas[12] d'Al Azhar se réunissent. Le roi Fouad, à la tête de l'Égypte depuis 1922, tenta de récupérer ce symbole pour renforcer son pouvoir et apparaître aux yeux de l'ensemble des musulmans comme l'héritier légitime du califat. De son côté, le chérif Hussein, roi du Hedjaz, province de l'Arabie avant qu'elle ne devienne saoudienne, se proclame calife. Pour Hussein, sa légitimité est double, il est le gardien de La Mecque et de Médine, et porte le titre de « chérif » qui signifie descendant de la famille du Prophète. Cette initiative fait long feu car, six mois plus tard, la région du Hedjaz est conquise par Abdelaziz Ibn Saoud avec le soutien des wahhabites, une secte apparue au XVIIIe siècle qui prône un islam rigoriste. Arrivé au pouvoir, Ibn Saoud souhaite à son tour être le nouveau calife et justifier ainsi aux yeux de l'ensemble des musulmans son nouveau règne sur les lieux saints.

D'aucuns voulaient convaincre Ankara, appelée encore à l'époque Angora, de maintenir le califat en Turquie. L'affaire est suivie de très près par les Britanniques et les Français qui administrent alors d'importantes populations musulmanes, en Afrique du Nord, au Moyen-Orient et sur le sous-continent indien. La consultation des archives du ministère français des Affaires étrangères donne l'ampleur de la bataille livrée entre les responsables musulmans. Dans une revue de presse, établie en mai 1924 par des diplomates français basés au Caire, se trouve le récit suivant : « El Mokattam *du Caire, du 22 avril, annonce que le comité du khalifat d'Alexandrie s'est réuni le 17 avril sous la présidence de l'émir Khaled*[13]. *Il a décidé d'envoyer à la Grande Assemblée nationale d'Angora un télégramme pour faire connaître qu'il partage le sentiment du comité indien du khalifat en ce qui concerne le maintien du khalifat en Turquie, le seul pays qui puisse sauver l'islam du danger de la division*[14]. »

12. Ouléma, ou uléma, signifie en arabe « savant » et désigne un érudit dans la tradition musulmane.

13. L'émir Khaled (1875-1936), exilé en Égypte et en Syrie dans les années 1920, est le petit-fils de l'émir Abdelkader, un politique et chef militaire algérien qui résista à l'armée coloniale française lors de sa conquête de l'Algérie au début du XIXe siècle.

14. Archives du ministère des Affaires étrangères, revue de presse musulmane.

Cette bataille autour du califat ne divise pas seulement les musulmans ; la Grande-Bretagne et la France cherchent elles aussi à récupérer l'idée au bénéfice de leurs protégés respectifs. Ainsi les Anglais soutiennent-ils les initiatives qui consistent à ramener le califat dans les régions dirigées par leurs protégés, La Mecque ou Le Caire. Les Français, craignant un califat arabe sous influence britannique, ont envisagé de leur côté, durant quelques mois, l'établissement d'un califat en Afrique du Nord. Un télégramme d'un diplomate français du Caire reproduit, en 1925, un article publié par le journal égyptien *Al Ahram* : « *On sait*, dit cette dépêche, *que deux comités du khalifat se sont formés en Égypte : l'un dirigé par le recteur de l'université d'El Azhar, l'autre par le cheikh Abou Azaim, et que le comité d'El Azhar a lancé des convocations pour un congrès du khalifat qui devait se réunir en mars 1925. La réunion de ce congrès dut être ajournée en raison de la répugnance que manifestèrent la plupart des communautés musulmanes [...] car le comité d'El Azhar se compose d'Ulémas qui sont des fonctionnaires au service du Gouvernement*[15]. »

Une année plus tard, en 1926, deux congrès musulmans se tiendront finalement, l'un organisé par les oulémas de l'université islamique d'Al Azhar au Caire, au mois de mai, l'autre à La Mecque par les nouveaux maîtres de l'Arabie, la famille Saoud, au mois de juillet, et tous deux se concluront par un constat d'échec. L'université d'Al Azhar s'impose à partir de cette période comme la plus grande institution théologique et universitaire de l'islam sunnite. L'Arabie Saoudite où se trouve La Mecque, le plus haut lieu saint de l'islam qui accueille chaque année les pèlerins venant de toutes les contrées musulmanes, a gardé son rôle central. L'argent du pétrole lui permettra, quelques années après, de créer deux institutions censées renforcer la solidarité musulmane, en l'absence de califat : la Ligue islamique mondiale et l'Organisation de la conférence islamique.

Les voix qui contestent la nécessité d'un califat dans l'islam sont minoritaires. Un jeune théologien-juriste égyptien, membre d'Al Azhar, Ali Abderraziq (1888-1966), est le premier penseur réformiste à oser dire que le califat était une institution profane et non religieuse. Dans un livre publié en 1926, *L'Islam et les fondements du pouvoir*[16],

15. *Ibid.*

16. Ali Abderraziq, *L'Islam et les fondements du pouvoir*, trad. Abdou Filaly-Ansary (philosophe marocain), Paris, La Découverte, 1994.

Abderraziq développe une critique radicale de l'État islamique. Après une étude approfondie du Coran et de la Souna[17], il en vient à conclure que la religion musulmane ne justifie nullement un califat, ni un quelconque État islamique, d'autant que le prophète Mohamed, lui-même, n'avait pas prévu sa succession. Il ajoute : « *Il n'y a rien, dans la religion, qui empêche les musulmans de rivaliser avec les autres nations dans toutes les sciences sociales et politiques, de démolir cette organisation vétuste devant laquelle ils se sont avilis et humiliés, d'établir les bases de leur royaume et l'organisation de leur État selon les conceptions les plus nouvelles de l'esprit humain et selon les principes de gouvernement dont l'excellence et la fermeté ont été consacrées par l'expérience des nations*[18]. » Ali Abderraziq explique que le Prophète n'a pas laissé de modèle d'État, ni de gouvernement, et prône l'autonomie de la sphère politique vis-à-vis de la religion. Pour lui, le Prophète est un guide spirituel, au même titre que Moïse ou Jésus ; il a certes exercé des fonctions politiques mais celles-ci ne faisaient pas partie de la prophétie. Le livre d'Abderraziq est bientôt brûlé sur les places publiques et l'auteur exclu d'Al Azhar avec l'interdiction d'enseigner et d'exercer ses fonctions de juge devant les tribunaux islamiques.

Le fantasme islamiste

Le califat ne sera donc pas rétabli, mais curieusement l'idée n'est pas complètement abandonnée et refait surface, de temps à autre, au gré des événements et des difficultés vécues par le monde arabo-musulman.

Les Frères musulmans, institution créée peu après l'abolition, contournent cette difficulté de réinstaurer le califat et mobilisent les Égyptiens autour de deux thèmes : le combat nationaliste contre la présence britannique et la solidarité islamique au-delà des frontières tracées souvent par les forces coloniales. Pour eux, la source de tous les maux des musulmans tient au fait qu'ils s'étaient écartés des anciennes valeurs islamiques auxquelles il faut revenir pour retrouver la grandeur du passé. Ils se réfèrent aux premiers siècles de l'islam et aux califats qui ont marqué l'histoire de la civilisation islamique, oubliant de ce fait

---

17. La tradition prophétique, les dires et les actes du prophète Mohamed.

18. Ali Abderraziq, *L'Islam et les fondements du pouvoir*, *op. cit.*

que la grandeur de cette époque appelée « âge d'or » venait aussi de sa capacité à absorber les apports d'autres cultures et civilisations.

Depuis leur création en 1928, quatre ans après la fin du califat, les Frères musulmans n'ont cessé de jouer, dans l'ombre ou au grand jour, un rôle important sur la scène politique, d'abord égyptienne puis dans tout le reste du monde arabe. Après quelques hésitations dans le passé, ils participent aujourd'hui aux élections, dans les pays arabes où ils sont installés et où le pouvoir en place le leur permet, sous diverses étiquettes politiques, que ce soit en candidats indépendants ou par l'intermédiaire de partis paravents. C'est le cas par exemple en Palestine, en Algérie, au Maroc, en Jordanie et bien sûr en Égypte. Les Frères musulmans représentent souvent la seule opposition crédible aux gouvernements en place.

Leur adhésion au jeu électoral ne semble pas avoir définitivement éteint le rêve d'un retour à un califat, solution à tous les malheurs du monde arabo-musulman. Lors d'une rencontre au Caire, Mohamed Mahdi Akef, actuel leader des Frères musulmans, appelé « Guide suprême » par ses disciples, apporte à la question sur l'instauration d'un État islamique une réponse à la fois claire et ironique : « Mon cher, nous n'avons renoncé ni au principe d'un État islamique, ni à l'idée d'un califat islamique. Mais à chaque époque sa vision et son langage. L'Union européenne n'a-t-elle pas réuni une communauté qui a une seule et même monnaie, l'euro, et une même Assemblée ? Pourquoi n'y aurait-il pas une organisation qui réunirait les musulmans ? Le califat, c'est tout simplement cela ! Quant à l'État islamique, ce n'est pas moi qui le réclame, c'est le peuple qui le réclame. Je ne veux pas entrer dans les détails, mais l'État islamique est nécessaire à la sauvegarde de notre religion ; si nous avions un État islamique, Bush aurait-il osé entrer en Irak ? Il est déstabilisé aujourd'hui par quelques résistants, imaginez alors par un milliard et demi de musulmans. L'appel que nous lançons à la communauté islamique est un appel de coopération pour faire régner le bien ainsi que pour disposer d'une force de frappe contre les ennemis de cette religion qui sont nombreux à l'intérieur et à l'extérieur, sachant que les ennemis intérieurs sont plus dangereux, car ils ont vendu leur religion et leur conscience[19]. » Comme on le voit, cette diatribe du leader des Frères musulmans est

19. Entretien avec l'auteur.

plus violente à l'égard des musulmans qui ne pensent pas comme lui qu'à l'égard des Occidentaux.

Les Frères musulmans prennent l'exemple de la construction européenne pour affirmer la nécessité d'une Union islamique et moderniser ainsi le système califal. Le mouvement islamiste saoudien Al Sahwa (l'Éveil) la justifie de son côté pour faire face à la mondialisation. « L'histoire actuelle prouve que seuls les grands blocs humains sont puissants et capables de se défendre[20] », précise son leader Salman Al Aouda.

Les Frères musulmans et Al Sahwa ont en réalité une position similaire. Ils ne revendiquent pas un califat à l'image de ce qui a existé au début de l'islam comme le font certains salafistes. Par stratégie, pour ne pas heurter les dirigeants de leurs pays, ou par sincérité, afin de ne pas s'accrocher à une idée complètement irréaliste, ils mettent en avant la nécessité d'une union influente des Arabes et des musulmans face au reste du monde. Ce qu'ils oublient de dire à leurs disciples quand ils parlent par exemple de l'Union européenne, c'est qu'elle ne s'est pas construite sur une base religieuse, mais sur des bases économiques et politiques dans le respect de toutes les minorités. Leur projet est certes politique, mais leur seule référence ou leur seul slogan est l'islam, ou plutôt une certaine lecture fondamentaliste du texte sacré.

La plupart des mouvements islamistes radicaux se réfèrent au califat ; certains, comme la mouvance Al Qaïda, pensent l'imposer à l'ensemble du monde arabo-musulman par un jihad global, d'autres privilégient une stratégie nationale qui s'étendrait par la suite au reste de la Oumma. L'émirat des Talibans en Afghanistan, avant 2001, était considéré comme le poste d'avant-garde du prochain califat islamique. Certains leaders algériens du Front islamique du salut (FIS), qui avait gagné les législatives en 1991 avant le coup d'État militaire, mobilisaient leurs troupes en leur promettant l'avènement prochain d'un califat islamique. La stratégie du numéro deux du FIS, Ali Belhadj, était très simple : « *Notre but stratégique ultime est d'instaurer le califat islamique sur terre. Cela se fera par étapes. Nous commencerons par ce pays, en fondant un État islamique en Algérie. Après cela, nous travaillerons petit à petit avec nos frères de tous les pays musulmans et, si Dieu le veut, nous continuerons jusqu'à l'instau-*

20. Entretien avec l'auteur.

ration du califat qui gouvernera l'ensemble de la Oumma à la lumière du Coran et de la Sunna[21]. »

Le fantasme islamiste d'un retour au califat ne disparaîtra pas « *tant que le ressentiment restera la chose au monde la mieux partagée chez les Arabes et les musulmans*[22] », analyse l'écrivain marocain Fouad Laroui. Enseignant aux Pays-Bas, l'auteur a noté que de jeunes lycéens musulmans ont créé un califat dans un lycée d'Amsterdam. Le fantasme de ces jeunes est à l'image des jeunes gauchistes européens qui se voyaient à la fin des années 1960 et au début des années 1970 comme l'avant-garde d'une révolution imminente.

Les contours de l'idée même de califat ou d'autorité suprême n'ont jamais été définis clairement par tous ceux qui s'y réfèrent. « C'est simplement un slogan idéologique », pense Abdelaziz Al Qassim, avocat saoudien, proche des islamistes modérés. « Face aux divisions du monde arabo-musulman, l'islamisme militant se présente comme l'héritier du califat ottoman et du panarabisme, lequel avait, d'une manière symbolique et indirecte, soutenu cette idée à travers le rêve d'unité arabe[23]. » Ce rêve d'un califat ou d'une autorité spirituelle transnationale vient se heurter aux réalités nationales. Tous les États musulmans, y compris la Turquie, exercent un contrôle étroit de leurs mosquées. Leurs institutions religieuses sont dirigées par des fonctionnaires qui obéissent au pouvoir politique. Aucun de ces pays n'est prêt à accepter une institution indépendante, quand bien même elle limiterait sa compétence à la spiritualité, au dogme islamique et aux enseignements religieux.

21. Ali Belhadj, cité dans *Al Watan Al Arabi*, 27 juillet 1990.

22. Fouad Laroui, *De l'islamisme. Une réfutation personnelle du totalitarisme religieux*, Paris, Robert Laffont, 2006, p. 103.

23. Entretien avec l'auteur. Abdelaziz Al Qassim est un avocat, emprisonné entre 1993-1995 pour avoir lancé une pétition demandant au roi des réformes démocratiques. Il est considéré comme un des leaders du mouvement « islamo-libéral ».

Chapitre 3

L'OCCIDENT, CIBLE DE CHOIX

Les plus grands griefs du monde arabo-musulman visent l'Occident qui, s'il n'est pas l'unique cible des islamistes, en est manifestement la plus symbolique. Il est devenu l'épicentre d'un phénomène qui attire à lui toutes les frustrations, les reproches et accusations les plus divers.

Depuis plusieurs décennies, il n'est pas rare d'entendre dans les médias ou dans les conversations privées des questions telles que : « Pourquoi les Arabes nous haïssent-ils tant ? » ; « Pourquoi tant de haine ? » Le terme « Arabes » est très souvent synonyme de « musulmans » dans la bouche de ces personnes inquiètes des poussées de violence qui font autant peur aux Occidentaux qu'à une très grande majorité des Arabo-musulmans. Et, chaque jour, le terrorisme islamiste charge l'actualité de cette question qui taraude l'Occident. En lui cherchant une réponse, on en vient à négliger le fait. Vraiment, les Arabes ou les musulmans nous haïraient ? Les témoignages que j'ai pu recueillir lors de mes voyages ou de mes rencontres m'ont conduit à m'intéresser de plus près à cette soi-disant haine de l'Occident, ainsi qu'au phénomène inverse, la soi-disant haine de l'Occident à l'encontre du monde arabo-musulman. Car de l'autre côté, c'est la même question, mot pour mot : « Pourquoi l'Occident nous hait-il tant ? » Envisager les relations Islam/Occident comme une longue histoire de haine partagée et avérée est sans doute commode. Cela permet à chacun de se placer en victime et, ce faisant, de renvoyer à l'autre l'image du bourreau. « Ce n'est pas moi, c'est toi. » Mais on exclut par là même l'éventualité d'une responsabilité partagée, et donc d'une remise en question ; on s'interdit tout changement.

Qui hait qui ? Qui menace qui ?

Dans les reproches, plaintes, accusations dont on a souvent voulu me faire l'interprète, ce n'est pas la haine, en vérité, qui primait, mais un sentiment très aiguisé de menace. Chacun se sent menacé par l'autre. Côté musulman, l'ingérence et la suprématie militaire de l'Occident inquiètent, et l'occupation de l'Irak n'a rien fait pour apaiser les esprits. Chez les Occidentaux, la peur du terrorisme dit islamiste se transforme en peur de l'islamisme, puis en peur de l'islam et de l'Arabo-musulman ; il est moins question, dans les discours, d'inimitié que de crainte, une crainte alimentée par les images d'un islam violent, omniprésentes dans les médias.

Chacun, se sentant menacé par l'autre, le menace à son tour : pur réflexe d'autodéfense ; on diabolise l'autre, on s'en plaint, tout en se glorifiant de ses propres certitudes qui elles, loin d'être menacées, en sortent raffermies. La situation n'est pas sans risque, d'abord parce que la peur conduit à la haine et à la violence, ensuite parce qu'elle bénéficie à court terme à ceux qui savent le mieux s'en servir.

L'Occident tout entier n'est pas, en vérité, l'ennemi à abattre. Les sentiments à son égard sont plus ambigus, souvent mal assumés, parfois contradictoires, preuve qu'ils relèvent davantage de l'irrationnel ou de l'émotionnel que de la raison. Ils divergent d'un pays à l'autre et sont liés autant à la lecture que chaque pays fait de son histoire et de ses relations avec l'Occident qu'aux événements plus récents. Le ressentiment et l'impression de sujétion, par exemple, existent à des degrés différents dans les pays anciennement colonisés et en Arabie Saoudite ou en Iran. Ils peuvent également être conditionnés par les discours des courants religieux fondamentalistes. Les salafistes, pour ne citer qu'eux, ne retiennent de l'Occident qu'un dogmatisme matérialiste, au détriment de sa dimension humaniste et universelle. Alors que, comme le rappelle l'éditorialiste saoudien Yahia Al Amir, « l'attitude des théoriciens de la "Renaissance musulmane" comme Mohamed Abdou [1], Jamal Eddine Al Afghani [2] et d'autres était plus rationnelle et plus équili-

1. Mohamed Abdou (1849-1905), théologien et penseur réformateur égyptien qui a séjourné plusieurs années à Paris.

2. Jamal Eddine Al Afghani (1838-1897), d'origine iranienne, militant du panislamisme et fondateur de l'islam politique moderne. Lors d'un différend avec Ernest

brée[3]. » Une chose est sûre, c'est que les clichés vont bon train, et qu'ils sont le miroir d'une réalité insuffisamment analysée.

La Renaissance arabo-musulmane, la « Nahda », est un mouvement de réformes religieuses et politiques qui fut porté au XIXe siècle par quelques intellectuels religieux – il n'existait pas à ce moment-là d'intellectuels laïcs. Il prit naissance en Égypte quelques dizaines d'années après l'expédition de Napoléon Bonaparte. Le monde arabo-musulman avait été confronté, de force, aux valeurs de l'Occident. Outre la supériorité technique et scientifique de l'Europe, l'Égypte, et par la suite le reste du monde arabo-musulman, avaient découvert les idéaux de la Révolution française, la liberté et l'égalité. C'était l'époque où de nombreux intellectuels musulmans tels que Mohamed Abdou – qui sera Grand Mufti d'Al Azhar à la fin de sa carrière – et Al Afghani séjournaient en Europe, et surtout à Paris, où ils s'initiaient aux idées nouvelles. Al Afghani sera même tenté quelque temps par la franc-maçonnerie et se fera remarquer dans les cercles parisiens par ses débats avec Ernest Renan. Après cette période d'ouverture qui ne durera malheureusement pas longtemps, Al Afghani, comme bien d'autres intellectuels arabo-musulmans, se repliera sur sa religion comme symbole d'une supériorité islamique par rapport aux valeurs matérialistes de l'Occident. « *La question fondamentale pour lui est celle de la résistance à l'Occident*[4] », note Dominique Urvoy dans son *Histoire de la pensée arabe et islamique*. Il ajoute : « *Le seul lien qui reste possible dans le monde musulman comme soutien de cette résistance est le lien religieux.* »

Le parcours d'Al Afghani, qui a vécu dans plusieurs capitales musulmanes (Le Caire, Téhéran, Istanbul) et européennes (Paris et Londres), est assez caractéristique des relations entre le monde arabo-musulman et l'Occident, faites d'attirance et de rejet.

Rejet et attirance, cette attitude paradoxale, je l'ai rencontrée auprès de nombreux jeunes arabo-musulmans pour qui « il y a deux sortes d'Occident : le positif et le négatif. » Et, comme me le disait l'un d'entre eux, « les musulmans ne voient malheureusement que le côté

Renan qui accusait la tradition islamique, il a défendu un islam compatible avec la modernité.

3. Entretien avec l'auteur.

4. Dominique Urvoy, *Histoire de la pensée arabe et islamique*, Paris, Le Seuil, 2006, p. 591-592.

négatif et oublient le positif[5]. » Mais est-ce bien certain? À voir le nombre de jeunes qui frappent aux portes de l'Europe ou des États-Unis pour s'y installer ou y faire des études, on est en droit d'en douter. Il y a les discours et la réalité des faits. Le discours, c'est d'abord celui de l'affirmation d'une identité face à ce qu'ils considèrent comme du mépris. Je me souviens de ces jeunes filles du Caire pour qui « les Occidentaux regardent les Orientaux d'en haut et imposent leur volonté. » Et l'une d'entre elles d'ajouter : « Nous, les Orientaux, nous étions dans le passé plus forts que les Occidentaux, ils nous doivent beaucoup[6]. » Ces jeunes, comme la majorité des musulmans, s'accrochent à un passé mythique, celui d'un âge d'or d'une civilisation islamique qui s'est étendue de l'océan Atlantique à l'océan Indien durant plusieurs siècles. Dans les manuels scolaires, l'islam comme religion et civilisation est magnifiée face aux autres religions.

Aujourd'hui, l'Occident montré du doigt est avant tout synonyme d'« Amérique ». Les réactions aux attentats du 11 septembre suivies des campagnes en Afghanistan et en Irak font des États-Unis des agresseurs aux yeux des musulmans. Attaqués par un groupe terroriste, ils ont riposté non contre le groupe, dont les membres sont originaires de pays amis (Arabie Saoudite et Égypte), mais contre des États. Depuis cette date, les États-Unis incarnent le danger occidental.

L'intervention en Afghanistan, lieu de refuge de Ben Laden et de ses amis, et l'écroulement du régime des Talibans détesté par la majorité de la population afghane auraient dû porter un sérieux coup à l'islamisme. Or la décision d'envahir l'Irak prise par l'Administration Bush a eu recours à l'un des plus grands mensonges de l'Histoire à savoir la détention d'armes de destruction massive par le régime de Saddam Hussein. Ce faisant, elle a refocalisé tous les ressentiments et offert aux populations musulmanes une cristallisation de la « douleur collective » que les terroristes d'Al Qaida et les islamistes radicaux de tous poils ont beau jeu d'exploiter. Les images des dégâts infligés par les troupes américaines aux civils irakiens, frappes aveugles, bavures et tortures – les photos du traitement humiliant subi par les prisonniers d'Abou Ghraib ont été placardées dans les rues de certaines capitales musulmanes –, laissent penser que les États-Unis et les islamistes

5. Entretien avec l'auteur.

6. *Ibid.*

mènent des politiques complémentaires. Les uns et les autres tablent sur la peur pour rallier les populations à leur cause. Hossam Taman, journaliste égyptien, confirme que « la destruction par l'armée américaine des mosquées de Fallouja et la liquidation des blessés sous les yeux des caméras de télévision ont énormément choqué les musulmans. L'effet néfaste de ces débordements, ajoute-t-il, finira par étouffer toute voix modérée ou rationnelle au sein de l'islam, comme si l'Administration américaine voulait forcer les sociétés musulmanes à s'aligner derrière la politique nihiliste de Ben Laden [7]. »

Au-delà des images largement médiatisées des exactions américaines en Irak, la première puissance du monde – expression qui à elle seule suscite la crainte – est de manière générale perçue comme impérialiste et hégémonique. Pour l'Égyptien Adbel Sabour Marzouk, par exemple, « l'Amérique d'aujourd'hui est obnubilée par la folie de sa force et de sa puissance démesurée. L'Amérique bafoue les droits de tous ceux qui se mettent au travers de ses ambitions hégémoniques [8]. » Un jeune copte au Caire me disait : « Depuis l'invasion de l'Irak, il existe une espèce de méfiance, peut-être même du mépris, à l'égard de tout ce qui représente la culture occidentale. »

L'Amérique et ses alliés se sont embourbés, en Irak comme en Afghanistan, dans une guerre conventionnelle en oubliant celle des idées. La « guerre contre le terrorisme » est perçue comme une guerre contre les musulmans, et par ricochet contre leur religion, l'islam.

En Europe comme dans les pays qui ont vécu la décolonisation, le succès d'une guerre passe par la sympathie des populations au nom desquelles les armées ou les combattants interviennent. Et ainsi que le dit très justement l'historien et essayiste Tzvetan Todorov : « *L'ingérence moderne au nom de la démocratie n'est pas plus légitime que celle, ancienne, au nom de la civilisation : dans les deux cas, les moyens utilisés compromettent les fins poursuivies* [9]. »

Les Américains peuvent aujourd'hui être légitimement satisfaits d'avoir réussi à battre ou à contenir Al Qaida en Irak : son chef

7. Entretien avec l'auteur.

8. Entretien avec l'auteur. Adbel Sabour Marzouk est secrétaire général du Haut Conseil des affaires islamiques d'Al Azhar.

9. Tzvetan Todorov, « Afghanistan : Européens et Américains doivent partir », *Libération*, 10 octobre 2008. Il est l'auteur de *La peur des barbares, au-delà du choc des civilisations*, Paris, Robert Laffont, 2008.

Abou Moussab Al Zaquaoui a été tué en 2006 ainsi que son numéro deux fin 2008. Mais l'Irak que laisseront les troupes américaines après leur retrait décidé par le président Barack Obama risque d'être livré aux chefs de tribus et aux mains d'islamistes sunnites et chiites. N'est-ce pas ce que le cinéaste italien Roberto Benigni décrit avec beaucoup de pertinence, dans son film *Le Tigre et la neige*[10], une société irakienne passant de la dictature sanguinaire de Saddam Hussein à une islamisation forcée qui annihile toute liberté individuelle ?

En Afghanistan, les forces de l'OTAN installées dans le pays depuis 2001 n'ont pas réussi à éliminer le mouvement islamiste. Malgré l'aide de l'Occident à un gouvernement qu'il a lui-même mis en place et les nombreuses concessions faites aux chefs de clans, on assiste à un retour en force des Talibans. Et le président afghan, Hamid Karzaï, sur les conseils de ses amis américains, tente de négocier avec les Talibans modérés, c'est-à-dire ceux qui veulent un partage de pouvoir.

De son côté, l'Europe, dont l'impérialisme n'a pourtant pris fin qu'il y a un demi-siècle, jouit d'une réputation plus pacifique, notamment en raison de sa position dans le conflit israélo-palestinien. Le refus de certains pays européens, comme la France, de participer à la dernière guerre d'Irak est aussi fort apprécié dans le monde arabo-musulman. Mais l'Europe est associée aux États-Unis lorsque ce désir de suprématie déborde le seul champ du militaire pour envahir celui du culturel, du politique, du social ou de l'économique. L'Europe, tout comme l'Amérique, est accusée de vouloir imposer au reste du monde son modèle politique, en particulier sa démocratie laïque ainsi que sa culture et son modèle économique, jugés « matérialistes et individualistes ». « Les pays musulmans n'ont pas de problème avec les peuples européens ou américains », précise le réformiste iranien Mohsen Kadivar, « mais ils contestent les politiques agressives et de domination de leurs gouvernements et c'est leur droit de combattre ces politiques[11]. » Et l'ayatollah Montazeri d'ajouter : « Qu'on le veuille ou non, l'Occident est en avance par rapport à l'Orient et lui a rendu service, d'un point de vue industriel et technique. Mais qu'il essaye aussi de respecter l'éthique et le spirituel, qu'il ne mente pas, qu'il ne malmène pas l'éthique. Qu'il respecte les autres et de cette façon il sauvegardera son

10. Film sorti en France en 2005.

11. Entretien avec l'auteur.

prestige[12]. » Car l'Occident a chassé le divin – ce qui pour certains revient à chasser Dieu – et cette carence spirituelle, qui serait l'aboutissement de sa révolution politique et économique, non technologique, nous y reviendrons, constituerait un danger supplémentaire pour le monde arabo-musulman, pour son identité.

La menace n'est donc pas seulement militaire, elle est également culturelle. Les propos de Ahmed Al Tayeb, recteur de l'université religieuse du Caire Al Azhar, l'institution la plus importante de la branche majoritaire de l'islam, le sunnisme, sont assez éloquents. Ils englobent dans une même logique les grandeurs de la civilisation musulmane, menacées par l'Occident, et ses misères causées par le même Occident. Ce dernier est accusé d'un seul bloc pour l'ensemble de ses valeurs, ou plus exactement de ses non-valeurs aux yeux de ce dignitaire religieux, haut fonctionnaire du gouvernement égyptien. Ses propos ne seraient pas reniés par les islamistes, pourtant pourchassés par le gouvernement à qui ils contestent sa légitimité. Matérialisme, inégalités sociales, et sexualité sont par exemple traités sur le même plan puisque relevant d'un même « mal » : l'Occident. « La civilisation occidentale, dit Ahmed Al Tayeb, ne fait qu'apporter la pauvreté, l'ignorance et le mal à l'humanité entière. C'est une civilisation qui n'avance que sur un seul pied. L'Occident a éliminé la religion, la spiritualité et la morale. Cette civilisation ne nous amène que les catastrophes. [...] J'ai ma propre civilisation. Je suis un musulman, un oriental, je pratique ma religion et je suis fier de ma civilisation et je pense même qu'elle est la meilleure. En même temps, je suis fier de dire que les autres civilisations sont aussi valables que la mienne et je ne veux pas leur imposer ma civilisation. Notre problème avec l'Occident, c'est sa volonté de nous imposer sa civilisation. Et je vais vous donner un exemple. Aujourd'hui, l'Occident nous demande de tolérer la perversité sexuelle, l'homosexualité, sous prétexte que c'est un des droits de l'Homme. C'est vrai : le mariage homosexuel, l'avortement et la liberté totale des mœurs sont des droits en Occident et des lois sont votées pour les protéger, ce que je respecte. Mais moi, je considère ces droits et ces pratiques comme des maux pour la société qu'il faut guérir et des perversions qu'il faut corriger. Cette arrogance de l'Occident est soit un aveuglement soit une forme de colonialisme et d'agres-

12. Entretien avec l'auteur. L'ayatollah Montazeri a été prétendant à la succession de l'ayatollah Khomeiny avant d'être écarté par les « durs » du régime.

sion. Dans les deux cas, il ne nous reste qu'à lancer un appel à l'opinion publique occidentale pour lui demander de combattre cette arrogance[13]. »

L'« arrogance occidentale » si souvent citée, voilà l'argument choc utilisé pour réfuter toutes les valeurs et les idées de progrès issues des anciens empires coloniaux, telles que les droits de l'Homme ou les idées héritées des Lumières ; nous avons là un condensé de la façon dont l'Occident est perçu. Mais les attaques, parfois violentes, provenant des franges religieuses les plus conservatrices, ne relèvent pas d'un sentiment partagé par l'ensemble des populations. Aux yeux de la majorité des musulmans, les causes de cette soi-disant haine des valeurs dites occidentales sont plutôt à chercher dans la manière dont elles sont imposées.

La mise en accusation va de pair avec son omniprésence. Quand on se promène à travers le Moyen-Orient, la référence à l'Occident – antimodèle et modèle à la fois – est systématique quelles que soient les populations. On retrouve l'Occident des progrès techniques et de l'humanisme, l'Occident du rationalisme et de l'individualisme ; l'Occident arrogant, supérieur, dominateur, l'Occident agressif, militarisé et hégémonique, l'Occident décadent et déchristianisé. « Il y a un Occident ennemi, un Occident ami et un Occident neutre », me disait un étudiant saoudien. Selon l'historien copte Yunan Labib Rizq, « l'Occident est, pour les islamistes, l'ennemi et, pour les défenseurs de la modernisation, une source d'inspiration[14]. »

Quel que soit l'Occident – ou les Occidents – mis en cause, le fait est que l'image qu'il renvoie à l'Arabo-musulman constitue en elle-même un danger ; elle est dans tous les cas dévalorisante car, comme l'explique l'éditorialiste Yahia Al Amir, « l'Occident pour les musulmans est l'Autre, l'autre qui nous dépasse culturellement, intellectuellement et technologiquement et dont l'influence dans les affaires mondiales est sans commune mesure[15]. » Cette image renvoie à l'homme occidental « supérieur », dont plus personne ne veut, au point qu'il n'est plus bien vu de trop regarder vers l'Occident. L'historienne Mansurieh Ettehadeh raconte qu'en Iran « le terme "occidentalité" ou "gharbzadé" a été inventé par un écrivain iranien du XXe siècle, Ali Ahmad, pour dési-

13. Entretien avec l'auteur.

14. Entretien avec l'auteur.

15. Entretien avec l'auteur.

gner ceux dont l'existence tout entière et les aspirations sont tournées vers l'Occident, ceux qui imitent totalement l'Occident[16]. » Et elle ajoute : « Moi, je n'utilise pas le terme "occidentalité" parce que je le trouve un peu trop fort. J'utiliserais davantage "occidento-philes" pour désigner les gens attirés par l'Occident. Mais "occidentalité" est un terme devenu très courant en Iran[17]. »

Dans son ouvrage *La maladie de l'islam*, Abdelwahab Meddeb critique certains intellectuels qui, parce qu'ils se réclament de la modernité, prônent le « *retour à Averroès pour bricoler une viabilité citoyenne par le recours à un processus spécifique, qui relativiserait l'emprunt occidental, dont l'exclusivité serait, à leurs yeux, blessante sinon infamante*[18] ». Cet emprunt occidental est justifié comme une réappropriation d'un savoir scientifique que les musulmans auraient transmis dans le passé à l'Occident. Cette idée est souvent évoquée par mes interlocuteurs dans les pays arabes comme dans d'autres pays musulmans. « L'Occident doit beaucoup à l'Orient, et son modèle politique et social est intéressant, mais pour qu'il puisse être mis en œuvre dans nos sociétés, il faut qu'il s'adapte à l'esprit de l'Orient », analyse une jeune iranienne avant d'ajouter : « L'Occident n'éveille en moi aucun sentiment négatif, mais je suis opposée à une occidentalisation absolue. »

Où chercher dès lors les racines du mal ? Poser la question : « Pourquoi les musulmans nous haïssent-ils tant ? » n'est pas sans intérêt, mais sa formulation travestit considérablement la réalité. Tout au plus peut-on se demander pourquoi les terroristes dits islamistes haïssent l'Occident. Pour les autres, c'est-à-dire le plus grand nombre, il ne s'agit pas de haine. L'histoire des peuples arabo-musulmans, la construction de leur identité sont conditionnées depuis des siècles, qu'on le veuille ou non, par l'Occident, soit par une relation de sujétion, soit par un désir d'imitation, soit par une réaction identitaire. Les paramètres sont nombreux, contemporains ou lointains, brandis ou exploités, rarement sans lien avec une réalité historique ou politique. Aucun n'est plus déterminant que l'autre, ils sont agrégés les uns aux autres au point de rendre nos présents terriblement indissociables. C'est sans

16. Entretien avec l'auteur. Mansurieh Ettehadeh est une historienne iranienne.

17. *Ibid.*

18. Abdelwahab Meddeb, *La maladie de l'islam*, Paris, Le Seuil, coll. La couleur des idées, 2002, p. 35 et note 24.

doute là que réside une des clés du problème. Le refuser, vouloir rompre à n'importe quel prix cette communauté de destin, n'est pas sans danger pour tous.

Les facteurs de dégradation

L'histoire des relations entre l'Occident et monde arabo-musulman met en évidence un certain nombre de facteurs ayant favorisé l'installation progressive de cette défiance mutuelle ; on le verra au sujet de la modernité. Mais on ne peut nier que la politique étrangère des États-Unis, en particulier celle de l'Administration Bush, mais plus largement aussi celle de la majorité des pays occidentaux, a profondément détérioré ces relations. Michael Barry [19] évoque l'Afghanistan avec un immense regret. « Je parle du mouvement de Massoud et c'est avec beaucoup de tristesse, mais plus que de la tristesse, un véritable désespoir que je constate à quel point il a d'abord été bafoué et méprisé, ignoré pendant la folie des politiques occidentales des années 1980 et particulièrement en 1990. Puis après 2001, le monde se détourne de cet effort nécessaire de démocratisation afghane, héritage de ce qu'a fini par représenter le commandant Massoud, pour se replonger dans une aventure coloniale qu'il faut qualifier d'aberrante et qui cristallisera à nouveau tous les ressentiments avec l'occupation de Bagdad. Donc ce petit exemple, cette ouverture qui me faisait comparer le commandant Massoud au XXe siècle à l'émir Abdelkader dans l'Algérie du XIXe siècle, ce petit exemple de civilisation, d'intelligence et de véritable bonté, tout cela est occulté par un relent de haine qui emporte tout sur son passage. Et je dis : hélas [20] ! »

L'occupation de l'Irak a sonné comme une confirmation de cette hégémonie et d'une longue liste d'ingérences de l'Occident dans les affaires du monde arabo-musulman depuis deux siècles, depuis le début du colonialisme européen. Mais le poids de l'histoire n'explique pas tout. Le professeur Mustapha Kamel Al Sayid le confirme : « Non, je pense qu'il ne faut pas exagérer le poids de l'histoire, il faut plutôt prendre la mesure du rôle néfaste des politiques actuelles

19. Michael Barry est l'auteur d'un remarquable ouvrage : *Massoud, de l'islamisme à la liberté*, Paris, Éditions Louis Audibert, 2002.

20. Entretien avec l'auteur.

adoptées par les gouvernements européens, les gouvernements occidentaux, et surtout par les États-Unis. Je pense qu'à un moment de bons rapports auraient pu s'installer entre les pays arabes et musulmans d'un côté et les pays occidentaux de l'autre, dans les années 1970 par exemple, dans les années 1980 aussi. Même dans les années 1990, le président Clinton aux États-Unis a essayé de trouver une solution juste et durable au problème palestinien, mais avec l'arrivée des nouveaux conservateurs à la Maison Blanche, le fossé entre les peuples musulmans et les gouvernements occidentaux s'est beaucoup élargi[21]. »

Le Tunisien Mohamed Charfi ajoutait que, sans l'Irak et le conflit israélo-palestinien, l'Orient et l'Occident se rapprocheraient. « Je préfère être optimiste et me dire que le drame palestinien finira bien par trouver une solution aujourd'hui. La situation catastrophique de l'Irak aussi. Et en dehors de ces deux abcès, je ne vois pas pourquoi l'Occident et l'Orient resteraient en conflit. Nous étions en conflit pendant la période de colonisation, mais d'énormes progrès ont été faits depuis. Aujourd'hui il reste ces deux abcès, il faudrait que l'Occident nous aide à les résoudre[22]. » Le conflit israélo-palestinien est en effet l'autre moteur de la dégradation. Tant qu'il sera compris comme une agression mutuelle – juifs/Israéliens contre musulmans/Palestiniens/Arabes et réciproquement –, tant que les glissements les plus larges s'opéreront – l'Israélien devenant le juif et le Palestinien le musulman ou l'Arabe –, tant qu'une appartenance religieuse impliquera l'alliance des destins, tant que le non-ennemi sera associé à l'allié et le non-ami ou le non-allié à l'ennemi, alors le gouvernement américain sera *de facto* désigné comme l'ennemi de tout le monde islamique. Acteur et scénariste saoudien, Abdoullah Al Sadhan le rappelle : « Il ne faut pas oublier qu'il y a entre nous un problème politique qui n'est toujours pas résolu : la Palestine. Ce problème aiguise nos préjugés respectifs et les transforme en comportement haineux. [...] Cela fait plus de soixante ans que le drame palestinien ronge nos consciences et notre fierté[23]. » Et, pour citer Mohamed Charfi, « les massacres des

21. Entretien avec l'auteur.

22. Entretien avec l'auteur. Mohamed Charfi (1936-2008), ministre de l'Éducation nationale en Tunisie de 1989 à 1994 et auteur du livre *Islam et liberté, le malentendu historique*, Paris, Albin Michel, 1998.

23. Entretien avec l'auteur.

Palestiniens que l'on voit tous les jours sur les chaînes de télévision alimentent ce sentiment anti-occidental. Je sais bien que l'Occident est divers. Aujourd'hui les positions de l'Europe sont appréciées par le monde arabe, mais le chef de l'Occident, le dirigeant, reste les États-Unis. Et les États-Unis ont une politique pro-israélienne que nous trouvons incompréhensible et fondamentalement injuste. À cela s'est ajoutée depuis 2003 l'invasion de l'Irak. Bref, les événements de politique internationale contribuent au renforcement de l'islamisme. Ils privent les partisans de l'amitié avec l'Occident de plusieurs arguments[24]. »

Le président américain, Barack Obama, en affichant sa volonté de parler avec les ennemis déclarés des États-Unis, en particulier l'Iran qui finance le Hezbollah libanais et le Hamas palestinien, amorce un changement dans la politique étrangère des États-Unis. Durant sa campagne électorale en 2008, il avait suscité des polémiques dans son pays en déclarant que dans tous les cas il préférait le dialogue à la guerre. L'Histoire le jugera sur sa capacité à réparer les erreurs de son prédécesseur en retirant les troupes américaines de l'Irak sans livrer ce pays au chaos et aux affrontements ethnico-religieux. Mais Obama sera aussi jugé sur son action en Afghanistan. Va-t-il favoriser un processus de retrait ou prolongera-t-il la logique d'occupation de son prédécesseur à la Maison Blanche ? L'autre question sur laquelle Obama est attendu, c'est le conflit israélo-palestinien. Il faut espérer que son engagement ferme à défendre la sécurité d'Israël d'une part et la nouvelle image qu'il a su donner de son pays au monde arabo-musulman d'autre part, par ses déclarations mais aussi ses origines africaine et musulmane, lui donneront une petite marge de manœuvre pour accélérer un processus de paix en panne depuis les accords d'Oslo en 1993. Le droit international sera son principal allié pour affirmer un principe que l'historien israélien et ancien ambassadeur de son pays en France, Élie Barnavi, résume ainsi : *« Quoi que fassent les Palestiniens, la colonisation est illégitime et quoi que fassent les Israéliens, le terrorisme est illégitime[25]. »*

La question Orient/Occident ne saurait en tout cas être prise en otage par ces conflits, et il n'est pas interdit de repousser plus loin

24. Entretien avec l'auteur.

25. « Régis Debray/Élie Barnavi : Le Proche-Orient, l'islam et nous », *Le Figaro*, 13 février 2008.

l'exploration du problème. Quels sont les autres paramètres de cette crainte réciproque ? Les causes économiques, plus que politiques, culturelles ou sociales ?

Bien sûr, il y a l'épineuse question du pétrole qui est sur toutes les lèvres et sans laquelle rien ne se comprend. Mais elle non plus ne peut être l'unique prisme. D'abord parce qu'à côté du pétrole, il existe d'autres intérêts économiques dont les enjeux sont localement de premier ordre, ensuite parce que le pétrole occulte l'autre grand marché mondial, celui de l'armement. Curieusement ces divers points sont souvent cités mais rarement développés. Comme s'ils étaient accessoires. Ils semblent moins tangibles : un tank ne symbolise pas à lui seul l'ingérence occidentale en Orient. L'armement et le pétrole sont comme les meubles du décor : ils sont là, mais échappant au contrôle des peuples musulmans, ils n'affectent pas directement leur quotidien et par conséquent ne déclenchent plus les passions comme aux grandes époques des nationalisations.

Le poids de l'histoire

Il n'en va pas de même de l'histoire, que chacun peut écrire, lire et relire à sa façon. Parmi les événements historiques les plus montrés du doigt, il y a bien sûr l'éclatement du dernier ensemble musulman, l'Empire ottoman, et l'abolition du califat qui a suivi, mais il y a également les accords de Sykes-Picot[26] dont le souvenir en Occident est davantage lié aux magnifiques images cinématographiques d'un Lawrence d'Arabie combattant aux côtés des Arabes qu'aux livres d'histoire. La façon dont Mustapha Kamel Al Sayid raconte l'épisode est éloquente : « Il y avait cette promesse qu'en échange d'une révolution déclenchée par les Arabes, après la fin de la Première Guerre mondiale et la victoire des pays occidentaux, tout le Proche-Orient, toute la partie orientale du Proche-Orient serait un État unifié. Or, en même temps que les Britanniques faisaient cette promesse, le gouvernement français et le gouvernement britannique signaient en 1916 un accord connu sous le

26. Les diplomates britanniques Mark Sykes et français François Georges-Picot sont les auteurs des accords secrets signés le 16 mai 1916 entre la France et la Grande-Bretagne, prévoyant le partage du Moyen-Orient.

nom de Sykes-Picot ; je pense que c'était une confirmation de l'Entente cordiale. Et, selon cet accord, les pays concernés seraient divisés entre la France et la Grande-Bretagne ; ils ne seraient ni indépendants ni unifiés. Donc évidemment il y a un sentiment d'amertume[27]. » Un sentiment que Mohamed Charfi associe directement à l'échec d'un rêve. « Le rêve d'unité arabe, le rêve d'unité islamique, ce sont des rêves qui ont correspondu à une période donnée. Rappelez-vous les accords de Sykes-Picot, c'est relatif surtout au Machrek, pas au Maghreb. C'est au Machrek qu'est né le rêve de l'unité arabe parce que les frontières entre différents pays du Machrek ont été tracées par les accords de Sykes-Picot, c'est-à-dire par des représentants de l'autorité coloniale. Donc ce sont des frontières qui ne correspondaient pas à des données sociologiques ou politiques réelles. Cela correspondait aux intérêts des occupants, donc à des frontières artificielles[28]. »

Cet échec, attribué à une trahison de l'Occident, a non seulement engendré un déficit de confiance accru entre les deux parties, mais a été suivi d'autres expériences malheureuses, celles de l'hégémonie économique et culturelle, et d'une modernisation menée parfois à pas de charge au nom d'une civilisation occidentale[29]. Une civilisation souvent réduite aux aspects vestimentaires et culturels, et dont les idéaux de liberté, d'égalité et de justice étaient soit restés au second plan, soit carrément occultés dans cette partie du monde.

Comment ne pas citer la colonisation omniprésente dans les esprits, un demi-siècle après les indépendances ? Le monde arabo-musulman n'a pas encore tourné la page de cette longue période douloureuse. « Le problème des nations du Moyen-Orient, me disait l'historienne Mansurieh Ettehadeh, c'est la colonisation et la pression qu'on leur a fait subir à partir du XIXe siècle, même peut-être avant. Prenons le cas de l'Iran : dès le XIXe siècle, les Russes et par la suite les Anglais n'ont pas relâché leur pression pour obtenir des concessions, et cela au détriment de l'indépendance aussi bien politique qu'économique. Les récits mille fois répétés de ces pressions, le fait que ces agressions ont imposé des contrats inégaux, tout cela a engendré un fort ressentiment. Les peuples sont pleins de reproches à l'égard de

27. Entretien avec l'auteur.

28. Entretien avec l'auteur.

29. Voir le chapitre « Islam et modernité, frères ennemis ? ».

l'Occident. Et les origines de ce ressentiment remontent en vérité à la colonisation et à la pression coloniale de l'Occident [30]. »

Et bien au-delà encore, c'est, pour certains, aux croisades qu'il faut remonter. Celles-ci ne furent pas humiliantes en tant que telles, ainsi que le rappelle Yunan Labib Rizq : « Tout d'abord, il y a eu l'époque des croisés, qui, comme on le sait, s'acheva par la victoire des Arabes sur les Occidentaux et donna naissance à la figure mythique de Saladin (1138-1193). Cet événement a marqué une rupture totale dans les relations entre le monde arabe et l'Occident jusqu'à la fin du XVIIIe siècle et la campagne militaire de Napoléon en Égypte. À l'époque des croisés, l'image de l'Occidental, du Chrétien ou du "Franji" (Franc en arabe) comme on l'appelait jadis, était, dans la conscience des Arabes, celle d'un homme inférieur à l'homme arabe. On regardait les croisés, et surtout les Français qui en composaient la majorité, comme des hommes "mielleux et efféminés" incapables d'égaler la virilité et l'intelligence de l'homme arabe [31]. » L'humiliation vient plutôt de ce que cet homme « efféminé », ce « Franji », plusieurs siècles plus tard, l'emportera sur l'Arabe. « La surprise fut énorme lorsque Napoléon et son armée sont entrés en Égypte. Au début, les Égyptiens les ont regardés avec les mêmes préjugés qu'à l'époque des croisades. Ils pensaient que les Mamlouks "valeureux et surarmés" ne feraient qu'une bouchée de ces "efféminés". Mais Napoléon les a surpris, et son armée de "Franji" a écrasé l'armée Mamlouk qui représentait à leurs yeux un symbole d'invincibilité et d'esprit chevaleresque. Ce fut un choc considérable pour les Égyptiens et les Arabes en général. Et les conséquences furent dévastatrices. Du jour au lendemain, le complexe de supériorité s'est transformé en complexe d'infériorité... Depuis, le sentiment d'infériorité n'a cessé d'augmenter [32]. »

L'humiliation

Deux mots reviennent sans cesse dans les discours : humiliation et ressentiment. Et voilà ladite haine qui se pare d'un autre visage. Dans son ouvrage *Le Ressentiment dans l'histoire*, Marc Ferro montre très

30. Entretien avec l'auteur.

31. Entretien avec l'auteur.

32. *Ibid.*

clairement la place que celui-ci occupe dans nos passés à tous : pogromes, révolutions ou guerres, combien d'événements sont marqués de son sceau ! Dans le cas présent, celui-ci est d'autant plus fort que de dominateur, l'Arabo-musulman est passé au rang de dominé. « *À l'origine du ressentiment chez l'individu comme dans le groupe social, on trouve toujours une blessure, un affront, un traumatisme. Celui qui se sent victime ne peut pas réagir, par impuissance. Il rumine sa vengeance qu'il ne peut pas mettre à exécution et qui le taraude sans cesse. Jusqu'à finir par exploser. Mais cette attente peut également s'accompagner d'une disqualification des valeurs de l'oppresseur et d'une revalorisation des siennes propres, de celles de sa communauté qui ne les avait pas défendues consciemment jusque-là, ce qui donne une force nouvelle aux opprimés, secrétant une révolte, une révolution ou encore régénérescence*[33]. » Tout est dit.

Il se trouve que le XIXe et le XXe siècles ont été vécus par le monde arabo-musulman comme une succession de blessures, d'affronts et de traumatismes. Les victoires napoléoniennes, la colonisation, l'abolition du califat, l'échec de la modernisation et l'ingérence occidentale actuelle ne sont, pour les peuples arabo-musulmans, qu'une succession d'humiliations. Et comme le dit l'historienne saoudienne Hatoun Al Fassi : « Se sentir faible après avoir été fort est un sentiment extrêmement pénible[34]. »

Marc Ferro va plus loin : « *Celui qui se sent victime ne peut pas réagir, par impuissance*[35]. » Dans le cas du monde arabo-musulman, l'incapacité à agir est d'abord d'ordre militaire. Le rapport de force s'étant inversé, l'Occident dicte sa loi, impose ses frontières et son administration sans que le camp adverse ait les moyens militaires ou diplomatiques de riposter. Mais lorsque certains États réagissent enfin – la Turquie, l'Égypte ou l'Iran –, lorsque ces États acceptent l'idée d'une éventuelle « supériorité » de l'Occident et décident, plutôt que de se poser en victime, de se hisser au même niveau que lui en le prenant pour modèle, non seulement le rapport de force ne s'inverse pas mais au contraire il se renforce. La sujétion à l'Occident se fait plus douloureusement sentir. Et elle perdure aujourd'hui encore,

33. Marc Ferro, *Le Ressentiment dans l'histoire. Comprendre notre temps*, Paris, Odile Jacob, 2007, p. 14.

34. Entretien avec l'auteur.

35. Marc Ferro, *Le Ressentiment dans l'histoire, op. cit*, p. 14.

ambiguë, insidieuse. Mansurieh Ettehadeh pointe la contradiction : « En même temps que nous craignons l'Occident, que nous subissons ses pressions, que nous rencontrons des difficultés avec lui, pour pouvoir lui faire face, nous sommes attirés par ses réformes qui nous feront lui ressembler et c'est ainsi que l'Occident devient pour nous un idéal. Un de nos écrivains du XIXe siècle, Mirza Malkom Khan[36], a eu une phrase très intéressante à ce sujet : "Même pour la lecture du Coran, vous avez besoin d'une paire de lunettes, fabriquée en Occident"[37]. »

D'où ce sentiment d'impuissance qui, selon Marc Ferro, a pour conséquence soit l'explosion de la vengeance dont on trouve l'expression dans le premier discours de Ben Laden qui fait suite aux attentats du 11 septembre, soit « *une disqualification des valeurs de l'oppresseur et une revalorisation des siennes propres*[38] ». Le complexe d'infériorité se transforme alors en complexe de supériorité.

L'historienne saoudienne Hatoun Al Fassi précise que « le sentiment de colère et d'humiliation face à l'Occident traduit la conviction que la civilisation arabo-musulmane est supérieure, et par conséquent la frustration de se trouver aujourd'hui dans une posture d'infériorité par rapport à la civilisation occidentale. Les rapports de force jadis équilibrés entre l'Orient musulman et l'Occident ont soudainement changé en faveur des Européens. Le colonialisme français, anglais et espagnol dans les pays musulmans a exacerbé le sentiment de défaite ressenti au moment de la fin du califat, et l'humiliation face à la puissance militaire et économique de l'Occident[39]. »

Ainsi l'état d'esprit du monde arabo-musulman à l'égard de l'Occident se trouve-t-il presque toujours enfermé dans cette chaîne : humiliation, impuissance, frustration, révolte, réaction, autorevalorisation.

Cette chaîne sera active tant que le sentiment d'humiliation subsistera. Il s'agit bien d'un sentiment qui échappe aux constats scientifiques. On ne peut dire à quelqu'un qui se sent humilié : « Vous avez tort ! » Peut-être a-t-il tort. Le problème se situe ailleurs, dans des

---

36. Mirza Malkom Khan, iranien d'origine arménienne, a joué un rôle déterminant dans l'établissement de la première constitution du pays en 1906. Il a aussi créé la première loge maçonnique en Iran avant de la dissoudre sur ordre du Chah.

37. Entretien avec l'auteur.

38. Marc Ferro, *Le Ressentiment dans l'histoire, op. cit*, p. 14.

39. Entretien avec l'auteur.

zones profondément irrationnelles, trop rarement prises en compte dans les analyses géopolitiques.

Et si ce sentiment trouve ses racines dans le passé, il continue d'être largement stimulé par le présent. On ne peut nier que persistent aujourd'hui encore des représentations de l'Arabe et de l'Occidental vécues comme dévalorisantes pour l'un, valorisantes pour l'autre. Edward Said parlait déjà du solide «*filet de racisme, de stéréotypes culturels, d'impérialisme politique, d'idéologie déshumanisante qui entoure l'Arabe ou le musulman*[40]. » L'Arabe est soit mal fagoté soit couvert d'or et de paillette, c'est un joueur, un roublard, sympathique, mais roublard tout de même. Sa légendaire placidité l'a souvent rangé du côté des paresseux, et du jour au lendemain le terrorisme en fait un homme déchaîné, et violent. Les clichés se succèdent, contradictoires, qu'importe ! « Oui, il y a beaucoup de choses qui sont dites et qui nous dérangent », confirme l'acteur Abdoullah Al Sadhan : « L'Occident n'a pas fait l'effort suffisant et honnête de bien et mieux comprendre nos sociétés arabes. La critique constructive ne nous choque pas, on l'accepte volontiers. Mais l'image de l'Arabe dans le cinéma est très déformée. Par exemple, on montre toujours les Arabes dans les casinos. Ils ne sont pas les seuls à aimer jouer. Beaucoup d'hommes sur cette terre se payent ce plaisir ; des Japonais, des Chinois, des Européens et bien sûr des Arabes. On montre aussi "les Arabes" avec des vêtements qui ne correspondent à aucune réalité. Qu'ils les habillent correctement au moins ! On souligne toujours nos défauts avec une intention de mépris et de haine. Je suis allé en Extrême-Orient et j'ai vu les défauts des Japonais et des Chinois et ceux des Américains et des Européens qui vont en Thaïlande et aux Philippines se payer les faveurs de prostitués enfants. Nous sommes, nous, les Arabes, impuissants. Nous n'avons pas les moyens de montrer aux autres leurs défauts comme on nous montre les nôtres[41]. »

L'impuissance, moteur du ressentiment, n'est donc pas uniquement militaire. Elle est aussi culturelle. Le monde arabo-musulman n'a pas eu pendant longtemps les moyens de choisir l'image qu'il allait donner au monde de lui-même. Cette image, c'est l'Occident qui l'a

40. Edward Said, cité sur http://www.peripheries.net/article204.html. Voir aussi l'image de la femme musulmane et l'orientalisme dans le chapitre « Les femmes, enjeu politique ».

41. Entretien avec l'auteur.

dessinée, l'Amérique et l'Europe avec leur cinéma, leurs chaînes d'information, leur publicité. L'Arabe que l'on voit dans les médias, c'est l'Arabe vu par l'Occidental, et non l'Arabe vu par lui-même. Il est vrai que les pays arabes les plus riches disposent aujourd'hui de nouveaux moyens de communication, tels que des chaînes de télévision de diffusion internationale, et que des fonds impressionnants sont aujourd'hui employés à montrer une autre vitrine. Mais, alors que les séries et les films américains sont regardés partout dans le monde par des populations non américaines, les productions arabes ne touchent guère le public non arabe. « Le recul de notre culture devant l'invasion de la civilisation matérialiste de l'Occident, précise Adbel Sabour Marzouk, engendre un complexe d'infériorité et une dépersonnalisation qui font beaucoup de tort à notre jeunesse[42]. » Une jeunesse tiraillée entre l'attrait d'un modèle inaccessible et la volonté de préserver son amour-propre et sa dignité perdue qui trouve, dans l'affirmation de la suprématie du Coran, une dernière poche de résistance.

La bataille entre médias occidentaux et arabo-musulmans ne se situe pas seulement au niveau des modèles de civilisation. D'un côté, les images d'actualité les plus récurrentes du monde musulman sont celles de la violence, souvent à l'égard de l'Occident, et de l'autre ce sont celles de destructions, bavures et tortures infligées aux musulmans. Ces images nourrissent la peur des uns et le ressentiment des autres.

Ce ressentiment existe de la même manière chez les jeunes musulmans vivant en Europe. Une large majorité d'entre eux expriment cette rancœur par des voies plus pacifiques, parfois par une réappropriation de la religion de leurs parents. Mais la tentation de l'exprimer par des actes de violence est vite exploitée par des groupes jihadistes, affiliés ou non à Al Qaida. Les quatre auteurs des attentats-suicides de Londres en juillet 2005 étaient des citoyens britanniques, de confession musulmane et ayant toujours vécu au Royaume-Uni. Mohammad Sidique Khan, d'origine pakistanaise, est l'un d'entre eux. Dans une vidéo confession diffusée quelques semaines après par la chaîne qatarie Al Jazira, il explique les raisons de ces attentats qui ont tué des innocents, y compris des musulmans. « *Moi-même et des milliers comme moi avons tout abandonné pour ce que nous croyons [...]. Notre religion est l'islam [...]. Vos gouvernements démocratiquement élus continuent de commet-*

42. Entretien avec l'auteur.

tre des atrocités contre mon peuple [musulman]. Leur soutien vous rend directement responsables exactement comme je suis moi-même responsable de protéger et venger mes frères et sœurs musulmans [...].» Ces actes de folie ne sont pas à mettre seulement sur le compte de la présence britannique en Afghanistan et en Irak. Des frustrations ou des humiliations au sein de la société britannique pourraient aussi constituer le terreau sur lequel a poussé cette haine destructrice.

Les civilisations en question

Peut-on dire pour autant de nos deux civilisations qu'elles sont ennemies, qu'elles courent à l'affrontement ? On connaît la théorie de Samuel Huntington sur laquelle lui-même est revenu : le choc des civilisations[43].

« On a cru que les événements du 11 septembre avaient eu lieu, ou n'avaient pu avoir lieu que grâce à une motivation religieuse "extraordinaire", rappelle Yahia Al Amir. Et on s'est demandé par conséquent si le discours religieux radical, considérant ces attaques comme légitimes, ne portait pas en lui les signes avant coureurs de ce qu'on a commencé à appeler le choc des civilisations ou la guerre des religions. [...] En vérité, il n'y a pas et il n'y aura pas de choc de civilisations[44]. »

La théorie de Samuel Huntington a même profondément choqué le monde arabo-musulman, car elle le désignait en réalité comme coupable. La formulation revenait à une déclaration de guerre quasi civilisationnelle dont les musulmans devaient assumer la responsabilité.

Pour le chercheur égyptien Diaa Rashwan, au contraire, si nos deux civilisations s'affrontent aujourd'hui, c'est parce qu'elles se ressemblent. « Au cours des dix ou quinze derniers siècles, il n'y a eu que deux civilisations qu'on peut qualifier de messianiques : la civilisation arabo-musulmane et la civilisation occidentale. Les autres ne sont pas messianiques. En Asie, la civilisation chinoise préférera toujours rester en Extrême-Orient et ne cherchera jamais à diffuser sa langue ou sa culture dans le monde. Pour elle, il n'y a de monde que sur son aire. De même ne trouvera-t-on aucune civilisation en

43. Samuel Huntigton, *Le choc des civilisations*, Paris, Odile Jacob, 2000.

44. Entretien avec l'auteur.

Amérique latine par exemple qui cherche à propager ses valeurs. Les seules civilisations qui ont cherché dans les dix ou quinze derniers siècles à convaincre les autres, par la paix ou par la force, de leurs systèmes de valeurs et de leurs structures sociales, ce sont l'Occident et l'Islam. Des croisades au colonialisme, il y a toujours eu un enjeu messianique de la part des Européens ou des Occidentaux, héritiers des Romains. L'expédition de Bonaparte en Égypte au XVIIIe siècle a eu pour mission de propager une certaine idée de la civilisation. Dans un passé lointain, les musulmans cherchaient à élargir la terre de l'islam et d'y faire entrer d'autres peuples. Donc il y a bien proximité de destin. Et il y a surtout une ligne, et sur cette ligne, des points d'interactions ; c'est la Méditerranée. Les centres de la civilisation européenne (Athènes, Rome, Paris, Londres) et ceux de la civilisation arabo-musulmane (Bagdad, Damas, Le Caire, le Maghreb) sont tous très proches de la Méditerranée[45]. »

Quant à Michael Barry, il ne veut pas entendre parler de civilisations occidentale et islamique. « Occident ! Encore un terme fourre-tout et qui veut tout dire et n'importe quoi », proteste-t-il, avant d'ajouter « que la civilisation islamique appartient à la civilisation occidentale au même titre que les variantes de civilisation occidentale que sont le judaïsme et la chrétienté. L'Occident se définit comme une civilisation née sur le pourtour méditerranéen et qui a cherché à démontrer avec toute la force de son savoir, de son esprit que l'héritage de la philosophie grecque et des écritures sémitiques représentait deux façons de dire une même vérité et que tout l'effort de la pensée devait aboutir à leur harmonisation. La civilisation occidentale, c'est cela. Quand vous sortez de cela vous arrivez en Inde, en Chine et au Japon. Et si vous parlez d'Occident, vous parlez uniquement de cela et pas d'autre chose[46]. »

Toujours est-il que ces grands centres de civilisation ne communiquent plus, pleins de défiance l'un à l'égard de l'autre. Si bien que la porte est ouverte à toutes les élucubrations, explications fantaisistes, accusations et propagande. À partir du moment où il n'existe pas d'espace de réflexion public permettant un éclairage commun des événements, chacun se replie dans son camp, et développe en guise d'explication les thèses les plus flatteuses à son endroit. De la grande à

45. Entretien avec l'auteur.

46. Entretien avec l'auteur.

la petite histoire, tout est exploité, à commencer bien sûr par l'humiliation qui d'un état de fait se transforme en cause. Selon l'historien épyptien Yunan Labib Rizq : « L'histoire des rapports entre les deux civilisations et les politiques qu'elles ont menées (comme le colonialisme) depuis deux siècles se lit uniquement à travers le prisme de cette notion irrationnelle qu'est "l'humiliation". C'est cette perception erronée de l'histoire qui est à l'origine du déclin arabe. Au lieu de se regarder soi-même et de chercher rationnellement les raisons de ce déclin et les solutions pour y remédier, comme l'ont fait les Européens avec la Renaissance par exemple, les Arabes ne font que se réfugier derrières des notions telles que l'humiliation et le complot[47]. »

Le complot, c'est en particulier l'alliance États-Unis-Israël coupable de tout, y compris de noyauter les médias européens au nez et à la barbe de tous. C'est ainsi que le cheikh Fawzi Al Zafzaf, adjoint du grand imam d'Al Azhar, a accusé en ma présence l'Occident de « n'écouter que d'une seule oreille la voix du sionisme international[48]. » L'Occident, assène-t-il, « n'écoute que ce que lui disent les médias occidentaux. Quelle est cette logique qui considère le droit des Palestiniens à défendre leur terre et leur dignité comme du terrorisme ? Qui considère Sharon, l'assassin, comme un homme de paix ? Quel est le nom de cette logique et de cette justice[49] ? »

Lors d'une conversation avec des étudiants égyptiens, j'ai entendu l'un d'entre eux dénoncer la mondialisation comme étant « une ruse des pays impérialistes qui, avec elle, tentent de duper les Arabes et les musulmans pour mieux les dominer et leur imposer leur vision matérialiste, pour les obliger à dénaturer leur culture et leur identité de façon à ce qu'elles soient compatibles avec ce qu'ils pensent être le modèle parfait, c'est-à-dire la culture occidentale ».

Dans les discours médiatiques conspuant l'Occident, les arguments sont souvent empruntés à la partie adverse. Ainsi entend-on que l'Occident bafoue les droits de l'Homme, limite les libertés d'expression, censure les chaînes de télévision, etc. Une fois encore les critiques des intérêts géostratégiques et financiers des puissances occidentales sont plus rarement développées. Signe que, pour les populations, le cœur du problème relève autant de l'émotionnel que

47. Entretien avec l'auteur.

48. Entretien avec l'auteur.

49. *Ibid.*

d'éléments tangibles comme un puits de pétrole, une frontière, ou encore une langue.

Pourtant ces intérêts sont essentiels, et quelques-uns comme le journaliste égyptien Hossam Tamam sont là pour les relever : le clash des civilisations, dit-il, « s'appelle surtout confrontation des intérêts, laquelle peut un jour aboutir à une confrontation générale au nom de cultures différentes. Il y a aujourd'hui, dans le monde, des pays et des groupes d'intérêts internationaux qui ne voient pas d'un mauvais œil l'éventualité d'une telle confrontation à même de servir leurs visées et leurs intérêts stratégiques à long terme. L'invasion de l'Irak n'est pas un conflit de civilisation, mais plutôt l'incarnation d'un groupe influent de l'Administration américaine qui voulait préserver ses intérêts financiers et pétroliers et renforcer l'hégémonie politique de l'Empire américain dans la région. Ce que nous constatons aujourd'hui partout dans la vie quotidienne, ce n'est pas un affrontement entre les civilisations mais entre des groupes d'intérêts antagonistes. Du côté musulman du moins, on ne voit aucun signe ou volonté de mobilisation autour d'un tel conflit. Même si on entend ici ou là des discours radicaux qui exploitent la paupérisation rampante, l'oppression politique et les humiliations récurrentes à des fins idéologiques telles que le prétendu "clash des civilisations", il n'y a pas du côté musulman, comme on veut le faire croire, un refus absolu de la modernité et de ses bénéfices ou de la cohabitation pacifique avec les autres cultures. En fait, la résistance à l'hégémonie occidentale, principalement américaine, dans le monde arabo-musulman est interprétée, à tort, comme découlant de la théorie du conflit des civilisations. Je ne vois pas un tel conflit [50]. »

Le conflit rêvé

Le fait est que l'Occident reste une des cibles premières des islamistes et qu'il est assez généralement montré du doigt dans l'ensemble du monde arabo-musulman. Mohammed Arkoun dans son livre d'entretien avec Joseph Maïla, *De Manhattan à Bagdad*, explique qu'à partir de 1945, et « *de façon plus conflictuelle après l'irruption de la révolution dite islamique de Khomeiny, les termes Islam et Occident*

50. Entretien avec l'auteur.

*ont polarisé un intense travail de construction imaginaire de l'Autre : à la diabolisation islamique et arabo-islamique de l'Occident (*al-gharb*, avec son agression intellectuelle/culturelle,* ghazw fikrî*) répond, dans une dialectique polémologique, la construction imaginaire de l'ennemi islam*[51]. » D'où le sous-titre de l'ouvrage : *Au-delà du Bien et du Mal.* Car c'est bien de cela qu'il s'agit : une guerre imaginaire et/ou imaginée du Bien contre le Mal, du Juste contre l'Injuste, de la Liberté contre l'Oppression, de la Tolérance contre l'Intolérance, chacun se plaçant naturellement du côté du Bien et des valeurs ; l'autre c'est le mal ou le Mal c'est l'Autre.

Ce faisant, nous avons, les uns et les autres, réussi l'exploit de gommer tout notre passé commun, toutes nos valeurs communes, l'héritage méditerranéen commun, pour ne laisser affleurer que nos différences soudain irréductibles. Pourtant « nous devons protéger ces valeurs communes tout en respectant nos particularismes respectifs », m'explique l'avocat saoudien Abdelaziz Al Qassim. « La nature des relations interculturelles est complexe, poursuit-il, elle est faite d'attraction et de répulsion, de réussite et d'échec. Mais nous avons tous la capacité éthique, morale et rationnelle d'affirmer et d'élargir le spectre de nos expériences communes et de fermer les portes des conflits. Comme nous pouvons et devons oublier nos conflits et litiges historiques. Cela dépend uniquement de la force de la volonté humaine et non pas de la question identitaire et culturelle. La barrière identitaire a déjà été dépassée sur de nombreux points. Nous avons besoin des sages éminents des deux civilisations pour protéger notre humanité commune de nos radicalités respectives[52]. »

Alors quand, où et comment favoriser le dialogue ? La compréhension mutuelle ? Les échanges économiques et intellectuels ? En réalité tout cela existe déjà mais de façon trop peu visible ; la guerre fait toujours plus de bruit que la paix. Il manque aux voix médiatrices des relais efficaces. La volonté est là, les moyens manquent. Alimenter l'incompréhension mutuelle, refuser le dialogue, c'est prendre le risque d'un conflit dont les perdants ne seront ni les amis de Ben Laden ni les va-t-en-guerre qui ont poussé les États-Unis à entrer pour la première fois de leur histoire dans une phase de colonisation. Comme le dit Diaa

51. Mohammed Arkoun, Joseph Maïla, *De Manhattan à Bagdad. Au-delà du Bien et du Mal*, Paris, Desclée de Brouwer, 2003, p. 23.

52. Entretien avec l'auteur.

Rashwan, « l'affrontement sera entre nous et vous, les Européens. Ça ne sera pas avec les Américains. Les Américains, ils seront là comme forces d'occupation comme en Irak. Et la violence, la résistance, le terrorisme va continuer avec eux, mais les vrais affrontements entre civilisations ce ne sera jamais avec les États-Unis qui sont très loin, ce sera comme d'habitude entre l'Europe et notre monde. Et comment éviter cela ? Je ne sais pas, sinon au moins par des efforts communs. Car les querelles les plus violentes sont souvent celles qui se déroulent au sein de la même famille[53]. »

L'élection de Barack Obama et son discours au Caire, le 4 juin 2009, nourrissent l'espoir de sortir les relations Occident/Islam de la confrontation pour les placer sur la voie d'un véritable dialogue. En Égypte, le président américain accomplit un acte politique majeur lorsqu'il propose aux musulmans, qui ont intériorisé une humiliation séculaire, un nouveau départ fondé « sur le respect mutuel ». « *Salam aleïkoum* » (« *La paix soit avec vous* »), clame-t-il comme message de salutation, « *de la part des communautés musulmanes*[54] » des États-Unis. Même s'il n'a pas osé s'approprier cette formule qu'adressent les musulmans à leurs interlocuteurs, ce geste de Barack Hussein Obama peut être comparé à celui de John Fitzgerald Kennedy en 1963. Lors de sa visite à Berlin, une ville coupée en deux par un mur tristement célèbre, il s'adresse aux Allemands de l'Ouest qui vivaient sous la menace soviétique par ces mots : « *Ich bin ein Berliner* » (« Je suis un Berlinois »). Cette expression restera célèbre dans la mémoire européenne.

Huit ans après les attentats du 11 septembre 2001 et les représailles qui ont suivi, à savoir deux campagnes militaires très meurtrières en Afghanistan et en Irak, Barack Obama a choisi une ville arabe pour s'adresser au 1,3 milliard de musulmans dont la majorité vit pourtant en Asie. Le choix du Caire n'est pas un hasard ; cette ville a été, sous Nasser, le symbole d'une fierté arabo-musulmane et demeure le plus important centre intellectuel de l'islam sunnite.

Par ce discours du Caire, Obama cherche à changer les rapports entre les États-Unis et l'islam, ainsi qu'à tourner la page de l'Adminis-

53. Entretien avec l'auteur.

54. Toutes les citations de Barack Obama sont extraites de la traduction française de son discours prononcé au Caire, le 4 juin 2009 (traduction effectuée par la Maison Blanche, Washington, USA).

tration Bush. Celle-ci donnait l'impression, après le 11 septembre 2001, d'agir contre les musulmans, nourrissant ainsi tous les ressentiments contre l'Occident. Le président américain cite à plusieurs reprises le Coran, comme marque de respect à l'égard de la foi de ses interlocuteurs. Il a également rendu un hommage appuyé à la civilisation musulmane, parfois bien au-delà de la réalité historique, en affirmant par exemple que la maîtrise de l'imprimerie viendrait d'elle.

Le respect de l'islam et de sa civilisation suffira-t-il à briser « ce cycle de la méfiance et de la discorde » qui s'est installé entre l'Occident et le monde arabo-musulman ? L'accueil très chaleureux des trois mille invités conviés à l'université du Caire ouvre de nouvelles perspectives qui demandent à être confirmées par des actes. Le président américain a trouvé les mots justes pour parler de l'aspiration légitime du peuple palestinien, qui « connaît la douleur de la dislocation », à avoir un État. Il ajoute que « le conflit israélo-arabe ne devrait plus être utilisé pour distraire les populations des États arabes des autres problèmes » tels que la nécessité d'établir la démocratie dans le respect des minorités, tout en disant qu'« aucun système de gouvernement ne peut ni ne devrait être imposé par un pays à un autre ».

L'espoir suscité par le discours d'Obama ne doit pas être déçu, faute de quoi la déception pourrait vite se transformer en un ressentiment qui viendrait s'ajouter aux ressentiments du passé et précipiter un peu plus le monde arabo-musulman dans les bras des mouvements extrémistes.

Chapitre 4

ISLAM ET MODERNITÉ, FRÈRES ENNEMIS ?

Avec la fin du XVe siècle et le début du XVIe, l'Europe entre dans ce que les historiens appellent les Temps modernes. C'est l'époque de la Renaissance, de l'imprimerie, de la Réforme religieuse, de l'humanisme ; une époque de grand chantier intellectuel qui favorise l'exploration et le développement des connaissances, la diffusion et la vulgarisation des savoirs, y compris religieux. Ces Temps modernes, que les historiens font courir jusqu'à la Révolution française, sont une période où s'opèrent de grands changements. Les sociétés s'affranchissent peu à peu de la tutelle exercée par les autorités religieuses sur les savoirs, les pouvoirs et les mœurs, les économies se transforment, la philosophie conçoit l'homme libéré de l'ignorance et maître de son destin. Au point que la « modernité » caractérisera les sociétés qui placent la raison au cœur de leur principe d'organisation, qui écartent l'arbitraire et s'organisent autour de la pensée critique, des libertés individuelles, etc. Un projet à côté duquel sont passées les sociétés arabo-musulmanes.

Pourquoi sommes-nous restés extérieurs à la modernité ? Que s'est-il passé [1] ? Depuis plusieurs siècles maintenant, les peuples musulmans se posent ces questions, et ils le font avec d'autant plus de détermination que leur passé glorieux leur interdit tout fatalisme. Force est de constater que jusqu'à présent réponses et solutions se sont presque toutes soldées par des échecs, avec pour conséquence un sentiment accru d'humiliation. Du coup, dans le monde musulman, on s'arc-

1. Question qui a servi de titre à l'ouvrage de Bernard Lewis, *Que s'est-il passé ? L'islam, l'Occident et la modernité*, Paris, Editions Gallimard, 2002.

boute, on dénonce, on renonce. Mais de plus en plus, et forts des échecs passés, on cherche aussi des solutions.

Que s'est-il passé ?

Il serait vain de vouloir retracer en quelques pages l'histoire de l'une des plus grandes civilisations de notre ère, la civilisation musulmane, qui a connu son apogée entre le VIIe et le XIVe siècle. Quelques vues transversales suffiront à en donner ici une idée, certes très elliptique, mais assez éloquente. La première illustre l'incroyable expansion de l'Empire arabe dès le début de l'ère musulmane, à la mort du prophète Mohamed, au VIIe siècle. La seconde correspond à un pivot central de l'histoire des relations Orient-Occident : le XVe siècle. À cette époque s'accélère le fabuleux transfert de connaissances de l'est vers l'ouest ; c'est le début de la Renaissance en Europe.

Dès le milieu du VIIIe siècle[2], soit un peu plus d'un siècle après la révélation coranique, l'empire des califes s'étend d'ouest en est de l'Atlantique aux frontières de l'Inde, et du nord au sud de l'Espagne jusqu'à l'Éthiopie. Dans cet empire islamisé, l'arabe sert de langue de communication, supplantant en particulier le grec et le persan dont la grandeur des empires se trouve alors reléguée dans le passé.

Quatre siècles plus tard, l'Empire arabe se morcelle, puis décline peu à peu au profit des Mongols d'un côté, des Ottomans de l'autre qui finiront par dominer la plus grande partie du monde musulman et de l'Orient chrétien. En 1453, Constantinople, dernier bastion de la chrétienté sur les rives orientales de la Méditerranée, tombe. L'Empire ottoman s'étend, et absorbera peu à peu la Grèce et une partie des Balkans jusqu'aux portes de Vienne ; plus à l'est, il traversera la Syrie, longeant les rives du golfe Arabo-persique ; de là il remonte et redescend jusqu'en Arabie, traverse la mer Rouge et englobe l'Égypte ainsi que toute l'Afrique du Nord jusqu'à Alger.

La suprématie territoriale et commerciale, intellectuelle, politique et scientifique des empires musulmans dans cette partie du monde aura duré six à sept siècles ! Pourtant ce monde musulman n'a jamais été socialement, politiquement ou militairement uniforme ou unifié.

---

2. Voir Marc Bergé, *Les Arabes. Histoire et civilisation des Arabes et du monde musulman des origines à la chute du royaume de Grenade*, Paris, Éditions Lidis, 1978.

Il s'est toujours trouvé divisé entre empires, dynasties, schismes et cultures. Qu'y a-t-il de commun entre un Mongol islamisé d'Extrême-Orient, un Perse, un Berbère d'Afrique du Nord ou un habitant des Balkans ? Au sein même d'empires organisés qu'ils soient arabo-musulman, islamo-iranien, mongol ou ottoman, il existe une immense diversité. Mais au cœur de celle-ci, deux éléments essentiels jouent un rôle unificateur : l'islam et la langue arabe que tout musulman lettré doit savoir parler et écrire. À eux deux, ils vont être le ferment d'une civilisation qu'on va pouvoir qualifier de musulmane, une civilisation qui puise ses repères dans l'islam, sa force dynamique dans l'effervescence du commerce et la rencontre – non le choc – des cultures.

Au sein de cette civilisation vont s'opérer, via les échanges, via l'islam et la langue arabe, deux grandes synthèses, indissociables l'une de l'autre : celle des connaissances acquises par chacune des aires géographiques, ethniques et culturelles qui la composent, et celle des différents héritages antiques, égyptien, grec, persan et indien ; phénomène que l'islamologue américain Michael Barry décrit en ces termes : « La réelle civilisation islamique poursuit les grandes lancées de la spéculation qui s'est exprimée en langue grecque pendant un millénaire, en langue grecque mais pas forcément par des Grecs ethniques, par beaucoup d'Égyptiens et de Syriens également. Cette spéculation à la fois métaphysique et spirituelle s'est poursuivie pendant les quatorze siècles de la réelle civilisation islamique[3]. »

Aussi, à la fin du Moyen Âge occidental, l'état d'avancement de la civilisation musulmane force l'admiration. Si les techniques, en particulier dans le transport routier, l'armement ou l'agriculture sont laissées de côté, les mathématiques, la philosophie, la médecine, l'astronomie, connaissent un prodigieux essor. Dans le domaine des mathématiques, c'est à un savant né en Asie Centrale au IXe siècle, Al Khawarizmi, que l'on doit par exemple les bases de l'algèbre et la notion d'inconnue. Les chiffres arabes, transmis par les Indiens, et le système décimal furent introduits à Bagdad dès le VIIIe siècle. Les données de la trigonométrie, de l'arithmétique et de la géométrie sont bouleversées. Parmi les médecins célèbres, comment ne pas citer Avicenne[4] (980-1037) dont l'ouvrage, le *Canon de la médecine*,

3. Entretien avec l'auteur, 2005.

4. Ibn Sina, dit Avicenne, philosophe et médecin, est né en Asie Centrale.

rapporté en Europe par les croisés, traduit en latin puis en hébreu, servira de fondement à la médecine occidentale.

L'industrie du papier, importée de Chine, et le développement des écoles de traduction participent activement à l'effervescence intellectuelle. Les écoles et les bibliothèques publiques se multiplient, on en compte une centaine à Bagdad au Xe siècle. Les manuscrits circulent d'un bout à l'autre de l'empire, de même que les idées, la philosophie, l'histoire, la poésie et la musique. Il souffle alors sur le monde islamique un grand vent de renouveau. Circulation des gens, des peuples, des cultures, des croyances et des savoirs, tel semble être l'un des secrets de cet âge d'or musulman qui sait tirer profit des trésors des autres cultures et des autres temps. Une soif de connaissances, un souci d'échanges, de confrontation des idées et des savoirs hérités du passé et sans cesse alimentés par le présent.

Car le monde musulman s'est fait le réceptacle de nombreux héritages, et pas des moindres. Ainsi en est-il de l'Antiquité grecque parvenue jusqu'à lui via l'Empire byzantin et les savants grecs, juifs et syriaques. Les grands penseurs grecs sont traduits en arabe. Les élites intellectuelles musulmanes, dont font partie les théologiens, lisent Aristote et Platon [5]. Médecins et savants lisent Hippocrate, Ptolémée ou Archimède. Et il en va de même des savoirs persans, égyptiens et indiens. Si les manuscrits originaux sont souvent perdus, les textes survivent et parviendront jusqu'à nous grâce à leurs différentes traductions. La civilisation musulmane n'a pas seulement été le dépositaire de ces trésors, elle les a enrichis, se préparant ainsi, sans en avoir conscience, à les transmettre. Abdewahab Meddeb, dans *La Maladie de l'islam*, rappelle ce que fut le mouvement rationaliste des Mo'tazilites que le vizir Al Ma'mûn (786-833) tenta d'imposer, par des méthodes il est vrai très radicales : « *Ce calife*, nous dit la tradition, *rêvait d'Aristote qui lui suggérait d'aider à ce que ses livres soient traduits en arabe. C'était comme si tout ce processus conduisant aux Lumières s'enclenchait dans l'amour des Grecs et la restauration de leur manière de penser et de sentir. [...] Le même al-Ma'mûn encourage la confrontation des idées au sein de la cité en organisant des controverses entre sectateurs de diverses croyances et entre théologiens musulmans de multiples tendances. Déjà, nos littéralistes étaient à tout le moins rétifs*

5. Le célèbre philosophe cordouan Averroès (1126-1198) introduisit la philosophie aristotélicienne dans le monde musulman.

tant à l'emprunt étranger qu'à la présence dans la cité de voix contradictoires, reçues par leurs oreilles comme blasphématoires[6]. »

Pendant ce temps, l'Occident chrétien, absorbé par sa propre organisation interne et féodale, découvre l'Orient par ce qu'en rapportent les croisés, mais se préoccupe peu des vues intellectuelles de ses lointains voisins ; il commence à peine à s'intéresser à l'Antiquité grecque, persane ou indienne dont il sait finalement peu de choses. Ces deux univers portent l'un sur l'autre un regard tantôt indifférent, teinté d'un certain mépris, tantôt conquérant. L'intérêt est avant tout marchand. Entre eux, les puissances commerciales telles que Gênes ou Venise et surtout Byzance, alors en déclin, assurent une liaison commerciale et politique ; les échanges intellectuels existent, mais ils sont annexes ; c'est plus tard qu'ils s'intensifieront, et il faudra attendre la chute de Constantinople et de l'Empire byzantin pour que l'Occident chrétien mesure l'ampleur du danger qui gronde à sa porte.

Pendant que l'Empire ottoman s'étend vers l'Europe et signe des alliances avec les principaux centres commerciaux, les savants de l'ancien Empire byzantin se dispersent, diffusant dans l'Occident chrétien leurs connaissances et leurs manuscrits accumulés, enrichis et développés par l'Orient chrétien[7], juif et musulman depuis l'Antiquité. L'Europe, qui depuis le XIVe siècle s'interroge sur son passé en particulier romain, absorbe ces savoirs anciens et récents, grec, byzantin et musulman. Une nouvelle synthèse s'opère, cette fois sur le sol occidental. « *Dans cette aventure philosophique*, écrit Abdelwahab Meddeb, *qui va consacrer la séparation et l'autonomie des champs, les idées ont circulé du grec à l'arabe, puis au latin, à l'hébreu, aux langues vivantes européennes. Nous sommes avec l'islam dans la même perspective que celle de l'Occident, mais le processus s'est arrêté en langue arabe et a continué dans les langues d'Europe*[8]. »

Pourquoi le processus s'est-il arrêté ? L'étude de la Renaissance européenne est aussi riche d'enseignement que celle de l'expansion arabo-musulmane des VIIe et VIIIe siècles. Elle montre en particulier comment la religion, chrétienne ou musulmane, épouse les dynamis-

---

6. Abdelwahab Meddeb, *La Maladie de l'islam*, *op. cit.*, chap. 3.

7. Voir Évelyne Patlagean, *Un Moyen Âge grec : Byzance, IXe-XVe siècle*, Paris, Albin Michel, 2007.

8. Abdelwahab Meddeb, *La Maladie de l'islam*, *op. cit.*, p. 32.

mes ou les immobilismes intellectuels dominants. Elle n'est intrinsèquement ni conservatrice ni réformatrice ; elle peut en revanche amplifier les phénomènes, en particulier lorsqu'elle sert à légitimer le besoin comme le refus du changement. L'islam pendant des siècles a ainsi joué un rôle moteur en stimulant la quête effrénée de connaissances comme celle des territoires, autorisant l'analyse critique de ses fondements – ce même islam qui, à partir du XXe siècle, justifiera le refus soudain du savoir et du seul questionnement. On sait parallèlement qu'au Moyen Age, le christianisme a considérablement freiné la recherche scientifique occidentale dans certains domaines[9], alors que la Renaissance ne s'est pas développée contre la religion mais en son sein.

De même que l'Occident ne voyait pas en son temps les avancées fabuleuses de l'Orient, celui-ci, à son tour, reste indifférent aux bouleversements de l'Occident qui à ses yeux demeure une terre d'infidèles et de barbares, organisée en petits royaumes. C'est, pourtant, l'avant-scène des Temps modernes, le début d'une fabuleuse expansion culturelle dont le monde musulman ne franchira pas le seuil.

Le processus de modernisation de l'Europe est davantage connu que celui qui a conditionné l'immobilisme oriental. Pourquoi le monde arabo-musulman est-il resté extérieur à la modernité ? Certains – et ils sont encore nombreux – incriminent l'islam. Cette religion serait-elle donc incompatible avec la modernité ? Elle aurait autorisé le foisonnement intellectuel des VIIIe, IXe et Xe siècles – lequel ne peut se concevoir sans pensée, liberté, esprit critique et questionnements – et, dix siècles plus tard, ce même islam rendrait-il soudain impossible tout changement ? Cette vision, de nombreux musulmans la rejettent aujourd'hui, et cherchent ailleurs les explications : dans l'histoire plus récente des relations entre Orient et Occident et dans les perceptions que chacun a eues et a encore de cette modernité.

Forts de leur supériorité, enorgueillis par leurs succès militaires depuis la prise de Constantinople, les Ottomans ne perçoivent pas, dans un premier temps, ce qui est en germe dans la Renaissance européenne. Mais à partir de la fin du XVIIe et tout au long du XVIIIe siècle, ils sont obligés de constater que le rapport des forces s'inverse : les

---

9. Certains médiévistes comme Jacques Le Goff ont montré que, dans l'Occident médiéval, l'Église et la religion ont joué un rôle essentiel dans l'urbanisation, le développement des arts et la construction sociale.

défaites militaires se succèdent ; les Autrichiens et les Russes [10] reconquièrent leurs territoires et les Ottomans s'interrogent. « *Le problème paraissant de nature militaire*, explique Bernard Lewis, *les premiers remèdes proposés furent également militaires. Les armées chrétiennes s'étant révélées supérieures sur le terrain, sans doute était-il judicieux de se doter des mêmes armes qu'elles, d'adopter leurs méthodes d'entraînement et leurs techniques de combat. [...] Pour la première fois, de jeunes musulmans, loin de mépriser ces Occidentaux mal dégrossis, les acceptaient pour guides et pour enseignants, apprenaient leurs langues et s'instruisaient dans leurs livres* [11]. » Ce faisant, c'est l'Europe tout entière qu'ils découvrent, l'Europe des Lumières, l'Europe de la Révolution, l'Europe de la modernité technique puis de la révolution industrielle. Mais il est trop tard, rien n'y fera. Le déclin de l'Empire ottoman se poursuit jusqu'à son démembrement total à la fin de la Première Guerre mondiale. Russes, Britanniques, Italiens et Français se répartissent les anciens territoires qu'ils administrent sous forme soit de mandat, soit de colonie jusqu'à la Seconde Guerre mondiale.

Jusqu'au XXe siècle, l'écart ne cessera de se creuser entre l'Orient et l'Occident, le premier, rural, dispose d'une agriculture sommaire. L'industrie quasi inexistante et les transports souffrent d'un manque de source d'énergie comme le bois ou le charbon. Le commerce intérieur et extérieur est entre les mains des Occidentaux qui, depuis le XIXe siècle, s'emparent des ports et, peu à peu, de tous les secteurs de l'activité économique et intellectuelle, cantonnant les populations locales à des activités subalternes.

Les élites, souvent formées dans les écoles occidentales, réagissent. Après l'effondrement de l'Empire ottoman, les Turcs cherchent des explications au fossé politique et technique qui s'est creusé entre eux et les puissances occidentales. Dès les années 1920, un courant d'intellectuels imprégnés de l'esprit des Lumières, fascinés par l'Europe, attribue le déclin et le retard de leur société à une certaine sclérose religieuse, à l'incapacité de l'islam à s'adapter au siècle. Et pour réformer, se disent-ils, il faut « sauter par-dessus l'islam », pour reprendre

10. Napoléon à cette époque se rapproche de l'Empire ottoman pour contrer les avancées russes et autrichiennes qui menacent ses intérêts commerciaux dans le Levant.

11. Bernard Lewis, *Histoire du Moyen-Orient. Deux mille ans d'histoire de la naissance du christianisme à nos jours*, Paris, Albin Michel, 1997, chap. 16.

l'expression de Joseph Maïla, spécialiste du Moyen-Orient et ancien recteur de l'Institut catholique de Paris, tout comme la France a sauté par-dessus le catholicisme et promulgué en 1905 sa loi de séparation de l'Église et de l'État.

L'échec des modernisations

À partir de ces années-là, les élites arabo-musulmanes visent un objectif : la modernité. Pour y parvenir, elles adoptent une méthode radicale : la désislamisation des structures sociales et des institutions de leurs pays. Il n'existe qu'une modernité, celle de l'Europe, et de l'Occident en général, qui est le modèle à suivre, une modernité visible qui, exportée, s'exhibera plus qu'elle ne se pense. Il est alors demandé aux populations d'abandonner leurs traditions ancestrales pour entrer directement, sans transition, dans l'époque contemporaine, ce qui équivaut souvent à un véritable déchirement.

Mustapha Kemal (1880-1938), dit Atatürk – le père des Turcs –, président de la jeune République turque et chef suprême des armées, mène au pas de charge des réformes sans précédent. En moins de dix ans, la Turquie passe de la sphère islamique aux lois et coutumes européennes. Le fez ou le turban sont interdits pour les hommes au profit du chapeau ou de la casquette, les femmes sont dévoilées, l'alphabet latin remplace les lettres arabes, le calendrier chrétien est adopté et le dimanche devient jour de repos. Kemal met en place une laïcité sur le modèle français, unique dans un pays musulman, et écarte la religion du champ public ; ses institutions sont affaiblies et leurs responsables pourchassés. La loi islamique, la charia, est abolie et le leader turc se tourne vers la France, la Suisse et l'Italie pour puiser dans leurs législations afin d'édifier de nouveaux codes, pénal, civil et familial. Il construit un État fort, autoritaire, et engage son pays dans une voie de modernisation à l'image de l'Occident, son modèle [12].

Quel bilan tirer de cette expérience ? Dans le cas de la Turquie, il est difficile de parler d'échec de la modernisation, même si nous constatons aujourd'hui un retour en force de l'islam dans toutes les couches sociales du pays. L'aspect visible de cette réislamisation de la société

---

12. Voir à ce sujet Thierry Zarcone, *La Turquie moderne et l'islam*, Paris, Flammarion, 2004.

turque est le voile porté par de nombreuses femmes, dans les campagnes d'Anatolie comme dans les grandes villes.

Atatürk a été le précurseur, dans cette région du Moyen-Orient, de ce nationalisme moderne qui ressemble au mouvement qui a traversé l'Europe du XIXe au début du XXe siècle. Il recentre l'identité turque sur un peuple et une langue qui s'enracinent dans un sol national qu'il a contribué à tracer en résistant aux appétits des puissances européennes. Cette nation forte forgée par Mustapha Kemal a connu des hauts et des bas ; le multipartisme alterne avec des dictatures militaires, mais le socle kémaliste de la séparation de la religion et de l'État a été sauvegardé dans toutes les constitutions adoptées depuis 1924. L'actuelle constitution ratifiée en 1982 sous la dernière dictature militaire est la cinquième si l'on prend en compte la constitution ottomane de 1876. Elle a été révisée plusieurs fois, notamment en raison de la candidature de la Turquie à l'entrée dans l'Union européenne, avec l'abolition de la peine de mort et la reconnaissance des droits des minorités, en particulier des Kurdes, sacrifiés sur l'autel de l'unité nationale depuis Atatürk.

En réalité, dès le XIXe siècle, l'Empire ottoman avait entrepris un certain nombre de réformes visant, on le verra au sujet de la démocratie, à distinguer sinon à séparer pouvoir politique et pouvoir religieux. C'est ensuite la personnalité même d'Atatürk, sa popularité, sa politique internationale marquée par une indépendance revendiquée à l'égard de l'Occident, qui lui ont permis peu à peu d'accompagner cette mutation et d'être ainsi approuvé par la population, même si dans les années 1950 des mouvements d'hostilité à l'encontre de ses réformes et par voie de conséquence à l'encontre de la sécularisation de la société émergent au sein de la population rurale. C'est précisément à cette époque que le mouvement islamiste turc prendra racine avant de se développer dans les années 1980 sous la dictature militaire.

Dans le cas de l'Iran et de l'Égypte, il y a bel et bien échec, et un échec vécu comme tel par les populations. Pourtant, à l'instar de la Turquie, l'identité iranienne se forge au XXe siècle sur une langue, le persan, et un sol, le territoire iranien, sans pour autant mettre à l'écart le chiisme, religion d'État depuis plusieurs centaines d'années. Au tout début du XXe siècle, l'Iran connaît une révolution constitutionnelle avec l'élection, en 1906, d'un premier parlement dans lequel siègent des mollahs. Et les photos du Parlement de cette époque montrent des hommes en habits religieux car, comme l'explique l'historien iranien

Kaveh Bayate, « à cette époque, les gens éduqués portaient de tels habits et faisaient des études religieuses même s'ils n'appartenaient pas nécessairement au clergé[13]. » Sa consœur Mansurieh Ettahadeh insiste sur le rôle important joué par ce clergé : « Sans les mollahs, la révolution constitutionnelle n'aurait pas pu aboutir ; les hommes de religion savaient parler au peuple et le mobiliser, alors que les intellectuels "occidentalisants", ceux qui se trouvaient sous l'influence de l'Occident, n'avaient pas les mots pour le faire. Les religieux présentaient même le projet parlementaire comme une avancée pour l'islam, ils disaient qu'il fallait se battre et avoir des lois. Or, dès les balbutiements, un conflit a surgi entre religieux et libéraux, ces derniers étant favorables aux lois séculières, aux lois laïques. Peu à peu, ils ont étouffé l'influence des religieux ; mais la révolution constitutionnelle s'est terminée par un échec[14]. » C'est dans les années 1960-1970 que les religieux prendront finalement leur revanche, recouvrant leur influence, laquelle conduira à la révolution islamique de 1979. Ils l'ont, cette fois, emporté sur les libéraux peu à peu écartés du pouvoir.

L'échec du processus parlementaire au début du XXe siècle ainsi que l'instabilité du pays sous influence russe au nord, et britannique au sud – l'intérêt des Britanniques n'a cessé de grandir depuis la découverte du pétrole en 1908 – ont mis fin aux espoirs de réformes politiques. À l'image de ce qu'avait fait Atatürk à la même période, soit dans les années 1920, l'Iran expérimente de son côté le « modèle autoritaire de modernisation » pour reprendre l'expression de l'historien iranien Kaveh Bayate. C'est dans ce contexte que le Chah Reza Pahlavi (1878-1944) accède au pouvoir avec un grand projet qui, aujourd'hui, fait d'avantage figure d'européanisation que de modernisation et que son fils et successeur Mohammad Reza Pahlavi (1919-1980) amplifiera. Tous deux s'attaquent aux symboles, visent l'habillement et exigent l'abandon des rites religieux considérés comme arriérés. Comme l'explique Kaveh Bayate, « la société à cette époque avait une vision du progrès et de la modernité très formelle. Pour être moderne, il fallait avoir l'apparence moderne. Et la société a confié cette tache à Reza Khan, commandant des forces armées. Devenu par la suite Reza Chah, il poursuivra ce programme sans pitié. »

13. Entretien avec l'auteur.

14. Entretien avec l'auteur.

Ce sont les conditions de mise en œuvre de cette modernisation, plus que la modernisation elle-même, qui portaient les germes de l'échec. Le Chah, inféodé à l'Occident, n'avait ni la popularité d'un Atatürk ni son indépendance. Le changement, plus apparent que profond, imposé par le haut, s'est heurté aux structures mentales et religieuses de la population qui a résisté. Mais elle a résisté sans guide, car le Chah a veillé à étouffer tout foyer d'opposition. « Les institutions intellectuelles en Iran ont été soit anéanties, soit considérablement affaiblies, analyse l'intellectuel iranien Youcefi Eshkévari. Autrement dit, la suppression des journaux, la faiblesse du Parlement et des institutions civiles en Iran, la vaste répression visant les intellectuels et les mouvements révolutionnaires de gauche dans les années 1960-1970 ainsi que les restrictions imposées aux activités des différents groupes politiques aussi bien au niveau de la presse, qu'au niveau de l'université et des centres culturels, ont coupé ou considérablement affaibli les liens entre intellectuels non religieux et population[15]. »

Ce sont les religieux, avec à leur tête l'ayatollah Khomeiny, qui ont catalysé une bonne partie de l'opposition au Chah. La révolution islamique de 1979 marque ainsi le retour en force de la religion tenue à l'écart depuis plus d'un demi-siècle, et cela au nom d'une modernisation rimant avec occidentalisation et enrichissement d'une minorité.

De son côté, l'Égypte avait été brutalement confrontée à la modernité dès la fin du XVIIIe siècle lorsque Bonaparte, accompagné de scientifiques et d'hommes de culture, arrive sur son sol. Sa campagne militaire (1798-1801) a eu une grande influence sur les hommes politiques et les intellectuels égyptiens, clercs et laïcs. Certains feront des séjours d'études à Paris ou dans d'autres capitales européennes. Kamel Al Sayid rappelle qu'il existe deux visions de la campagne d'Égypte. « L'une l'interprète comme le début de l'Égypte moderne. Les Lumières seraient ainsi entrées sur le territoire égyptien avec Napoléon ; pas seulement avec son armée mais avec les scientifiques, les experts qui l'accompagnaient. L'autre version y voit le début de la domination étrangère. Selon une thèse répandue en Égypte, le renouveau aurait précédé en réalité l'arrivée des Français, les signes avant-coureurs d'une renaissance étant visibles dès la fin du XVIIIe siècle. Je pense pour ma part que l'arrivée de Napoléon a mis fin à l'emprise

15. Entretien avec l'auteur.

ottomane et a permis à Mohamed Ali d'entreprendre la modernisation du pays. De ce point de vue, elle constitue le point de départ d'un renouveau économique, social et politique[16]. » Le vice-roi d'Égypte, Mohamed Ali (1769-1840), est de fait considéré comme le fondateur de l'Égypte moderne. Après avoir été gouverneur de l'Égypte ottomane, il élimine les chefs mamelouks et mène une politique indépendante de l'empire tout en restant un vassal du sultan de Constantinople. S'inspirant de ce qui se passe en Europe, il enclenche de vastes réformes, y compris sociales, engage d'importants travaux d'infrastructure et crée des écoles modernes. Après sa mort, l'Égypte passe d'un Empire ottoman chancelant à un Empire britannique, plus conquérant à partir de 1882. Au début de la Première Guerre mondiale, la Grande-Bretagne impose son protectorat. La France, elle, est présente à ses côtés dans l'administration du canal de Suez, stratégique pour l'économie européenne. Une présence qui durera jusqu'au coup d'État du colonel Nasser et de ses hommes en 1952.

L'Égypte est donc entrée dans le XXe siècle, riche de ces tentatives de modernisation du siècle passé. Dès les années 1920, deux conceptions de l'Égypte s'affrontent à travers deux mouvements politiques que l'on peut qualifier l'un et l'autre de moderne. D'un côté les Frères musulmans, premier mouvement islamiste moderne, qui s'est doté de structures à l'image des organisations politiques européennes avec un leader et une équipe pour définir la stratégie du mouvement ; d'aucuns ont comparé la structure et la fidélité au leader des Frères à celles des partis fascistes qui avaient émergé, en Europe, à la même époque. De l'autre, le projet porté par un mouvement laïc et libéral dans lequel on trouve des musulmans et des coptes. L'historien copte Yunan Labib Rizq rappelle que « les chrétiens soutenaient évidemment le projet national laïc, parce qu'ils savaient pertinemment qu'avec un État islamique leur place dans la société et dans les affaires politiques de la nouvelle Égypte ne serait pas garantie. D'ailleurs, de nombreux membres constituants de ce mouvement, né avec la révolution de 1919, étaient des coptes. La période allant de 1919 à 1952 est pour eux un "âge d'or", parce qu'ils jouissaient alors des mêmes droits que la majorité musulmane. On ne peut pas dire pour autant qu'après 1952 et l'avènement de Nasser, leurs craintes se soient accrues, même si leur influence dans la sphère politique a diminué car les cadres de la révo-

16. Entretien avec l'auteur.

lution des "Officiers libres" de 1952 étaient pour la plupart des musulmans [17]. »

Le parti Wafd [18] et son leader Saad Zaghloul sont un des symboles de ce mouvement national, libéral et laïc qui mène, en 1919, la révolte nationaliste contre les Britanniques en vue de l'indépendance. La conférence de Versailles, la même année, a rejeté la demande de la délégation égyptienne menée par Zaghloul et confirmé la reconnaissance internationale du protectorat britannique. L'Égypte accédera néanmoins à une indépendance relative en 1922, mais les Anglais garderont les Affaires étrangères et la Défense. Le pays connaîtra la monarchie parlementaire jusqu'au coup d'État des « Officiers libres » et de Nasser.

Cette politique moderniste, laïque et libérale, menée par ces élites égyptiennes est soutenue par les milieux urbains aisés. Les femmes ont commencé à accéder à la scène publique. L'une d'elles, la féministe Hoda Sharawi, présidera un temps le Comité central du Wafd et sera l'une des figures emblématiques des féministes arabes.

Durant plusieurs décennies, le projet patriotique égyptien centré sur l'idée d'une nation arabe et porté par une certaine élite moderniste a occulté la dimension religieuse de la société égyptienne. Or, aux yeux du plus grand nombre, cette modernisation apparaissait comme une occidentalisation à laquelle elle ne souhaitait pas accéder. Cette élite n'a apporté ni une réelle indépendance, puisque l'Égypte de cette époque vivait encore sous le joug britannique, ni un développement économique profitable à tous.

Dans ce contexte, les Frères musulmans n'ont eu aucun mal à creuser leur sillon, dans l'ombre. Leur discours souvent simple et direct, ponctué de références coraniques, mobilise les couches populaires des villes et des campagnes. Et quelques années plus tard, l'échec du nassérisme renforcera considérablement le mouvement, qui prendra comme un feu de brousse anéantissant d'un coup les défenseurs d'un islam moderne, où le rationalisme avait sa place.

Paradoxalement, les dirigeants des anciens pays colonisés ou sous mandat, arrivés au pouvoir après les indépendances, ont suivi la même

17. Entretien avec l'auteur.

18. Un des plus anciens partis politiques égyptiens qui tient son nom d'une délégation envoyée en Europe pour demander l'indépendance de l'Égypte lors de la conférence de paix de Versailles, en France, en 1919. *Wafd* signifie délégation en arabe.

voie qui a consisté soit à mettre à l'écart toutes les institutions islamiques, d'autant que certaines avaient collaboré avec les occupants, soit à les assujettir, quitte à les discréditer aux yeux des populations. Les réseaux de l'islam populaire et les confréries qui jouaient un rôle caritatif et de socialisation, exactement comme les curés de campagne en Europe, ont été détruits ou affaiblis.

Les structures étatiques mises en place par les nouvelles élites, après les indépendances, reflètent davantage les alliances stratégiques du moment qu'une réelle volonté de construire des États modernes répondant aux aspirations des peuples. Modèle soviétique ou modèle occidental selon les circonstances et la volonté du pourvoyeur d'armes, ces États avaient un point commun, celui d'être tous des dictatures. Rares sont les dirigeants qui, comme Habib Bourguiba (1903-2000), ont su insuffler des idées enracinées dans la réalité de leurs pays et tenté de construire un véritable État moderne. Pour Mohamed Charfi, qui a été président de la Ligue tunisienne des droits de l'Homme et ministre de l'Éducation nationale, Bourguiba a certes été « un dictateur mégalomane », il n'empêche que la modernité tunisienne est bien réelle, même si elle reste insuffisante faute de démocratie. « *Pour Nasser*, écrit-il, *le colonialisme est à l'origine de nos malheurs. Il nous a exploités et opprimés et nous a imposé des frontières artificielles que nous devons supprimer. Pour cela, il prononçait des discours enflammés en flattant la fierté des citoyens et leur sentiment national pour les mobiliser contre l'impérialisme. Bourguiba, lui, n'attisait la passion de personne, mais il intéressait tout le monde. Il s'adressait calmement à la raison des citoyens pour expliquer les causes de notre sous-développement qui, depuis l'indépendance, ne sont plus qu'en nous-mêmes. Et il indiquait les moyens de nous en sortir. Nous devons émanciper nos femmes pour qu'elles participent à l'œuvre d'édification d'une société nouvelle – d'où le code du statut personnel [...]. Nous devons réfléchir aux causes de notre retard, nous mettre au travail et changer nos mentalités et nos structures sociales pour nous moderniser afin de "rejoindre le train de la civilisation". Analyse fondée sur plus d'autocritique que sur la critique des autres*[19]. » Bourguiba participera, lui aussi, de ce mouvement qui cherche à passer par-dessus l'islam à l'instar de Mustapha Kemal en Turquie, et sa mégalomanie ne résistera pas à des gestes de provoca-

19. Mohamed Charfi, *Islam et liberté, le malentendu historique*, Paris, Albin Michel, 1998, p. 17.

tion qui heurteront les sentiments religieux de son peuple, lorsque par exemple, en plein mois du ramadan, il boit un verre de jus d'orange devant les caméras de télévision pour inciter ses concitoyens à privilégier l'activité économique et le développement du pays au détriment de l'une des cinq obligations de l'islam, le jeûne.

Cette modernisation mal comprise des sociétés arabo-musulmanes, inspirée par le modèle occidental ou soviétique, s'est souvent accompagnée d'un échec retentissant : celui des politiques économiques postcoloniales comme, par exemple, le programme d'industrialisation en vigueur en Algérie dès l'Indépendance qui entraîna l'appauvrissement des zones rurales et l'endettement de l'État.

La mise à l'écart de l'islam a finalement produit l'effet inverse de celui escompté. Elle a renforcé au sein de la société, et de façon d'abord souterraine, l'attachement aux valeurs de l'islam. La Révolution islamique en est un des exemples les plus frappants, parce qu'au départ cette révolution s'est réclamée de la modernité. Comment ne pas se souvenir du discours de Khomeiny à Qom en 1964, lorsqu'en s'adressant au Chah, il lui clame : « *Comment voulez-vous moderniser l'Iran si vous faites emprisonner et tuer les intellectuels ? Vous voulez faire des Iraniens des instruments dociles et passifs au service du pouvoir [...] alors que la véritable modernisation est de former des hommes qui aient le droit de choisir et de critiquer, des combattants qui sachent résister à la domination extérieure, à l'injustice et au pillage*[20]. »

Youcefi Eshkévari confirme que « les mots d'ordres de la révolution islamique et les mots d'ordres de l'ayatollah Khomeiny étaient la liberté et la démocratie, la justice sociale, le progrès et toutes les notions très importantes dont on débattait dans le monde moderne telles que l'émancipation des droits de la femme. C'est en grande partie pour cela que la révolution iranienne a fait briller un nouvel espoir chez les musulmans. Elle était à même de répondre aux difficultés et aux faiblesses du monde musulman, elle promettait d'unifier les pays musulmans face aux pays occidentaux en leur donnant une nouvelle identité ; en remédiant à l'arriération et au sous-développement des pays islamiques, elle aiderait ces derniers à entrer dans l'ère de la

20. Cité par Paul Balta, dans son article « La République islamique d'Iran » (www.clio.fr). Paul Balta, ancien directeur du Centre d'études de l'Orient contemporain à l'université de Paris III-Sorbonne Nouvelle, a couvert la Révolution islamique d'Iran pour *Le Monde*.

modernité. Voilà pourquoi la révolution islamique d'Iran a fait naître un grand espoir, en Égypte, en Arabie Saoudite, même en Turquie et en Afrique du Nord, en Algérie et au Maroc, au Soudan. Les pays musulmans arabes, asiatiques ou africains avaient tous à cette époque une certaine sympathie pour l'Iran. Mais quelques années plus tard, ils ont vu que les promesses n'étaient pas tenues, et ils ont été désabusés. Aujourd'hui il n'y a plus la même attirance pour la révolution iranienne[21]. »

De fait, les discours révolutionnaires iraniens dans les années 1960 avaient été introduits par des intellectuels eux aussi formés dans les universités occidentales. Comme l'explique Amir Nikpey, professeur d'anthropologie et de sociologie à l'université de Shahid Beheshti à Téhéran, ce sont « des hommes tels que Ali Shariati[22] et d'autres, issus d'un système d'enseignement moderne dispensé par les seules universités occidentales, qui ont commencé à cette époque à véhiculer le discours révolutionnaire. C'est après, et uniquement par réaction, que certains clercs ont commencé à parler d'un islam révolutionnaire. Et encore, il existe une distinction. Ces intellectuels, eux, militaient pour un islam révolutionnaire, tandis que les clercs disaient : "Non, non, non, il faut militer pour une révolution islamique, pas pour un islam révolutionnaire." C'est-à-dire que, pour ces intellectuels, le point de départ, l'objectif, était la révolution et l'islam constituait le moyen d'y parvenir. Tandis que pour les clercs, la révolution était un moyen et l'islam un objectif. C'est sur cette différence que s'est faite la prise de pouvoir par les clercs ; à partir des années 1980, on s'est mis à parler de révolution islamique[23]. »

L'Occident en question

L'accusé d'une époque se fait ainsi accusateur. Après avoir incriminé l'islam, c'est l'Occident qui est montré du doigt pour avoir

21. Entretien avec l'auteur.

22. Ali Shariati (1933-1977), intellectuel iranien assassiné en Angleterre en 1977, deux ans avant la révolution. La police secrète du Chah fut alors montrée du doigt. Ali Shariati défendait l'identité islamo-iranienne et était théologien de la théologie de la libération.

23. Entretien avec l'auteur.

détourné les sociétés de l'islam sans amener pour autant la modernité. Les échecs manifestes de toutes ces entreprises ont été perçus comme la conséquence d'une sujétion à l'Occident. Or sitôt qu'un peuple voit la modernisation comme une aliénation culturelle, celle-ci est stoppée. Et les doigts se dressent. Pourtant l'Occident, pas plus que l'islam, n'était seul responsable de l'immobilisme du monde arabo-musulman. Les historiens ont très bien étudié les causes historiques du déclin de l'Empire ottoman, multiples, complexes et souvent antérieures et plus extérieures qu'on ne le croit à l'impérialisme occidental.

Mais la fascination exercée par l'Occident et le fait que le modèle occidental se soit imposé partout comme modèle unique restent intimement liés à l'échec des récentes tentatives de modernisation. Les théories du progrès, le déterminisme technologique, la foi dans la science ont fait croire au monde entier en une supériorité de la civilisation occidentale. Il y eut à partir du XVIIIe siècle en Europe confusion entre civilisation, progrès, technicité et modernité, confusion qui a largement alimenté – comme elle s'en est nourrie d'ailleurs – d'autres théories, comme celle de la supériorité des races, de la division de l'humanité en deux catégories, celle des êtres civilisés (ou développés), et des autres non civilisés (ou sous-développés). À partir du XVIIIe siècle, et surtout du XIXe, l'idée que les sociétés évoluaient toutes dans le même sens, que ce sens était celui du mieux et que le mieux était généré par le progrès technique donna une image linéaire et verticale de l'histoire, une sorte d'échelle de civilisation au sommet de laquelle régnait la civilisation occidentale. Les autres civilisations allaient, devaient, se hisser jusqu'à elle, et si elles n'y arrivaient pas seules, l'Occident allait les y aider[24].

Cette « aide » allait prendre la forme de mandats, de protectorats et de colonies. Elle était prodiguée avec la bonne conscience de celui qui prétend faire le bien de l'autre sans lui demander son avis. Bonaparte n'avait-il pas dit en substance, comme le diront d'ailleurs plus tard les généraux britanniques et aujourd'hui les généraux américains : « Je ne suis pas venu vous opprimer, je suis venu vous apporter la liberté. » Ce discours de libération et de civilisation qui a été le discours du colonialisme est devenu depuis l'invasion de l'Irak celui de « l'hyperpuis-

24. Voir Jennifer Pitts, *Naissance de la bonne conscience coloniale. Les libéraux français et britanniques et la question impériale* (1770-1870), Ivry-sur-Seine, Les éditions de l'Atelier, 2008.

sance américaine» pour reprendre l'expression de l'ancien ministre français des Affaires étrangères, Hubert Védrine.

La politique internationale des États-Unis a eu des relents messianiques. «*En déclenchant la "Guerre contre la Terreur" au lendemain des attentats du 11 septembre 2001, le président Bush et ses conseillers prétendaient remodeler l'univers en le délivrant du Mal*[25]» souligne Gilles Kepel. Leur volonté affichée d'apporter une «démocratie exemplaire qui essaimerait dans la région» du Moyen-Orient cachait en vérité d'autres visées moins avouables: «*sécuriser simultanément l'État d'Israël et les approvisionnements en hydrocarbures provenant du Golfe persique – en envoyant une armada en Irak*[26].»

En France, cette idée latente a rejailli en 2005 dans le projet politique d'enseigner dans les écoles «les bienfaits du colonialisme». Qu'entend-on par bienfaits: le développement des infrastructures? Celui de l'agriculture? L'alphabétisation française qui n'a touché qu'une minorité d'indigènes au Magrehb et en Afrique subsaharienne? Cette formule occulte entre autres la fracture intellectuelle que le colonialisme a infligée aux peuples colonisés. Dans un premier temps, c'est toute la pensée arabo-musulmane qui a été niée. François Burgat cite l'exposition coloniale de 1931 à Paris. Qu'y voit-on? Une civilisation musulmane «réduite à une série d'accessoires esthétiques: de la menthe dans le thé, les chaussures qui sont pointues, les fenêtres qui n'ont pas la même forme. Mais cette culture n'a pas le droit d'entrer en concurrence, dans la production de l'universel, avec la culture qui, à cette époque, détient le monopole de l'expression de l'universalité, le monopole de l'expression de la modernité, du mouvement, du progrès, et c'est la culture occidentale[27].»

Et pendant que cette mission s'accomplit, les fondements intellectuels, législatifs, administratifs et sociaux des sociétés musulmanes sont sapés ou instrumentalisés par la puissance coloniale.

Le cas de l'Arabie Saoudite est particulier, car ce pays a été propulsé à partir des années 1940 au cœur de la modernité technologique, et cela en quelques décennies grâce à la manne pétrolière. Abdoullah Al Sadhan, le célèbre acteur et auteur de la série télévisée

---

25. Gilles Kepel, *Terreur et martyre. Relever le défi de civilisation*, Paris, Flammarion, 2008, p. 9.

26. Gilles Kepel, *Terreur et martyre, op. cit.*, p. 18.

27. Entretien avec l'auteur.

humoristique, « *Tash ma tash* » (« Ça passe ou ça casse »), qui s'amuse des travers de la société saoudienne, connaît les limites qu'il ne faut pas dépasser : « Il y a encore soixante-dix ans, dit-il, nous vivions, pour la plupart d'entre nous, sous des tentes en plein désert avec très peu de ressources alimentaires et encore moins de moyens pour apprendre et nous ouvrir au monde moderne. Vous ne pouvez pas comparer des pays qui vivent une renaissance et un progrès continu depuis des siècles avec un pays qui était encore une société tribale, il y a à peine soixante-dix ans. Nous ne sommes qu'au début du processus. Ce que nous avons déjà réalisé est modeste, mais vous voyez l'opposition que ça provoque. C'est impossible d'aller plus vite que le temps nécessaire[28]. »

Pascal Ménoret raconte que les deux premières rencontres entre Arabes de la péninsule et modernité se sont faites par les canons anglais au milieu du XIXe siècle : « *Après la mort de Mohammed Ali, les Britanniques et les Ottomans restaient seuls maîtres du jeu arabe, et menèrent à partir des côtes la politique classique de la carotte et du bâton, du subside et de la canonnière. Djedda fut ainsi bombardée par les Britanniques en 1858, de même que des possessions saoudites : Dammam en 1861, 'Ajman en 1864, Al-Qatif et Dammam en 1866. Peu de pays "qui n'ont jamais été colonisés" furent autant que le deuxième royaume saoudite pilonnés par une puissance coloniale...*[29] » Au début du XXe siècle, c'est avec l'assise financière de ces mêmes Britanniques et leur aide logistique qu'Adbelaziz Ibn Saoud contraint les tribus bédouines à se sédentariser, à se soumettre à son autorité et à épouser l'islam rigoriste des wahhabites en vue de former un royaume arabe dans cette péninsule qui n'avait jamais connu de frontières. C'est ainsi que l'État saoudien moderne est né en 1932.

La modernisation technologique à marche forcée de l'Arabie Saoudite, qui s'est faite, on l'a dit, à partir des années 1960 grâce aux pétrodollars, a suscité des résistances de la part de nombreux religieux wahhabites. Pour eux, ces « *bid'a* », innovations suspectes, étaient condamnables parce qu'elles détournaient les croyants de la pratique religieuse telle qu'elle est fixée dans la tradition selon les salafistes. L'arrivée de la télévision, par exemple, a rencontré de l'hostilité et l'attaque de La Mecque, en novembre 1979, par un groupe de jiha-

28. Entretien avec l'auteur.

29. Pascal Ménoret, *L'Énigme saoudienne*, Paris, La Découverte, 2003, p. 94.

distes fut considérée comme une réaction violente à la modernisation du pays chez une fraction de wahhabites [30]. Cet événement constituera un tournant pour la société saoudienne qui connaîtra dès lors un retour en force de l'islam sous sa forme la plus conservatrice. Ainsi, à partir des années 1980, la famille royale, pour sauver son trône, donnera plus de gages aux islamistes.

Cette hostilité aux innovations fait oublier que, sous la remise en cause de la modernité, se cache un échec des gouvernances. La grande victime de la modernisation ratée des sociétés arabo-musulmanes fut en fin de compte la modernité elle-même ; l'islam, qui avait donné naissance à une grande civilisation, ne pouvait plus être seul incriminé. La modernisation imposée ou importée de l'extérieur en revanche n'avait pas rempli sa mission au sens où elle n'avait redonné au monde arabo-musulman ni sa place ni sa dignité. Si l'islam et la modernité étaient incompatibles, la faute en incombait, en partie, aux élites ayant présidé aux destinées de ces sociétés arabo-musulmanes. Elles n'ont ni démocratisé cette modernisation pour qu'elle profite à tous, ni fait évoluer l'islam vers la modernité, l'accompagnant d'un effort d'explication.

La modernité en question

La notion de modernité dans le monde arabo-musulman renvoie aujourd'hui à une multitude de réalités embrassant d'un côté la vision glorieuse d'un âge d'or musulman et de l'autre la civilisation du progrès héritée de l'Occident. Rarement il est question, dans la population du moins, du contenu de la pensée moderne. On préfère dénoncer, ou se laisser attirer – c'est selon – par la vitrine occidentale de cette modernité, plutôt que par sa substance, à savoir la place de la raison au cœur du système politique et social affranchi de toute autre forme d'autorité, y compris religieuse, morale ou traditionnelle.

La confusion – présente également en Occident – entre modernité, modernisme, occidentalisation, civilisation, progrès et modernisation est largement entretenue par la mouvance islamiste.

La modernité technique est de façon quasi unanime réclamée et souhaitée. Seuls certains wahhabites en Arabie Saoudite sont encore

30. Voir le chapitre « Au nom de l'islam ».

hostiles à la technologie et à l'enseignement des sciences. Mais de manière générale, les islamistes radicaux la tolèrent, voire l'utilisent, en prenant soin de la dissocier d'un postmodernisme que le mufti d'Al Azhar décrit en ces termes : « L'islam refuse la vision radicale de l'après-modernisme qui pousse l'homme à se détruire devant Dieu et à se détruire devant lui-même. Le musulman ne veut pas s'autodétruire ni face à Dieu ni face à lui-même. L'après-modernisme "fondamentaliste" veut éliminer toute obligation morale et éthique. Sa philosophie se résume en deux mots : *Laisser passer et laisser faire*[31]. »

Les Frères musulmans sont d'ailleurs connus pour leur recrutement dans les milieux scientifiques, comme le rappelle le professeur égyptien Mustapha Kamel Al Sayid : « En fait la base sociale des Frères musulmans se trouve parmi les ingénieurs, les médecins, les gens qui ont reçu une formation technique moderne, et non parmi ceux qui ont étudié les sciences sociales. Donc ils connaissent très bien la science moderne et la technologie, ils n'ont rien contre elles ou contre les principes modernes de l'organisation. Tandis que le mouvement wahhabite trouve son soutien dans des couches sociales qui ne connaissent pas très bien le monde moderne ou qui sont hostiles à la modernité[32]. »

L'islam est l'objectif, la modernité le moyen, tel est le credo de tous les islamistes et conservateurs musulmans. L'islamiste marocain, Cheikh Yacine[33], a théorisé cette démarche dans un ouvrage intitulé *Islamiser la modernité*. Selon lui, l'islam doit s'approprier les moyens modernes du développement et des sciences sans perdre l'essentiel de son projet. L'islamisation de la modernité consiste à utiliser ce qu'il y a de moderne dans le monde actuel ; ce qui revient à mettre la technologie moderne, les avions, les téléphones portables et Internet au service d'un islam traditionnel.

Pour certains musulmans, la modernité, comprise comme une valeur, entre en confrontation avec l'islam ; pour d'autres, la modernité doit s'adapter aux valeurs de l'islam ; mais pour les réformateurs, c'est à l'islam de s'adapter à la modernité. Les sociétés musulmanes

31. En français lors de l'entretien avec l'auteur.

32. Entretien avec l'auteur.

33. Islamiste marocain, idéologue et fondateur du mouvement Al'Adl wa al Ihssan (Équité et don de soi), Cheikh Yacine a été emprisonné à plusieurs reprises de même que plusieurs hauts cadres de son mouvement.

sont alors placées devant un dilemme : faut-il moderniser l'islam ou islamiser la modernité ?

À cette question, les islamistes radicaux répondent que l'islam n'a pas besoin d'être modernisé pour la simple raison qu'il est éternel. On ne modifie pas les principes d'une civilisation fondée sur la dernière des religions révélées, qui plus est universaliste. Parce que l'islam est une religion révélée et universelle, ses fondements éternels peuvent s'adapter à n'importe quel lieu et n'importe quelle époque. Assertion qui présente un double avantage : celui de ne pas rendre incompatible la modernité et l'islam. Il y a simplement malentendu sur le sens des mots « modernité » et « s'adapter ». Dans ce cas de figure, modernité désigne davantage téléphone portable que liberté individuelle ou pensée pluraliste. Lorsque l'on dit « l'islam s'adapte », il faut comprendre « l'islam s'applique », à savoir qu'il s'applique aux nouvelles technologies. Ce faisant, on jette par ailleurs le discrédit sur la civilisation occidentale dont l'adaptabilité serait la preuve même de sa faillibilité.

De l'autre côté de l'échiquier politique, les dictatures politiques, avec le soutien de l'Occident, ont installé une situation hautement paradoxale ; tout en prônant la modernisation de leur société, ils en bloquent le principal ressort qui est la démocratie[34].

Entre ces deux extrêmes, des voies s'élèvent, porteuses de solutions. Tout en faisant de la modernité l'objectif premier, elles s'appuient sur l'islam pour frayer leur chemin. En Égypte, des personnalités comme Gamal Al Banna entreprennent de reconstruire « le corpus des savoirs et des enseignements islamiques » sur des bases uniquement humanistes et non pas « impériales ». « Voilà, dit-il, le projet pour lequel nous œuvrons ; actuellement j'écris un livre qui s'intitule *La Modernisation de l'Islam*. Notre projet est ambitieux et très difficile à implanter parce que la forteresse de la pensée salafiste est très enracinée dans la conscience musulmane. Elle est millénaire, des savants islamiques du monde entier y ont contribué et en plus elle est intimement liée à des intérêts et à des circonstances particulières. Il n'est pas aisé de la secouer[35] ».

Moderniser l'islam impliquerait une nouvelle lecture des textes, une vaste entreprise humaniste qui replacerait l'homme au cœur de la pensée, y compris de la pensée musulmane, un homme guidé par les lois de la

34. Voir le chapitre « Démocratie et islam ».

35. Entretien avec l'auteur.

raison et non par les lois arbitraires de ceux qui se proclament représentants de Dieu. C'est exactement le chemin emprunté par la Renaissance occidentale à partir du XVe siècle. Celle-ci n'a pas rejeté Dieu, ni le christianisme, elle n'a pas déchristianisé l'Europe ; elle a entrepris une relecture rationnelle des textes sacrés. Or aujourd'hui, dans le monde musulman, la rationalité, quand rationalité il y a, sert davantage une vision islamique de la modernité (comme l'utilisation des télécommunications) qu'une vision moderne de l'islam, laquelle implique un profond travail intellectuel. Les penseurs, scientifiques, intellectuels du monde musulman ne peuvent en faire l'économie, car il s'agit pour eux de penser et construire un avenir qui ne soit pas seulement technologiquement moderne, mais aussi socialement, politiquement, culturellement. Seule cette vision nouvelle de l'islam rendra compatible la pratique religieuse individuelle avec la démocratie, le multipartisme et les grands enjeux économiques et sociaux du monde à venir.

La modernité en cours

L'omniprésence des téléphones portables et des antennes paraboliques, la course à l'armement des différents États créent l'illusion d'une soudaine modernité. Amitav Ghosh dans un de ses textes, *L'Indien et l'imam*, raconte comment, lors d'une dispute avec un imam égyptien, il s'est surpris à conditionner la modernité d'un pays à la détention de l'arme atomique : « *Et nous étions là, l'imam et moi-même, délégués de deux civilisations caduques, rivalisant l'un avec l'autre pour s'approprier la violence occidentale. [...] Dans le fond, pour lui comme pour moi, comme pour des millions et des millions de gens sur l'immense étendue de terre qui nous cernait, l'Occident ne signifiait qu'une chose – la science et les tanks et les fusils et les bombes*[36]. » Et dans l'emploi du mot Occident, il faut pour beaucoup comprendre « modernité ».

Selon Mohammed Arkoun, la réévaluation du mode de connaissance et des contenus de la connaissance de ce que « *la pensée islamique appelle les sources-fondements* (Usûl) *de la croyance et de la Loi en islam, cette interrogation de portée subversive pour la pensée et l'action historiques dans tous les contextes islamiques contemporains, demeure*

36. Amitav Ghosh, « L'Indien et l'imam », dans *Nouvelles du Bengale*, Magellan & Cie, 2007.

désespérément absente, ou plutôt elle est combattue soit par la conspiration du silence, soit par l'excommunication, soit par l'impréparation intellectuelle et scientifique des rares chercheurs qui s'intéressent à ce secteur névralgique de la vie et du futur des sociétés[37]. »

Cette modernisation nécessaire de l'islam serait donc quasi inexistante ?

En réalité, il se pourrait qu'elle fasse tout doucement son chemin, introduite autant par un renouveau des sciences humaines appliquées à la pensée islamique que par la mondialisation. L'étude des différentes transformations sociales produites dans le monde moderne depuis deux siècles a montré d'une part que leur processus demande du temps, un temps incompressible, d'autre part que la modernité sociale, autrement dit l'évolution des mentalités, ne précède ni ne suit la modernité technique, toutes deux sont les rouages d'une même machine.

Pour François Burgat, celui qui voyage du Yémen à Manhattan ne passe pas d'une société islamique à une société occidentale, il ne fait pas uniquement un voyage dans l'espace, il fait également un saut dans le temps, passant d'une société rurale traditionnelle qui n'a pas évolué depuis des siècles à une mégapole urbaine du XXIe siècle. Il est vain de penser que l'évolution de ces deux sociétés puisse se faire de façon concomitante, comme il est tout aussi vain d'imaginer que l'une imposera son modèle. Mais il faut sans doute créer les conditions d'un échange. Il ne s'agit nullement de justifier les atrocités commises dans certaines contrées islamiques au nom d'un quelconque relativisme culturel, mais simplement d'être conscient que l'évolution prendra du temps malheureusement, et ne pourra être imposée par les armes de l'extérieur. Ce seront les musulmans eux-mêmes qui feront évoluer les choses au prix sans doute de luttes et de sacrifices.

Il est vrai que de nombreux musulmans peinent à adhérer à la modernité, d'autant plus qu'ils adoptent « une posture réactive » à l'égard de ce qu'ils considèrent encore comme une exportation de l'Occident. « Quand vous résistez, pensez-vous que vous puissiez aller de l'avant ? » affirment nombre de mes interlocuteurs musulmans.

Reste que l'islam moderne est une préoccupation constante chez de nombreux intellectuels, religieux ou non ; la façon moderne de penser l'islam naît et prend corps peu à peu dans le monde arabo-musulman

37. Mohammed Arkoun, Joseph Maïla, *De Manhattan à Bagdad. Au-delà du Bien et du Mal*, Paris, Desclée de Brouwer, 2003, p. 220.

ou en Occident, car elle permet de vivre la modernité tout autant qu'elle en procède. Les entretiens menés avec les étudiants, en particulier iraniens, conscients de ne pas être nécessairement représentatifs de la population, laissaient clairement entrevoir le besoin conscient et assumé de changement.

Pour le philosophe iranien Ramin Jahanbegloo, la révolution islamique, après un quart de siècle, est en train d'enfanter une certaine modernité. « L'Iran aujourd'hui est beaucoup plus moderne qu'à l'époque du Chah. De quelle manière? Par le biais de l'individualisme que vous trouvez dans les grandes villes, dans les métropoles où vous voyez une vie quotidienne moderne comme à Téhéran, Ispahan, Chiraz ou Tabriz. Il y a un nouvel horizon de pensée, de sens, un nouveau regard sur la modernité assimilée par une réalité culturelle et religieuse. La femme que vous voyez voilée, cette femme, il y a trente ans, elle ne travaillait pas ; aujourd'hui elle travaille ou sa fille travaille. Les normes familiales ont changé, les rapports sociaux ont changé. Les femmes, depuis la révolution iranienne, ont une présence beaucoup plus active dans l'espace politique et l'espace public. Dans la société civile iranienne, vous trouvez énormément d'artistes, d'intellectuels femmes, des cinéastes femmes[38]. »

Un ami iranien vivant en France, opposant au régime des mollahs, résume dans une formule choc ce qui se passe actuellement dans son pays qui applique la charia : « La jupe de la charia, à Téhéran, est suffisamment large pour abriter plusieurs bâtards. » Tout en soulignant les progrès de la société iranienne vers la modernité d'aujourd'hui, Ramin Jahanbegloo pense que celle-ci ne sera aboutie qu'avec la « sortie de la logique théologico-politique de cette vision du monde[39] », un peu comme la « sortie de religion » conceptualisée par l'historien et philosophe français, Marcel Gauchet[40].

Dans leur ouvrage *Le Rendez-vous des civilisations*[41], Emmanuel Todd et Youssef Courbage s'appuient sur le taux de fécondité et d'alphabétisation pour démontrer que le monde musulman est entré dans la

38. Entretien avec l'auteur.

39. *Ibid.*

40. Voir en particulier Marcel Gauchet, *Le Désenchantement du monde*, Paris, Gallimard, 1985, et *La Religion dans la démocratie*, Paris, Gallimard, 2000.

41. Emmanuel Todd et Youssef Courbage, *Le rendez-vous des civilisations*, Paris, Le Seuil, 2007.

modernité. Selon leur étude, la fécondité dans le monde musulman s'est effondrée ces trente dernières années, passant de 6,8 enfants par femme en 1975, à 3,7 en 2005. Elle est en Iran et en Tunisie la même qu'en France. Cette baisse de natalité est précédée d'une alphabétisation de la majorité des hommes ou des femmes et anticipe une évolution des mentalités vers l'autonomie. La poussée fondamentaliste que connaissent les pays musulmans est pour ces deux démographes le signe non pas d'une régression archaïque mais d'une « crise de transition ».

Un avis que semblait partager Mohamed Charfi pour qui la plupart des musulmans étaient entrés dans l'ère de la modernité. « Ceux qui appellent à un retour en arrière sont minoritaires. Simplement je pense qu'il faut les laisser s'exprimer, débattre avec eux pour, entre autres, les laisser participer aux élections, qu'on puisse les compter. Je pense que rares sont les pays musulmans où les islamistes sont majoritaires. Quand ils sont minoritaires, qu'ils existent, qu'on les autorise à parler et qu'on discute avec eux, c'est ainsi que l'on fera avancer les choses[42]. »

Tous ne partagent pas cet avis, mais il est certain que seuls des débats et des élections démocratiques permettraient d'évaluer avec précision la réelle soif de changement des peuples arabo-musulmans. Quel que soit le foyer qui la fera éclore, cette modernité pourra se diffuser dans tout le monde musulman ; une nouvelle synthèse, équivalente à celle de la Renaissance européenne, pourra s'opérer à condition que les peuples arabo-musulmans n'y voient pas une rupture, mais une appropriation d'un héritage auquel leur âge d'or a largement contribué. De même que les valeurs de la modernité occidentale ont germé sur un limon judéo-chrétien jusqu'à donner naissance à une démocratie pluraliste laïque, de même les valeurs de l'islam peuvent s'incarner dans une société musulmane moderne égalitaire qui ne sera pas désislamisée, mais permettra au religieux et au politique de ne plus se compromettre au contact l'un de l'autre.

Pour l'ancien doyen de la faculté des lettres et des sciences humaines de Tunis, Abdelmajid Charfi, « *l'islam peut être interprété et vécu en conformité avec les valeurs de la modernité et le respect des droits humains universels et inaliénables*[43]. » De nombreux musulmans pensent comme lui et luttent quotidiennement pour cette cause.

---

42. Entretien avec l'auteur.

43. Abdelmajid Charfi, « L'islam aujourd'hui face à la modernité », *Le Monde*, 12 octobre 2007.

Chapitre 5

DÉMOCRATIE ET ISLAM

Quoi de plus occidental aux yeux du monde que la démocratie née voilà vingt-sept siècles dans une cité méditerranéenne que l'Orient aurait tout autant de raisons de revendiquer que l'Occident ? Quoi de plus vanté, ou conspué, que ce régime, décrié dès ses origines par les plus sages des philosophes, car menacé par son principe essentiel de liberté [1] ? Quoi de plus improbable que cette démocratie qui s'est imposée à des monarchies de droit divin et dont on efface un peu vite sans doute tous les atermoiements ? Une démocratie mal recopiée, souvent mal comprise, parfois maltraitée et imposée aux États comme passeport unique vers la modernité, la paix et la richesse. Une démocratie qui, à l'insu de l'Occident, trace discrètement sa route dans les sous-bois de l'islamisme.

La démocratie, une invention de l'Occident

L'histoire des liens qui se sont tissés entre l'Occident et la démocratie court sur plus de vingt-sept siècles, car l'habitude a été prise de la faire démarrer à Athènes en 507 av. J.-C. Mais on occulte le fait que la Grèce n'a rejoint l'Occident que très tardivement [2], de même que ce dernier n'a commencé à exhumer et s'approprier de présumées racines grecques qu'à l'époque de la Renaissance. Cet héritage antique a souvent été transmis, on l'a vu, par les savants, chrétiens ou juifs d'abord puis musulmans, de pays tels que ceux qui portent aujourd'hui

1. Platon, *La République*, 558b sq, trad. Robert Baccou, Garnier Frères, 1966.

2. L'Empire byzantin, dont la capitale Constantinople se trouve en partie en Anatolie, est jusqu'à sa chute considéré comme l'Empire chrétien d'Orient.

le nom de Turquie, Syrie ou Égypte. *Stricto sensu*, la démocratie athénienne n'est pas plus occidentale qu'orientale ; chacun peut aller puiser les références qui lui conviennent dans ce modèle très éloigné des régimes contemporains qui portent son nom. Toujours est-il que la démocratie et l'Occident sont aujourd'hui indissociables. Au point que la démocratie est devenue ce par quoi l'Occident se définit et est défini par le reste du monde.

Ce système politique est si durablement installé qu'on en oublie comment il s'est imposé, par quels méandres et zones d'ombre il est passé. Il n'est donc pas inutile de se rappeler que l'émergence de la démocratie en Europe à l'époque des Lumières fut le fruit d'une longue et lente réflexion politique accompagnée de toutes sortes d'expérimentations. La *res publica*, la chose publique, l'État et ses gouvernements sont autant d'objets d'étude qui ont alimenté les écrits du Moyen Âge et de la Renaissance alors même que l'absolutisme royal, de droit divin, s'imposait presque partout ; alors que la démocratie ne s'était pas encore échappée de la cité antique, loin s'en faut. À partir du XVIe siècle, des penseurs tels que Jean Bodin (1530-1596), Thomas Hobbes (1588-1679) et Thomas Locke (1632-1704), puis ceux des Lumières comme Montesquieu et Jean-Jacques Rousseau, et encore les philosophes allemands du XIXe tels que Kant et Hegel, pour ne citer qu'eux, ont forgé par leurs travaux, les uns après les autres, les uns avec les autres, cet idéal démocratique, dit occidental, associé aujourd'hui à un système politique, voire à une idéologie.

Et avant que cet idéal ne s'impose sous la forme qu'on lui connaît, par combien de révolutions, de terreurs et de totalitarismes a-t-il fallu passer ? Le rappeler ne place pas naturellement ces étapes violentes au rang de fatalités nécessaires, mais nous oblige à constater que la démocratie occidentale n'est pas une mécanique inventée un jour par un savant génial et dotée d'un mode d'emploi utilisable par tous et partout. Elle est au contraire un matériau complexe, endogène, composé d'une succession de strates indissociables les unes des autres. Dans le monde arabo-musulman, depuis leur déclin jusqu'aux indépendances du XXe siècle, les États ont cherché des modèles à l'extérieur de leurs frontières expérimentant le kémalisme sans réformes, la démocratie sans démocrates et sans partis, le socialisme à la mode arabe, sans oublier les régimes claniques ou familiaux comme dans les Émirats ou l'Arabie Saoudite. Ceux qui aujourd'hui aspirent à la démocratie savent qu'il leur revient la lourde et passionnante tâche d'inventer leur propre modèle.

La Turquie a été la seule à réellement s'engager sur la voie démocratique. Les décennies qui ont suivi l'abolition du califat sont restées certes autoritaires, mais dès 1946 le multipartisme s'est instauré rendant possibles l'organisation d'élections libres et la victoire du Parti démocrate en 1950, même s'il y a eu par la suite des périodes de dictature militaire. Or, si l'on regarde de plus près le processus dont cette victoire est le terme, une évidence s'impose : il puise à des sources profondes, bien antérieures à Mustapha Kemal, « *l'enfant des Lumières ottomanes* », comme le rappelle Thierry Zarcone[3]. Dès 1878, l'Empire ottoman s'était doté d'une constitution libérale, et l'égalité devant la loi des musulmans, juifs et chrétiens a été promulguée par ordonnance impériale en 1856. En remontant plus loin encore dans le temps, on constate que le débat sur la place de l'islam dans l'État et le rôle politique de la charia fut amorcé dès le début du XIXe siècle, sous l'influence de l'Europe il est vrai, mais également par souci de libérer le sultanat de l'autorité religieuse. Et Thierry Zarcone de préciser : « *Il ne faut pas chercher cependant dans cette politique une quelconque influence des idées de la Révolution française dont le caractère antireligieux fait horreur aux Ottomans. Mahmud II et les grands vizirs réformateurs ne sont pas favorables aux idées libérales et démocrates : leur but est d'établir le droit sur des bases autres que celles du droit musulman d'origine divine ou sur celle de la loi séculière* (kanun)*, domaine de juridiction privilégié du sultan*[4]. » Cette précision est d'une importance capitale, d'abord parce qu'elle insiste sur le caractère original de la démarche turque, mais surtout parce que c'est justement au cœur de cet écheveau complexe où le religieux et le séculier se repoussent sans s'exclure que réside la grande question de la démocratie dans les pays musulmans.

Certains pays comme l'Égypte, la Syrie ou l'Irak ont cherché, à un moment donné de leur histoire, à s'affranchir de la référence à l'islam en expérimentant le socialisme arabe. Gamel Abdel Nasser en Égypte est arrivé au pouvoir avec ceux qu'on appelait les Officiers libres en 1952 ; il y eut aussi la doctrine du parti Baas[5], né en Syrie et en Irak

3. Sur la Turquie des Lumières, voir Thierry Zarcone, *La Turquie moderne et l'islam*, Paris, Flammarion, 2004, p. 70 sq.

4. Thierry Zarcone, *La Turquie moderne et l'islam*, *op. cit.*, p. 73.

5. La doctrine bassiste s'inspire à la fois du « socialisme arabe » et du nationalisme panarabe.

avec des penseurs chrétiens comme Michel Aflert, pour qui seul un État laïc peut regrouper une nation arabe divisée sur le plan confessionnel.

Ces deux mouvements égyptien et syro-irakien ont développé une sorte de concurrence convergeant vers la proclamation de la Nation arabe (avec un N majuscule) unie, la « Oumma al arabia » (la communauté arabe) à l'image de la Oumma islamique. Ce nationalisme panarabe, cette grande Nation arabe, voudra inclure tout le monde arabe depuis l'Euphrate et l'Irak jusqu'aux rivages atlantiques du Maroc. Cette ambition se référait à une idéologie, une construction à nouveau abstraite qui ne correspondait à aucune cohérence et allait nier les réalités culturelles, les mémoires collectives et historiques.

Aujourd'hui, les populations musulmanes sont nombreuses à vouloir la démocratie, mais une démocratie qui ne se construirait pas au détriment de ces réalités culturelles et de ces mémoires collectives, mais en serait le fruit. La volonté de construire une nation sur l'idée que le développement amènerait la démocratie, et non l'inverse, ainsi que les histoires récentes de l'Afghanistan et de l'Irak ont toutes dispensé plusieurs enseignements : d'une part le développement n'est pas une condition de la démocratie mais une conséquence, d'autre part une démocratie ne s'importe pas mais elle se construit.

La démocratie sans démocrates

Une réalité demeure : à l'exception de la Turquie, de l'Indonésie et de la Malaisie, aucun autre pays musulman n'a, à ce jour, fait l'expérience de la démocratie ; et d'une façon générale, la culture démocratique est absente. Parce que la culture démocratique ne s'invente pas. Elle est d'abord une expérience qui puise ses fondements dans le travail des historiens, des sociologues, des anthropologues, des philosophes. Les révolutions française, anglaise et américaine sont impensables sans Descartes, Leibniz, Spinoza, Locke, Young, Voltaire..., qui ont réfléchi sur l'État. Qu'est ce que l'État ? Quelles sont ses fonctions ? Quels sont les devoirs et les obligations de l'État vis-à-vis de la société civile comme nous l'appelons aujourd'hui ? En examinant de près la révolution constitutionnelle iranienne du début du XXe siècle, par exemple, que remarque-t-on ? La plus grande partie des lois a été codifiée par la traduction des lois européennes, dont la signification exacte n'a pas fait l'objet d'explicitation destinée à l'ensemble des citoyens. Des textes ont été importés sans passer par l'apprentissage nécessaire du système parlementaire.

Une chose fait défaut dans des pays comme l'Iran : l'expérience de l'action politique. Et les intellectuels en sont conscients. L'historienne Mansurieh Ettehadieh en a clairement conscience : « La démocratie n'est pas quelque chose qui peut s'apprendre dans un livre, d'un seul coup. [...] En Iran, nous en parlons, mais nous ne l'avons jamais expérimentée. Nous avons bien eu de petites périodes de libertés relatives après la Seconde Guerre mondiale et après la révolution constitutionnelle. Mais toutes deux ont été suivies de la dictature. Donc on peut dire que nous avons plusieurs fois essayé mais que ces périodes d'essai n'ont pas duré longtemps. Aujourd'hui, c'est aux hommes politiques et aux sociologues d'analyser les raisons de ces échecs[6]. »

Car cette absence de démocratie, lorsqu'elle est constatée, est souvent vécue comme un échec. Deux questions reviennent chez les intellectuels des pays anciennement colonisés : Qu'avons-nous fait de notre indépendance ? Quels États avons-nous construits ?

Depuis la constitution de 1971, l'Égypte a l'apparence d'une démocratie. Le régime est de type présidentiel. Un président de la République est élu pour six ans au suffrage universel direct. Quatre cent cinquante députés siègent à l'Assemblée du Peuple (*Majlis al Chaab*) et deux cent dix conseillers au Conseil consultatif (*Majlis al Choura*). Le multipartisme est officiellement de rigueur, rétabli par Anouar Al Sadate en 1976.

La réalité est loin de refléter la lettre de cette constitution. Depuis le coup d'État des Officiers libres de 1952 qui a renversé la monarchie, ce sont des militaires qui président aux destinées du pays. Après la mort du colonel Nasser, son compagnon d'armes, Anouar Al Sadate, lui succède. Et depuis l'assassinat de ce dernier le 6 octobre 1981, un autre militaire, Hosni Moubarak, n'a pas cessé d'occuper la présidence. En 2005, il a même remporté la première élection présidentielle pluraliste au suffrage universel direct avec 88,6 % des voix. La liberté d'opinion et d'expression ne s'exerce qu'en conformité parfaite avec la voix présidentielle. Les médias sont muselés. Des partis d'opposition existent comme le Neo Wafd, héritier du parti Wafd créé par Saad Zaghloul, un des artisans de l'indépendance de l'Égypte ; Al Tagammu (le

6. Entretien avec l'auteur.

Rassemblement), d'inspiration socialiste ; le parti néo-nassérien ; le parti libéral et le parti Al Ghad (« Demain », libéral). Ensemble, ils n'ont obtenu aux dernières élections de 2005 que 14 sièges. La confrérie des Frères musulmans, qui ne bénéficie pas de statut légal en Égypte, a réalisé malgré cela un record historique en remportant 88 sièges (20 %)[7].

La République tunisienne présente une façade démocratique assez semblable, avec un président de la République élu au suffrage universel (le président Ben Ali en est à son quatrième mandat), une chambre des députés et une chambre des conseillers ainsi que des partis d'opposition dotés d'une existence légale. Le site Internet de l'Ambassade de France les décrit de façon très diplomate : « *Outre le parti au pouvoir, le Rassemblement constitutionnel démocratique (RCD), sept partis politiques exercent légalement leurs activités : le Forum démocratique pour le travail et les libertés (FDTL), le Mouvement At-Tajdid, le Mouvement des démocrates socialistes (MDS), le Parti démocratique progressiste (PDP), le Parti social libéral (PSL), le Parti de l'Unité populaire (PUP) et l'Union démocratique unioniste (UDU)*[8]. » Mais là encore, le régime a quelque peu oublié son idéal démocratique. Comme le rappelle Kamel Labidi dans un article du *Monde Diplomatique*, « *rares sont les intellectuels tunisiens qui [...] ont vécu l'époque française avant de voir leur pays accéder dans l'euphorie à l'indépendance, le 20 mars 1956, pour s'atteler avec enthousiasme à la construction d'un État moderne, longtemps présenté comme exemplaire, et rejoindre finalement... les rangs des dictatures arabes. L'exercice de plus en plus personnel du pouvoir par le "Combattant suprême", Habib Bourguiba, puis, après l'éviction de celui-ci en novembre 1987, par le général Ben Ali, est à l'origine du naufrage politique du pays*[9]. »

L'Afghanistan sous protection des forces de l'Otan est, depuis la chute des Talibans, une république islamisée dotée d'un exécutif sans réel pouvoir. Le président Hamid Karzaï cherche une alliance avec ces mêmes Talibans chassés de Kaboul en 2001 pour se maintenir au

---

7. Voir le site de l'ambassade de France : http://www.ambafrance-eg.org/spip.php?article38, site consulté en mars 2009.

8. http://www.ambassadefrance-tn.org/article.php3?idarticle=38#sommaire_2, site consulté en mars 2009.

9. Kamel Labidi, « La longue descente aux enfers de la Tunisie », *Le Monde Diplomatique*, mars 2006.

pouvoir. Le Pakistan est une république fédérale islamique qui jouit d'un constitutionnalisme légal mais reste dans l'incapacité de s'affranchir du poids des clans ethniques et religieux qui imposent leurs volontés ; ainsi, des groupes islamistes ont imposé dans certaines régions du pays l'application stricte de la charia et l'interdiction aux filles d'aller à l'école.

En Irak, les différents scrutins électoraux qui se sont déroulés depuis 2005 ne suffisent pas à faire de ce pays une démocratie, avec liberté de s'organiser, de s'opposer, de s'exprimer ou de manifester. Comme en Afghanistan ou au Pakistan, les chefs de tribus et les religieux dominent la scène politique, et il est difficile aujourd'hui de parier sur un enracinement durable de la démocratie.

L'Arabie Saoudite est une monarchie absolue et l'Iran une république placée sous le contrôle d'une théocratie.

Autant dire que les musulmans sont, dans leur pays, privés des droits d'expression et de toute liberté d'opinion. Cette absence de pluralisme a plusieurs conséquences : d'une part elle empêche la société civile de se construire et de participer activement aux débats, sociaux, culturels, politiques ou religieux. C'est pourtant la condition essentielle à la réalisation de l'idée démocratique, qui ne peut aujourd'hui se développer qu'à l'extérieur des États, dans les diasporas, ou dans la clandestinité, et ne parvient de toute façon à se confronter à aucune expérimentation constructive. D'autre part, ces États totalitaires sont menacés d'implosion sous l'effet en particulier de la pression croissante de l'islamisme, qui se présente comme la seule alternative à la corruption et à l'oppression des régimes en place depuis des décennies. « L'islamisme est la seule idéologie qui continue à avoir de l'influence dans la région[10] », me fait remarquer l'historienne iranienne Mansurieh Ettehadeh. Dans la plupart des pays arabo-musulmans, aucun espace n'est offert aux oppositions laïques prises en tenailles entre les dictatures qui détiennent les rouages de l'État et les islamistes qui occupent la rue. Pour l'ancien président de la Ligue tunisienne des droits de l'Homme, Mohamed Charfi, les démocrates se trouvaient confrontés à deux adversaires : « les régimes dictatoriaux et le mouvement islamiste. Ils s'alimentent l'un l'autre parce que les régimes autoritaires prétendent représenter un moindre mal, et que sans eux les islamistes prendront le pouvoir avec un mot d'ordre : mettre fin à la

10. Entretien avec l'auteur.

dictature, au régime policier, à la torture, à la violence. Et c'est vrai ; chacun a raison. Les islamistes sont effectivement victimes d'actions illégales, de réactions inhumaines de la part des régimes autoritaires. Et ces derniers mettent en avant le danger que représentent les islamistes. Mais je pense d'une part que les islamistes ont le droit d'exister, de parler, de se présenter à des élections parce que la démocratie n'est pas divisible. D'autre part, l'islamisme, c'est une idée. Une idée ne peut se combattre par des moyens autoritaires, ce n'est pas la police ou les tribunaux répressifs qui vont faire changer les idées, c'est au contraire le débat. Et le débat nécessite la démocratie, les libertés d'expression et d'organisation. Donc il faut que les régimes dictatoriaux cèdent la place à des régimes qui permettent effectivement de débattre des questions d'avenir [11]. »

Quelle démocratie, quel avenir ?

Dans ce contexte à la fois dictatorial et islamiste, la démocratie fait trembler ou rêver. Mais elle est sur toutes les lèvres, recouvrant une réalité assez trouble où régime, modèle, mécanismes et idéaux se confondent volontiers. Lors de mes séjours dans des pays musulmans, j'ai souvent demandé aux personnes que je rencontrais de me donner une définition de la démocratie et les réponses obtenues sont d'une étonnante diversité. Elles peuvent être classées en deux catégories : celles qui font clairement référence à l'Occident ou à l'islam, et celles qui ne mentionnent ni l'un ni l'autre.

Dans la première catégorie, les références servent généralement à exclure toute éventualité démocratique sur une terre musulmane. La démocratie est occidentale, elle a été conçue par les Occidentaux pour des Occidentaux. « Nous n'avons pas besoin de la démocratie ! », ai-je parfois entendu, ou bien : « Je ne sais pas ce que cela veut dire. Cela n'a pas de sens précis pour moi. » « Ce mot n'est pas arabe, nous ne le connaissons pas. » La démocratie est perçue parfois comme un accessoire de l'hégémonie occidentale. Pour justifier son inutilité, certains revendiquent jusqu'à ses fondements : « Nous avons notre démocratie, seulement nous lui donnons un autre nom. » Et ce nom est la « *choura* », à la différence près que la *choura*, qui dans l'islam fait référence à une

11. Entretien avec l'auteur.

obligation de consultation de la part des dirigeants, n'a rien à voir avec la démocratie. Aussi lorsque Ahmed Al Tayeb, recteur de l'université d'Al Azhar, dit que « la démocratie est un fondement de la vie que l'islam reconnaît en mieux », c'est également à cette *choura* qu'il fait référence.

Mais dans l'autre groupe, où ne figure aucune référence à l'Occident ou à l'islam, j'ai été frappé par l'approche extrêmement positive des définitions. La démocratie est rarement définie de façon technique, comme un régime ou un pouvoir, c'est avant tout une valeur porteuse d'espoir, de respect, de justice, d'égalité et de partage. C'est la fin des souffrances, la tolérance, « un chemin de vie ». Qu'elle soit une nécessité absolue pour laquelle il faille se battre ou une utopie lointaine et inaccessible, elle est synonyme d'avenir, et d'un avenir partagé par tous. « C'est un très joli mot s'il se réalise, me dit un jour un étudiant de l'université de Téhéran, je crois que toutes les sociétés humaines la souhaitent, mais l'atteindre et la réaliser, c'est un autre problème. » Après de tels témoignages, on ne peut douter un seul instant que le combat démocratique soit en marche dans les pays musulmans. « *C'est un combat très long et à aucun moment il ne faut baisser les bras*[12] », fait remarquer l'Iranienne Chirin Ebadi, Prix Nobel de la Paix en 2003. Nul ne sait encore comment ni quand la démocratie s'imposera, mais son cours semble irréversible.

Les références à l'Occident surgissent sitôt que les discussions, plus techniques, portent sur les formes que la démocratie doit revêtir. Elle devient alors une Idée dont l'expression ou la pratique, fortement culturelles, ne peuvent être uniformes. Elle se décompose en paliers dont le premier, essentiel et universel, serait consultatif – les dirigeants consultent le peuple dont le droit à l'expression est reconnu et organisé – et le dernier, plus osé, moins universellement reconnu et de toute façon multiforme, serait la prise de décision par le peuple. Ce mode d'exercice du pouvoir serait l'aspect de la pratique démocratique qui nécessiterait l'acquisition d'une culture et d'une réflexion politique. Envisager cette participation du peuple au pouvoir touche en effet à la question délicate de la souveraineté. En d'autres termes, la démocratie comporterait une strate commune qui est la liberté pour chacun d'émettre un avis et de choisir celui qui va gouverner, et une autre

12. Chirin Ebadi, « La démocratie n'est pas un luxe à l'occidentale », *Le Monde*, 29 avril 2009.

modulable touchant à la souveraineté, dont nous verrons à quel point elle pose problème.

La démocratie et l'islam

« L'islam est-il compatible avec la démocratie ? » Telle est la question souvent posée lorsque l'on parle de l'avenir politique des pays musulmans.

Mes interlocuteurs ont formulé des réponses variables, voire contradictoires. À entendre les islamistes ou les fondamentalistes rencontrés en Égypte ou en Arabie Saoudite pour qui l'islam a tout prévu (« l'islam, c'est la démocratie » ou « l'islam, c'est la modernité »), on peut penser que le débat démocratique dans ces pays est mort-né.

Mais qui veut bien aller plus loin découvre que le débat est beaucoup plus riche qu'il n'y paraît, dans certains pays du moins. L'Iran, qui vit dans un bain islamiste depuis plus de trente ans, est un exemple symbolique de cette question de la compatibilité de l'islam et de la démocratie.

Youcefi Eshkévari, mollah condamné, on l'a vu, par un tribunal religieux de Téhéran pour ses idées réformistes, expose ainsi le débat ayant actuellement cours dans son pays : « En Iran, il y a des gens qui voient l'islam et la démocratie comme contradictoires et ils prétendent agir en faveur de la religion contre la démocratie. Il y a un autre groupe pour qui l'islam et la démocratie entrent également en contradiction mais ceux-là prétendent agir en faveur de la démocratie contre la religion. Puis il y a un troisième courant, dont je fais moi-même partie, convaincu que l'islam et la démocratie ne sont absolument pas en contradiction et même qu'ils peuvent se conforter l'un l'autre. Je ne veux pas dire que l'islam est la démocratie parce que l'islam est une religion vieille de quatorze siècles tandis que la démocratie est une conception récente des sociétés modernes. Mais l'islam peut être réinterprété pour promouvoir des valeurs modernes. Je crois que le seul système de gouvernement qui puisse préserver à la fois les valeurs religieuses et bénéficier du soutien de la population pour ouvrir la voie à la liberté, la justice sociale et les droits de l'homme, c'est la démocratie [13]. »

13. Entretien avec l'auteur.

Sa compatriote Mansurieh Ettetadeh pense que seul « un islam modéré, raisonnable, rationalisé pourrait avoir des possibilités de s'adapter [14] » à la démocratie.

La république islamique d'Iran est née de la révolte d'un peuple contre un dictateur, le Chah, pour réclamer la liberté et la démocratie. L'ayatollah Khomeiny, lorsqu'il n'était que leader de l'opposition, l'avait très bien compris, lui qui avait formulé ce concept de « république islamique », et cela indépendamment de la présence ou non du clergé dans le gouvernement. Mais arrivé au pouvoir, après avoir éliminé tous ses alliés démocrates ou de gauche, Khomeiny a fait inscrire le principe du « *Velayet-e faqih* » dans la constitution adoptée en décembre 1979. Le « *Velayat-e faqih* » en persan, ou « *Wilayat al-faqih* » en arabe, qui signifie « gouvernement du docte », est un principe de droit musulman. Mis en place par l'ayatollah Khomeiny, il confère aux religieux la suprématie politique. Depuis lors l'imam Khomeiny, et aujourd'hui son successeur l'imam Khamenei désigné par une Assemblée d'experts composée de religieux, concentre entre ses mains l'essentiel du pouvoir. Pour le hojatoleslam [15] Mohsen Kadivar, professeur de philosophie islamique, autre religieux réformiste qui a connu les geôles d'hier sous le Chah et celles d'aujourd'hui sous ses pairs les mollahs, « cette théorie qui croit que le pouvoir est désigné par Dieu rappelle le Moyen Âge européen lorsque le pouvoir se proclamait de droit divin [16]. »

En Iran, ce n'est pas l'islam qui s'est adapté à la démocratie, mais la démocratie qui s'est pliée aux institutions religieuses. Le Guide suprême est le véritable chef de l'État, il détermine la politique générale du pays, dirige les armées et nomme le chef du pouvoir judiciaire. Le Conseil des gardiens de la Constitution nommés par le Guide peut annuler une loi votée par le Parlement et approuver ou récuser les candidats aux élections au nom des principes mêmes de l'islam. Sous cette étroite surveillance du Guide, un Parlement et un président sont élus, et des débats parfois âpres font vivre une démocratie formelle incapable d'échapper à la rigidité du cadre islamique.

14. Entretien avec l'auteur.

15. *Hojatoleslam* est un titre honorifique dans le clergé chiite, moins important qu'un ayatollah.

16. Entretien avec l'auteur.

Dans une tribune publiée par *Le Monde*, intitulée « La démocratie n'est pas un luxe à l'occidentale », le Prix Nobel de la Paix Chirin Ebadi accuse les dirigeants musulmans pour lesquels « *la démocratie est une notion occidentale qui ne peut, à aucun moment, prendre le pas sur l'islam*[17] », et qui qualifient leur système politique de « *démocratie islamique* ». Et elle ajoute au nom des musulmans qui, dans leur pays, combattent pour un islam des Lumières et pour plus de libertés : « *Nous, musulmans modernes, pensons qu'il n'y a pas d'incompatibilité entre la démocratie et l'islam, que les termes comme "démocratie islamique" ou droits de l'Homme "islamiques" sont en fait utilisés par les gouvernements non démocratiques pour justifier leur façon de gouverner et leur pouvoir illégitime*[18]. » Pour cette opposante iranienne et pour tous les musulmans modernes, en la paraphrasant, la démocratie n'est pas seulement l'expression du suffrage universel – Hitler lui-même est arrivé au pouvoir par des urnes –, c'est aussi le respect des droits de l'Homme tels que reconnus par la communauté internationale, la liberté d'opinion et d'expression de tous les citoyens sans distinction de race, de sexe ou de religion, la fin des discriminations qui touchent les femmes et les non-musulmans. Ce que ne garantit aucunement la Déclaration des droits de l'Homme en Islam adoptée le 5 août 1990 au Caire lors de la dix-neuvième conférence de l'Organisation de la Communauté islamique[19], laquelle stipule dans son article 25 que la charia est l'unique référence pour l'explication ou l'interprétation de tout article contenu dans ladite Déclaration. Or, la charia, la loi islamique, est discriminatoire à l'égard des femmes.

Trente ans après une révolution populaire, l'une des plus importantes du XXe siècle, les Iraniens rêvent encore de démocratie. Le clergé chiite s'est accaparé l'État et ses institutions. Les islamistes de Téhéran arrivés au pouvoir après une révolution ne sont pas prêts à accepter une réelle alternance. Mohsen Kadivar compare la situation actuelle à l'Iran d'avant la révolution : « Qui a déjà pris le pouvoir et l'a lâché facilement ? Je crois qu'en ce domaine il n'y a pas de différence entre le clerc et le laïc. Le problème c'est que ceux qui sont actuellement au pouvoir sont des dictateurs qui ne croient pas à la démocratie. Le

17. Chirin Ebadi, « La démocratie n'est pas un luxe à l'occidentale », *op. cit.*

18. *Ibid.*

19. L'Organisation de la Communauté islamique rassemble cinquante-sept États musulmans.

Chah n'était pas un clerc, mais un dictateur, et ceux qui gouvernent aujourd'hui l'Iran sont à la fois des clercs et des dictateurs. Quelle différence cela fait-il[20] ? »

Les étudiants rencontrés au printemps 2005 à Téhéran voient dans cette démocratie, qui leur apporterait « la liberté et l'égalité dans le choix », « un rêve hors d'atteinte ». « Son avènement est encore loin » ou « cela va être difficile d'y accéder », ai-je souvent entendu de la part de ces jeunes qui n'ont connu que le régime politique des mollahs.

Les propos les plus virulents entendus au Moyen-Orient à l'égard de la religion ou de ses clercs viennent de jeunes Iraniens pour qui l'islam est synonyme « de limitations et d'interdits ».

Ils cherchent à desserrer l'emprise de la religion sur leur pays. Ces jeunes, en particulier les filles qui en souffrent le plus, contestent ouvertement l'autorité des mollahs ; l'une d'elles me dit que l'islam représente pour elle un voile noir.

Le philosophe Ramin Jahanbegloo, professeur à l'université de Téhéran, compare la situation actuelle de l'Iran à celle des pays du bloc de l'Est avant la chute du mur de Berlin. Dans ces pays, les rouages de l'État se trouvaient entre les mains d'une nomenklatura communiste rigide qui avait face à elle une société civile active, contestataire et repoussant toujours aussi loin que possible les limites imposées par le pouvoir. « La société civile iranienne, dit-il, est aussi importante que la polonaise ou la tchèque dans les années 1980. [...] En Iran, la démocratie se vit au niveau de la société civile beaucoup plus qu'au niveau de l'État. Elle se pratique au quotidien, j'entends par là qu'il y a une tentative, il y a un effort continu de la part des intellectuels, des artistes, des femmes, des jeunes, des étudiants de démocratiser le pays, d'ouvrir des brèches démocratiques au sein de la société civile. Le meilleur exemple, que les Français connaissent bien, c'est Chirin Ebadi. Je dirais qu'elle est l'héroïne de la société civile iranienne parce qu'elle représente cet effort permanent de démocratiser la sphère publique. Et elle n'est pas la seule. L'État iranien est un État coincé politiquement, je dis coincé au sens où il ne permet pas d'ouverture politique sur la société civile. La véritable ouverture au monde, c'est celle de la société civile qui a des contacts avec le monde extérieur. C'est cette ouverture qui nous permettra d'envisager un horizon démocratique pour l'Iran. Je trouve qu'il ne faut pas attendre

20. Entretien avec l'auteur.

de l'État iranien, qui est un État clérical et coincé, l'avènement prochain de la démocratie[21]. »

Ramin Jahanbegloo a été envoyé à plusieurs reprises dans les geôles par le gouvernement de son pays. Il sait de quoi il parle lorsqu'il décrit la richesse de la société civile iranienne. « L'Iran aujourd'hui, dit-il, est l'un des pays musulmans où l'activité intellectuelle est la plus intense, où vous avez le plus grand nombre de traductions d'ouvrages étrangers ou d'activités artistiques. L'Iran est un immense laboratoire sociologique, parce que c'est aussi un pays très, très jeune, 70 % de la population a moins de trente ans. Et ces jeunes cherchent de nouvelles manières d'être à la fois iranien et musulman[22]. »

Ces jeunes Iraniens sont désabusés. Un étudiant que j'ai interviewé rêvait à voix haute d'une révolution : « Je pense qu'il va y avoir une révolution en Iran, disait-il, peut être que cela prendra cinquante ans. Il y aura une révolution parce que notre peuple est fatigué de cette situation. Il ne peut le crier, mais il n'en peut plus. Et s'il y a une révolution, je crois que ce sera celle qui séparera la religion du politique. »

Cette aspiration à la séparation du politique et du religieux est partagée par une partie du clergé, ce qui semble être une constante dans l'histoire iranienne ; il existe toujours des religieux pour répondre aux aspirations de leurs concitoyens. C'était le cas durant la révolution constitutionnelle du début du XXe siècle, comme lors de la révolution islamique de 1979. Les leaders de cette fraction du clergé sont précisément le hojatoleslam Mohsen Kadivar ainsi que l'ayatollah Montazeri choisi dans les années 1980 pour succéder à Khomeiny avant d'être écarté au profit de l'ayatollah Khamenei. L'ayatollah Montazeri, l'un des hommes qui a participé à l'instauration du « *Velayat e-faqih* » en 1979 donnant la primauté du clergé sur le politique, vit aujourd'hui en résidence surveillée. Pour lui, « les religieux ne doivent plus se charger directement des affaires du pays. » Pour autant, un gouvernement élu démocratiquement n'a pas à s'écarter des valeurs religieuses de la population ; Montazeri tout comme Kadivar militent tous deux pour une société sécularisée.

Une partie des mollahs y voit même le moyen de garder une certaine influence sur une population qui semble s'éloigner du clergé.

---

21. Entretien avec l'auteur.
22. *Ibid.*

Signe parmi d'autres de cette déshérence, la rémunération des fondations religieuses. Un mollah m'a affirmé qu'elles recevaient aujourd'hui moins de dons de la population qu'à l'époque du Chah, alors même qu'elles vivent de ces dons. Voilà qui est tout à fait nouveau.

L'élection du président Mahmoud Ahmadinejab le 12 juin 2009, contestée dans la rue par une partie importante de la population, et la crise qu'elle a fait éclater ont mis en exergue les fractures dont souffre la société iranienne. La première divise la société civile et le pouvoir politico-religieux. C'est l'échec du président Mohamad Khatami qui l'a clairement révélée. Après deux mandats présidentiels, de 1997 à 2005, Khatami n'a pu réaliser les réformes auxquelles le Guide suprême s'opposait. La seconde fracture se situe au cœur même du régime entre ceux qui appellent à plus de démocratie pour que soit sauvé le fragile édifice institutionnel hérité de Khomeiny, et les tenants d'un régime fort pour qui les élections ne servent qu'à donner un semblant de légitimité populaire aux institutions.

La course à la présidence de 2009, comme celles qui l'ont précédée, a opposé des candidats tous proches du pouvoir à un moment ou un autre, sélectionnés par le Conseil des Gardiens de la Constitution contrôlé par le Guide suprême Ali Khamenei. Et malgré l'encadrement strict des candidatures, les Iraniens se sont mobilisés et ont continué de croire dans le pouvoir des urnes ; l'un des candidats, Mir Hossein Moussavi, ancien premier ministre, a su entrainer les jeunes et les femmes. Même une partie du clergé s'est rangée derrière lui.

Dans plusieurs grandes villes du pays, les manifestations de grande ampleur dénonçant les fraudes n'ont pas fait reculer le régime qui a opté pour la répression féroce au détriment du dialogue. Plutôt que de chercher une solution négociée à la crise, le pouvoir a missionné ses services de sécurité et ses milices islamistes, les bassidjis.

L'imam Khamenei, sourd aux demandes des candidats et d'une partie de la population, a préféré sortir de ce rôle fictif d'arbitre que lui donne la Constitution pour apporter un soutien sans faille à l'ultra-conservateur Ahmadinejab. À l'avenir, le pouvoir despotique, exercé au nom de l'islam, saura-t-il encore se parer des habits démocratiques, ou la révolution est-elle vraiment en marche ?

De nombreux religieux de haut rang dans la hiérarchie chiite, parmi lesquels des ayatollahs de la ville sainte de Qom, s'inquiètent des conséquences d'une telle crise sur les institutions et critiquent ouvertement l'attitude du Guide suprême. L'un d'entre eux, l'ayatollah Golpayegani parle d'un «*grand mensonge qui porte atteinte aux fondements même de l'islam*[23] ».

L'ayatollah Montazeri, opposant depuis plusieurs années à ce régime théocratique qu'il a pourtant contribué à installer avec Khomeiny, me disait lors de notre rencontre à Qom que « la révolution islamique mange ses propres enfants». L'éloignement d'une partie croissante du clergé chiite finira peut-être par ôter toute légitimation religieuse à ce pouvoir déjà privé de la légitimation des urnes.

Droit divin, droit du peuple

Pour les défenseurs de l'expérience iranienne – il s'en trouvait même en Occident jusqu'à la désillusion de l'élection présidentielle de juin 2009 –, l'Iran apporte la preuve que le principe de consultation électorale n'est nullement incompatible avec l'islam. Force est de reconnaître qu'au regard de la monarchie absolue de droit divin qui règne en Arabie Saoudite, la tenue d'élections régulières en Iran, même dans le cadre islamique rigide décrit plus haut, est un progrès incontestable. Les femmes iraniennes sont électrices et éligibles, présentes dans tous les secteurs de la société iranienne, contrairement à ce qui se passe en Arabie Saoudite.

Selon la conception occidentale héritée des Lumières, l'État dit pluraliste désigne un ensemble humain relativement cohérent dominé par une communauté d'intérêts. Cette cohérence, ou cohésion, essentielle ne signifie pas uniformité ; de même la communauté d'intérêts relève davantage d'une volonté commune, d'une décision d'associer ses destins que d'un facteur naturel qui lierait les membres de façon quasi automatique. Il est certes conditionné par l'existence d'un territoire dont on peut supposer que les ressortissants partagent des traditions, des histoires et des croyances, etc. Mais en concevant la nation, deuxième condition de l'existence de l'État moderne, ce dernier acquiert une unité censée dépasser ses différences ethniques, culturelles ou religieuses. L'unité de la nation, son maintien sur un

23. Marie-Claude Decamps, « La réélection de M. Ahmadinejab confirmée en Iran », *Le Monde*, 1er juillet 2009.

territoire et sa pérennité sont alors rendus possibles par l'organisation politique dont il se dote[24], et qui lui garantit indépendance et souveraineté.

Au sein de ce triangle, la démocratie apparaît comme une forme de pouvoir ou comme un régime capable de s'accommoder des différentes organisations politiques propres aux cultures des États. En Occident, et indépendamment des particularismes institutionnels ou culturels, les démocraties pluralistes reposent avant tout sur le suffrage universel qui implique, pour œuvrer pleinement, que les citoyens soient égaux, aient tous accès à l'instruction publique, et donc libres de choisir entre plusieurs partis ; l'alternance entre majorité et minorité est rendue possible par l'autre pivot du système : le droit à l'opposition et donc à l'expression. Au-delà de ces principes, les régimes, tout en demeurant démocratiques, divergent : monarchie parlementaire, régimes présidentiels, régimes parlementaires, etc.

En Iran, la révolution de Khomeiny était au départ une révolution populaire, voulue et permise par le peuple. Il faut se rappeler que la Révolution islamique iranienne et la République islamique au pouvoir après cette révolution, sont deux choses très différentes.

Le hojatoleslam Mohsen Kadivar n'oublie pas les raisons pour lesquelles il a été emprisonné. « Nous nous attendions après la révolution à ce que ce soit la population qui décide dans ce pays, et non pas une seule personne, qu'il s'appelle le Chah ou le Guide religieux. Les gens attendaient la justice. Nous souhaitions ne plus avoir de prisonniers politiques. Or nous avons eu des prisonniers politiques avant la révolution et après la révolution. Moi-même j'ai été prisonnier politique avant et après le régime islamique[25]. »

Aussi, trente ans plus tard, le bilan de l'expérience iranienne fait-il figure d'échec. La Révolution islamique a eu lieu, mais sans révolution démocratique, du moins jusqu'à présent car l'histoire ne s'arrête pas là. Faut-il rappeler qu'en France, par exemple, la Troisième République a vu le jour près d'un siècle après la Révolution, et qu'au cours de cette période se sont succédés restaurations monarchiques et régimes impériaux. Le régime théocratique ne fait qu'attiser un peu plus les aspirations démocratiques du peuple iranien. Dans ce pays, la

24. Voir Pierre Pactet, *Institutions politiques. Droit constitutionnel*, Paris, Masson, 1985.

25. Entretien avec l'auteur.

marche vers la démocratie a débuté il y a trente ans, et la vitalité de la société civile iranienne laisse à penser que la théocratie ne serait qu'une parenthèse dans un processus en cours.

Parenthèse non dépourvue de conséquences, et il n'est pas étonnant que le monde entier ait aujourd'hui les yeux rivés sur l'Iran, terre d'expérimentation pour un islamisme politique qui oscille depuis trente ans entre droit divin et droit du peuple. On peut craindre que certains pays musulmans qui autoriseraient aujourd'hui la tenue d'élections libres verraient les islamistes l'emporter. Mais une autre question se pose alors : les islamistes, une fois au pouvoir, accepteront-ils de se plier au principe qui les a fait élire ?

En Égypte, les Frères musulmans, officiellement interdits depuis 1954, participent aux élections sur des listes indépendantes. Ils représentent la plus importante opposition au pouvoir autocrate en place. Les Frères musulmans acceptent le jeu électoral dans l'espoir de conquérir le pouvoir par les urnes, mais ils refusent que des lois démocratiques se substituent aux lois divines. « La démocratie est agréable du point de vue politique pour la transmission du pouvoir sans guerre, sans violence ; la volonté de la majorité prime, mais en même temps elle n'a pas de limite[26] », me dit le guide suprême des Frères musulmans, Mohamed Mahdi Akef, lors d'une rencontre dans les locaux de l'organisation. Et il ajoute : « Sa référence, c'est le cerveau humain et les pulsions humaines qui constituent ses limites ; c'est ce que nous refusons. Notre démocratie respecte les lois divines, alors que la vôtre se soumet au bon vouloir des hommes. Il se peut qu'un groupe de débauchés et de criminels se mette d'accord pour tuer quelqu'un, et c'est terminé, personne ne peut le contester puisque la majorité est d'accord. Nous, nous sommes liés par des lois divines. Si le monde entier se réunissait pour rendre licite l'illicite, ou bien pour rendre illicite le licite, nous, nous dirions non. C'est cela la *choura* chez nous, c'est la différence avec la démocratie occidentale qui tolère l'adultère et l'homosexualité, ainsi que tous les actes répréhensibles au nom de la majorité. En Europe ou aux États-Unis, on dit : les parlements ont décidé ceci ou cela ; c'est vrai que le pape dénonce ces décisions, mais quelle est l'influence réelle du pape ? Son opinion n'a pas de valeur[27] ! »

---

26. Entretien avec l'auteur.
27. *Ibid.*

« Le Coran est notre constitution », disait Hassan Al Banna, le fondateur des Frères musulmans. Près d'un siècle plus tard, la primauté de loi divine sur la loi du peuple est toujours dans le programme de ses héritiers idéologiques. En Arabie Saoudite, où la consultation électorale est quasi inexistante, Salman Al Aouda, le leader du mouvement islamiste saoudien Al Sahwa (l'Éveil), proche des Frères musulmans, tient le même discours : « En islam, nous avons nos textes qui indiquent ce qui est interdit ou criminel, et nous respectons ces commandements. Il n'appartient pas à l'homme de trancher ces questions[28]. » Cela n'a pas empêché ses amis islamistes de participer aux seules élections jamais organisées par la famille Saoud sous la pression de leur protecteur étatsunien : des élections municipales se sont tenues en 2005 dans une partie du pays, auxquelles les femmes n'ont pas eu le droit de participer.

À l'exception de jihadistes comme ceux d'Al Qaïda pour lesquels il faut conquérir le pouvoir par les armes, la majorité des islamistes acceptent donc de se plier au jeu électoral pour une meilleure « transmission du pouvoir sans guerre, sans violence », disait Mohamed Akef. Mais la crainte des démocrates, c'est qu'une fois arrivés au pouvoir, ces islamistes refusent l'alternance.

Dans la plupart des pays arabo-musulmans, les démocrates n'ont que cette alternative, choisir entre la peste et le choléra, entre un islamisme conquérant et des dictatures civiles ou militaires usées par des décennies de pouvoir sans partage. Or ce sont précisément la corruption et l'oppression qui ont souvent fait le lit de l'islamisme dans le monde arabo-musulman.

L'exemple algérien

Au début de l'année 1992, les démocrates algériens, pourtant réprimés, privés de toute responsabilité politique par un parti unique depuis l'indépendance, se sont rangés derrière les militaires, lesquels ont décidé d'annuler les élections. Le premier tour des premières élections législatives libres dans ce pays, en décembre 1991, laissait en effet prévoir que les islamistes du Front islamique du salut (FIS) seraient très majoritaires à l'Assemblée nationale. Mohamed Charfi pensait

28. Entretien avec l'auteur.

néanmoins que les choses auraient pu se dérouler autrement : « Les circonstances étaient très particulières. Sans cette situation exceptionnelle, sans ce régime corrompu, sans ce parti unique qui suscitait l'exaspération des gens depuis trente ans, et si les partis laïcs s'étaient unifiés et avaient attiré l'attention sur le danger que représentaient les islamistes, il n'est pas sûr que les choses se soient passées de la même manière[29]. » Il relativisait aussi la victoire du FIS en rappelant la forte abstention des électeurs algériens qui ne croyaient plus dans la possibilité de choisir leur destin après des décennies de parti unique.

Ce sont les émeutes des jeunes contre le chômage et la vie chère en octobre 1988, réprimées dans le sang, qui sonnèrent le glas du parti unique. Nourris du mécontentement populaire, les islamistes se sont organisés à l'ombre des mosquées. Seule opposition tolérée par le régime, c'est elle qui ramassera la mise.

Après la révolte de 1988, le multipartisme est instauré en Algérie. Le FIS est créé par un ancien militant de la lutte anticolonialiste, Abassi Madani, et un jeune imam radical, Ali Belhadj, qui rêve de prendre le pouvoir par les urnes tout en dénonçant la démocratie entachée à ses yeux par ses origines occidentales. Voici ce que Belhadj déclarait, un an avant les élections de 1991 : « *L'idée démocratique est au nombre des innovations intellectuelles néfastes qui obsèdent la conscience des gens. Ils l'entendent du matin au soir, oublient qu'il s'agit d'un poison mortel dont le fondement est impie. [...] La démocratie est un mot grec [...]. C'est donc un mot né sur la terre de l'impiété, de la corruption et de la tyrannie*[30]. » C'est le même Belhadj qui disait quelques mois avant la création du FIS : « *Si le peuple vote contre la loi de Dieu, cela n'est rien d'autre qu'un blasphème. Dans ce cas, il faut tuer tous ces mécréants pour la bonne raison que ces derniers veulent substituer leur autorité à celle de Dieu*[31]. »

La suite de l'histoire est malheureusement connue, car ses horreurs ont fait durant plus d'une décennie la Une de l'actualité. Après l'annulation des élections par l'armée et le gouvernement, l'Algérie bascule dans une spirale sanglante, répression et terrorisme, meurtres et enlèvements, attentats et exécutions, qui a fait des centaines de milliers de victimes, civiles pour la plupart.

29. Entretien avec l'auteur.

30. Ali Belhadj, dans *El Mounquid* n° 23, le journal du FIS, septembre 1990.

31. Ali Belhadj, dans *Horizons*, journal quotidien algérien, 23 février 1989.

Cette expérience algérienne divise encore aujourd'hui les démocrates musulmans. Fallait-il ou non interrompre le processus électoral ? Que serait-il arrivé si le peuple algérien avait élu en 1992 les islamistes algériens dont certains, on l'a vu avec Belhadj, cherchaient à instaurer un régime tel que celui des Talibans afghans ? Les modérés parmi les islamistes du FIS l'auraient-ils emporté sur les radicaux pour continuer à jouer la carte démocratique ? Difficile de refaire l'histoire.

Pour Mohamed Charfi, il fallait laisser les islamistes s'exprimer, les combattre par l'idée, dans l'ensemble du monde musulman : « Moi qui suis démocrate, disait-il, je crois que les peuples sont beaucoup plus intelligents qu'on ne le pense. Quand on explique aux gens, voilà l'islam, voilà ce qu'il dit, voilà ce qu'il ne dit pas, voilà ce qui est le produit de l'Histoire et voilà ce qui est la parole de Dieu, on va respecter la parole de Dieu et on va réformer ce qui est produit de l'Histoire, ils comprennent. Il suffit de le tenir, ce discours. Avec conviction et un minimum de pédagogie, il peut passer, et c'est lui qui passera, d'autant que c'est la voix de l'avenir. On n'a pas d'autre choix [32]. »

Près de vingt ans plus tard, l'Algérie est redevenue ce que Ghassan Salamé appelle une démocratie sans démocrates [33]. Officiellement, le multipartisme est toujours de rigueur, mais le débat souhaité par Mohamed Charfi est inexistant. Et les pleins pouvoirs sont toujours entre les mains des militaires et d'un président qui modifie la Constitution à sa guise pour se maintenir au pouvoir. L'islamisme n'est pas pour autant éradiqué, son influence lui confère encore un rôle d'arbitre dans la politique et la morale.

L'exemple turc

Après l'échec de l'expérience algérienne et l'incapacité de la révolution islamique iranienne à mener le pays vers une démocratie, l'idée démocratique n'est pas pour autant rejetée définitivement en terres d'islam. Ces deux exemples montrent que l'islam, comme les autres religions monothéistes, n'accepte pas naturellement la démocratie.

32. Entretien avec l'auteur.

33. Ghassan Salamé, *Démocraties sans démocrates. Politiques d'ouverture dans le monde arabe et islamique*, Paris, Fayard, 1994.

Aucune loi divine ne s'adapte aisément à la loi du peuple. Les islamistes veulent imposer une seule interprétation des textes sacrés, celle découlant d'un islam qui investit le champ politique au nom d'une tradition remontant à la vie du prophète Mohamed – à la fois chef religieux et dirigeant politique de la Cité de Médine au VIIe siècle.

Nous l'avons vu, les « musulmans modernes » défendent l'idée d'une compatibilité entre l'islam et la démocratie, car ils ne veulent pas laisser leur religion aux mains des seuls fondamentalistes. Ils se battent pour une interprétation libérale, moderne, du Coran et affirment que l'on peut être à la fois un bon musulman et un bon démocrate. L'exemple cité et observé par ces musulmans est celui de la Turquie, l'un des rares pays qui offre des conditions à l'alternance, indispensable dans les démocraties pluralistes.

Après des périodes de multipartisme et de dictatures, la Turquie moderne et laïque, fondée par Atatürk au début du XXe siècle après l'effondrement de l'Empire ottoman, est dirigée par des islamistes qui pourraient être plutôt qualifiés de conservateurs musulmans. Depuis 2002, le Parti pour la justice et le développement, l'AKP, semble dominer la scène politique et a remporté plusieurs élections successives. Mohamed Charfi rappelait à ce propos que « l'islamisme est une tendance où toutes les couleurs de l'arc-en-ciel existent. Il y a, à une extrémité, Ben Laden. Pas besoin de le qualifier et de rappeler ce qu'il fait ni tout ce que ses amis font. Et à l'autre extrémité, il y a les islamistes turcs. Ces derniers sont le produit d'une société qui est laïque depuis quatre-vingts ans, une société qui a digéré la modernité, qui l'a pratiquée, et qui ne veut pas revenir en arrière. Les partis islamistes d'il y a cinquante ans appelaient au retour à la charia. Et puis petit à petit ces islamistes se sont mis à évoluer. Ils ont compris que le peuple ne voulait plus revenir en arrière. Ils ont adapté leur discours à cette exigence populaire. Et aujourd'hui, ils ont décidé de jouer le jeu de la démocratie, de jouer le jeu de la liberté, de la modernité, et ils vont même jusqu'à vouloir, et s'acharner à vouloir, entrer dans l'Europe. Ils gouvernent depuis plusieurs années et il n'est pas question de revenir à la charia. On sait par des sondages d'opinion que les partisans de ce retour à la charia sont infiniment minoritaires, un poids électoral négligeable. Les autres sont des islamistes libéraux, modernes, démocrates. Finalement le rôle des modernistes dans le monde musulman, c'est de combattre les islamistes dans chaque pays pour les obliger à évoluer, à marcher sur les traces des islamistes turcs qui me rappellent les démocrates chrétiens qu'a connus l'Europe, qu'ont connus la France, l'Angleterre, l'Italie, l'Allemagne et le parti démocrate chrétien allemand. Ces partis ont digéré la démocratie au point d'en accepter toutes les règles ; ils veulent simplement maintenir une morale religieuse. Je n'ai strictement rien contre, au contraire. Donc l'islamisme modéré, modernisé à la façon turque, est le bienvenu. Et je pense que c'est même la voie de l'avenir pour les mouvements islamistes des pays musulmans[34]. »

En raison de cette morale religieuse à laquelle se réfèrent les dirigeants turcs, devons-nous, nous laïcs, condamner l'expérience turque ?

Éducation et démocratie

Une voie étroite et difficile est donc amorcée par les musulmans qui cherchent à réussir cette adéquation entre islam et démocratie. C'est un double combat qu'ils mènent dans leurs pays, parfois au péril de leur vie. Depuis les indépendances, ils luttent contre les dictatures en place et contre les islamistes radicaux. « *Le plus important pour mener à bien cette adéquation est d'enseigner aux musulmans les fondements de l'islam de façon correcte. Il faut enseigner aux musulmans un islam d'avant-garde. Il faut leur apprendre que l'on peut être musulman et respecter les principes des droits de l'Homme et de la démocratie, et les mettre en pratique*[35] », insiste Chirin Ebadi. Malheureusement, l'enseignement religieux dans la quasi-totalité des pays musulmans est entre les mains des fondamentalistes qui enseignent un islam salafiste, rétrograde, figé dans l'interprétation donnée par les théologiens des premiers siècles islamiques. C'est ce que faisait remarquer l'Égyptien Gamal Al Banna qui, opposé aux idées de son frère Hassan, fondateur des Frères musulmans, engage aujourd'hui ses dernières forces dans la lutte contre « la bêtise sacrée ».

La publication du livre *Islam et Liberté*[36] a valu à son auteur, Mohamed Charfi, une levée de bouclier, ainsi que des menaces dégui-

34. Entretien avec l'auteur.

35. Chirin Ebadi, article publié par le journal italien *La Stampa* et reproduit par *Courrier International* n° 883, du 4 au 10 octobre 2007.

36. Mohamed Charfi, *Islam et liberté, le malentendu historique*, Paris, Albin Michel, 1998.

sées non seulement de la part des islamistes de son pays, la Tunisie, mais aussi des imams officiels, rémunérés par le gouvernement de Ben Ali. Ancien ministre de l'Éducation nationale (1989-1994), Charfi soulignait que dans l'enseignement religieux de tous les États musulmans, et malgré les différences politiques et sociales existant entre eux, « on enseigne la charia et l'histoire de l'islam de la manière la plus classique, c'est-à-dire comme il y a mille ans. » Au mépris des constitutions et des régimes républicains qu'elles régissent, on continue d'enseigner dans les universités islamiques ou dans les madrasas[37] que « le seul régime légitime est le califat, que le musulman qui ne se soumet pas à un calife est assimilable à un mécréant et que la démocratie est à écarter parce qu'elle est une doctrine occidentale étrangère à notre civilisation, un régime incompatible avec l'islam. » Mohamed Charfi faisait un constat alarmant : « L'enseignement dans les pays arabo-islamiques est de nature à favoriser la montée de l'intégrisme. Il a besoin d'être expurgé de tous les propos contraires aux droits de l'Homme et aux fondements de l'État moderne[38]. »

La question de la laïcité

La question de la laïcité, plus encore que celle stricto sensu de la démocratie, est génératrice de tension et d'incompréhension. Car la démocratie n'est envisageable que si elle est en conformité avec la culture de l'islam. Ce qui signifie que tous ne rejettent pas d'emblée la laïcité, tout dépend du sens que l'on donne à ce mot, tout dépend aussi de l'expérience politique du pays. Bien sûr, ceux pour qui l'islam exclut d'office la démocratie ne peuvent envisager la laïcité. C'est ce que l'actuel guide suprême des Frères musulmans, Mohamed Mahdi Akef, m'explique non sans véhémence, lui qui voit dans la laïcité à la française une entrave à la liberté de croyance. Or dans ce même pays, l'Égypte, Hoda Al Sadda et Oumamia Abou Bakr, qui ont créé une association « Mémoire de femmes », se disent conscientes de la nécessité de séculariser les sociétés musulmanes, mais se posent des questions sur une laïcisation poussée à l'extrême qui ne provoquerait que

37. *Madrasa*, école en arabe. Mais ce terme est souvent utilisé pour indiquer les écoles ou les universités coraniques.

38. Entretien avec l'auteur.

des rejets. En Iran, des religieux comme Youcefi Eshkévari voient la laïcité comme acceptable, voire souhaitable dans la mesure où elle fait appel à la raison et sécularise le politique, à la condition toutefois qu'elle n'entraîne pas une négation de la spiritualité et des valeurs de l'islam. Autrement dit, oui à la séparation des pouvoirs entre l'État et la religion, non à l'athéisme. Alors qu'en Arabie Saoudite, la question de la laïcité semble ne pas se poser tant elle est conçue comme une notion occidentale à mille lieues des valeurs islamiques.

Dans les pays musulmans, le mot laïcité est souvent confondu avec athéisme ; il n'est pas entendu par la majorité de la population comme une simple séparation de l'État et de la religion car, à l'exception de la Turquie, une telle séparation n'a jamais existé en terres d'islam. Ni à l'époque coloniale – à titre d'exemple, la loi islamique était appliquée pour le statut personnel en Algérie française – ni aujourd'hui où les mosquées et les institutions religieuses sont sous le contrôle étatique, y compris d'ailleurs en Turquie. Paradoxalement, c'est en Iran que les fondations religieuses, qui vivent essentiellement de dons privés, gardent une certaine indépendance par rapport à l'État. Et c'est peut-être dans ce pays chiite, où le clergé est doté d'une hiérarchie tout comme l'Église romaine a son clergé, qu'une société sécularisée – et non laïque – verra le jour. À l'inverse, l'absence de clergé et d'autorité religieuse chez les sunnites favorise plutôt une mainmise de l'État sur les mosquées. Il les finance, désigne et rémunère les imams qui dirigent les prières, parfois même leur impose les prêches qu'ils doivent livrer aux croyants.

L'incompréhension est grande en Europe à propos de cette absence de séparation entre l'État et la religion ou entre la politique et la religion, en particulier en France où la laïcité est une condition *sine qua non* de la démocratie, ce qui n'est pas le cas de toutes les démocraties occidentales. Celles-ci sont laïques certes, mais de façon sensiblement différente. Dans le domaine de l'école par exemple, la plupart des pays européens continuent d'intégrer dans leurs programmes des cours de religion qui passent peu à peu du cours d'instruction religieuse au cours d'histoire des religions. La mutation est différente en France ; après avoir longtemps exclu l'instruction religieuse de ses programmes scolaires dès 1882, et peu à peu toute référence à la religion, elle prend désormais plus en compte l'histoire des faits religieux dans chacune des matières concernées (histoire, géographie, français, etc.) En Allemagne, la constitution (Loi fondamentale) fait référence à Dieu[39] et les Églises sont financées par l'impôt, chaque citoyen spécifiant à quelle confession il souhaite voir sa contribution reversée, sachant qu'il peut également choisir de n'en financer aucune. La Grèce n'a retiré la confession des passeports de ses ressortissants qu'en 2000[40], et en Angleterre, la religion anglicane est quasi d'État.

La relation que chaque État entretient avec le religieux est toujours spécifique, intimement liée à son histoire. La République française, qui s'est entièrement et brutalement affranchie de toute référence au religieux, s'est construite contre l'Église catholique, condamnée, rejetée, conspuée pour le soutien que ses élites ont apporté au pouvoir royal et à l'aristocratie. Cet antagonisme se traduira par l'adoption en 1905 de la loi de séparation de l'Église et de l'État. Ceci étant, contre une minorité menée par Édouard Vaillant qui désirait éradiquer la religion en prônant un athéisme d'État, la majorité des députés français choisiront d'adopter une position médiane qui reconnaît et garantit la liberté de culte sans que la puissance publique n'en finance aucune[41].

Au même moment, on constate une situation inverse en Iran. Le premier parlement élu dans ce pays en 1906 comprenait des religieux pour la bonne raison que ceux-ci prônaient la fin de l'absolutisme royal. Puis dans les années 1960, lorsque le Chah veut réformer en profondeur la société iranienne, qui s'empare du mouvement contestataire naissant dans la population ? Les religieux. Autrement dit, les religieux au début du siècle comme dans les années soixante ont constitué une force d'opposition populaire face au pouvoir autoritaire et à la classe dirigeante. L'opposition ou la non-opposition au religieux est ainsi souvent fonction de son implication dans les affaires de l'État. Pour reprendre le cas de l'Iran, trente ans après la révolution isla-

---

39. « *Conscient de sa responsabilité devant Dieu et devant les hommes, animé de la volonté de servir la paix du monde en qualité de membre égal en droits dans une Europe unie, le peuple allemand s'est donné la présente Loi fondamentale en vertu de son pouvoir constituant.* » Préambule de la Loi fondamentale, version issue du traité d'Union conclu le 31 août 1990 entre la République fédérale d'Allemagne et la République démocratique allemande. Voir le site du Gouvernement fédéral : http://www.bundesregierung.de/nn_194494/Webs/Breg/FR/Loifondamentale/00__Preambule/preambule.html

40. Voir Valia Kaimaki, « Pressions de l'Église sur l'État. Occasion perdue pour la laïcité en Grèce », *Le Monde Diplomatique*, décembre 2002.

41. Voir Jean-Marie Mayeur, *La Séparation de l'Église et de l'État*, Ivry-sur-Seine, Éditions de l'Atelier, 2005.

mique, que constate-t-on ? Que des mollahs réclament aujourd'hui la séparation d'avec l'État, tout simplement parce que l'exercice du pouvoir a fortement entaché leur crédibilité et leur respectabilité. Nous assistons actuellement en Iran à un phénomène étonnant. Une partie de l'opposition au pouvoir théocratique de Téhéran se trouve parmi le clergé avec, à sa tête, l'ayatollah Montazeri, le hojatoleslam Mohsen Kadivar, Abdullah Nouri, Moudjahid Shabastari et Youcefi Eshkévari.

Souveraineté et légitimité

Deux données sont essentielles pour comprendre la situation politique des pays musulmans. D'une part la référence à l'islam est incontournable chez les fondamentalistes comme chez les réformateurs ; d'autre part l'islam politique est souvent l'expression d'une opposition aux pouvoirs en place. En cela les mouvements qu'il génère sont largement fédérateurs et soutenus par les classes les plus populaires.

Ils font peur aux Occidentaux qui ont, depuis longtemps, oublié les processus de sécularisation par lesquels sont passés leurs États. Or même si le religieux est indissociable du politique dans la plupart des pays musulmans, il est impossible aujourd'hui de ne pas soulever les deux questions de la légitimité du pouvoir et de la souveraineté. En Occident, elles ont été posées dès le XVIe siècle, alors que la monarchie de droit divin ne souffrait aucune remise en cause. Elles ont nécessité deux siècles de maturation. Une telle réflexion était incroyablement novatrice, mais surtout d'une dangerosité extrême ; ses conséquences furent telles qu'elles n'ont pu être appréhendées dans leur ensemble que bien plus tard, et l'on sait aujourd'hui que le seul questionnement suffit à ouvrir la voix de la sécularisation, quand bien même il s'est accompagné dans ses débuts davantage de crispations que d'ouverture. Et c'est exactement ce qui se passe dans les pays musulmans, de plus en plus sous l'emprise de l'islamisme. Poser ouvertement la question de la légitimité ou de la souveraineté demeure impossible, pourtant elle est sur toutes les lèvres, dans tous les esprits, générant chez les fondamentalistes les positions les plus rigides. La démocratie à l'occidentale, pour eux, ne doit pas être envisagée, car elle fait entrer en conflit la loi divine et celle de l'homme, le ciel et la terre, la voix de Dieu et la voix du peuple. C'est la position de l'Arabie

Saoudite, dont on sait que les motivations sont davantage politiques que religieuses.

Dans des pays comme l'Iran, la brèche s'est ouverte et refermée, du moins pour un temps. Lors de la révolution islamique, le peuple a légitimé l'ayatollah Khomeiny qui annonçait l'avènement d'une République islamique, « sans un mot de plus, sans un mot de moins » comme me le rappelait le hojatoleslam Mohsen Kadivar. C'est par la suite qu'il a ajouté, on l'a vu, le *Vealayat-e-faqih* (le pouvoir du jurisconsulte). Le représentant du peuple devenait également le représentant de Dieu. Même légitimée par le peuple, la souveraineté restait divine. Les Iraniens votent, se rendent aux urnes, mais quel que soit le résultat de leur scrutin, « Dieu aura le dernier mot, parce que le guide suprême est la valeur suprême », explique Ramin Jahanbegloo. « Il est l'institution suprême, constitutionnellement parlant, de la République islamique d'Iran. Mais le guide suprême est aussi le représentant du peuple. Donc le régime iranien, le régime islamique en Iran a toujours essayé de jouer, au moins dans les apparences, la carte démocratique[42]. » Autrement dit le peuple aurait, en Iran, légitimé la souveraineté divine. Ce qui, bien sûr, n'est pas le cas et les Iraniens le savent, tout comme ils savent que la sécularisation du pouvoir est nécessaire, amorcée et inévitable.

On retrouve cette volonté de placer la loi divine au sommet en Égypte chez les Frères musulmans pour qui la loi de la majorité est dangereuse, risquant d'imposer un jour une décision contraire aux principes de l'islam. Leur devise, à l'origine, était : « Allah est notre dirigeant, le prophète est notre leader et le Coran est notre constitution. » Cela ne fait pas de leur programme politique une théocratie pour autant. Ils veulent arriver au pouvoir par le biais des élections et le peuple égyptien étant composé d'une majorité de bons musulmans, ils seraient élus par le peuple. C'est que qu'explique Mustapha Kamel Al Sayid. Les Frères musulmans « n'imaginent pas que le peuple soit ignorant, ou ne connaisse pas la religion. La légitimité populaire est pour eux une confirmation de la légitimité religieuse. Comme le peuple va nécessairement élire les représentants de l'islam, les vrais représentants de l'islam, leur légitimité en fin de compte ne reposera pas tant sur les principes de l'islam, que sur la volonté populaire[43]. »

42. Entretien avec l'auteur.

43. Entretien avec l'auteur.

Les réformateurs, eux, n'éludent pas la double question de la légitimité et de la souveraineté même si celle-ci les met dans une position inconfortable. Faisant des droits et libertés fondamentales des démocraties occidentales un code de valeurs morales doté d'une autorité supérieure au suffrage universel, ils réclament le droit de choisir leur propre code dont les normes seraient issues de l'islam moderne adapté au temps présent. Quel que soit le nom donné au principe obligeant la majorité à respecter les minorités, il faut bien admettre qu'il existe des valeurs au-delà de la volonté populaire. Dans une démocratie, une majorité peut se référer à une religion, ce qui ne doit pas empêcher un citoyen d'émettre un jugement sur la légitimité morale des actes posés par le pouvoir issu des élections.

Il restera aux musulmans réformateurs et démocrates de mener ce « long combat » dont parle Chirin Ebadi, et de ne jamais baisser les bras pour que leur interprétation d'un islam de liberté et non d'enfermement soit partagée par tous. Ce combat rejoindra nécessairement celui de toutes les minorités, culturelles, religieuses ou athées, en faveur des libertés individuelles et de l'égalité des hommes et des femmes.

Les forces en présence

Le fait que la laïcité ne figure pas à l'ordre du jour des débats politiques ne signifie pas que l'idéal démocratique soit absent du paysage politique des pays musulmans. Mais il est fragile. D'abord, on l'a vu, parce que la vague islamiste l'instrumentalise, ensuite parce qu'il s'affaiblit considérablement au contact du modèle uniforme brandi par l'Occident. Il ne s'agit plus ici d'impérialisme américain ou de crise de la démocratie occidentale, mais des discours qui tendent à rigidifier le modèle démocratique et à anathématiser tout élément qui s'éloignerait de sa matrice occidentale. Il est urgent de comprendre qu'imposer un modèle démocratique américain ou européen aux États musulmans revient à priver ces États d'une réflexion et d'un processus démocratique qui leur serait propre, et ce faisant de légitimer l'action des radicaux.

Certes, les démocrates laïcs musulmans existent, mais il est vrai qu'on leur reproche leur occidentalisme.

À côté d'eux se trouvent les partisans d'un islam éclairé, libéral, qui reconnaissent la souveraineté et la légitimité du peuple, lequel demande que les valeurs de sa culture musulmane soient parties intégrantes du débat politique. Ils prônent la sécularisation sans exiger la laïcité. Ils sont aux pays musulmans ce que les démocrates chrétiens ont été et continuent d'être parfois à l'Europe.

Ces démocrates, laïcs ou se référant à un islam libéral, se trouvent pris au piège entre deux forces contraires qui les menacent ; d'un côté les pouvoirs en place, autoritaires, pratiquant la censure, l'emprisonnement, la torture ; d'un autre les islamistes victimes de ces mêmes sévices. Et les deux se renforcent. Pour les dictateurs, la démocratie reviendrait à céder la place aux islamistes qui, comme on l'a vu, remporteraient à coup sûr les élections dans la plupart des pays musulmans. Ce risque majeur suffit à légitimer et renforcer les dictatures. Or plus ces régimes sont autoritaires, plus les islamistes sont forts. Une sainte alliance semble se nouer entre eux, que l'islamologue américain Michael Barry décrit en ces termes : « Ce qui dérange, finalement, ce sont ces contestataires laïcs contre lesquels se forme une sorte de consensus : qu'on réduise leur espace ! Qu'on les supprime ! C'est ainsi que le régime passe un contrat avec les islamistes : Qu'est-ce que vous voulez ? L'islamisation de la société ? Bon. Qu'est-ce que nous voulons, nous ? Le pouvoir. On peut s'arranger. Laissez-nous le pouvoir, on vous laisse la société. Mais à condition que vous ne remettiez pas en cause notre pouvoir. C'est peut-être un jeu de dupes, mais en tout cas il semble que ce soit la tendance lourde[44]. »

Dans ce contexte, le débat entre conservateurs et modernistes souhaité par les démocrates pour que jaillisse la lumière est difficile. Ces démocrates ont contre eux d'un côté les pouvoirs en place avec tout l'appareil d'État, y compris ses éléments les plus répressifs, et de l'autre les fondamentalistes qui contrôlent toutes les institutions religieuses.

44. Entretien avec l'auteur.

Chapitre 6

LES FEMMES, ENJEU POLITIQUE

La question de la femme se trouve plus que jamais au cœur des relations Orient-Occident. D'un côté, on la brandit comme le symbole d'une identité qui ne doit en rien être altérée par les valeurs et les mœurs occidentales, de l'autre, on considère son statut particulier comme révélateur de l'oppression qu'elle subit. Le voile est devenu une sorte d'emblème social, politique et religieux ; la femme « islamique » porte le voile qui devient la marque de son « intégrisme », la femme « féministe » ôte son voile, preuve de son « égarement ». Ce manichéisme, on le comprendra, dessert les femmes qui, de façon quasi unanime, se plaignent d'en être les principales victimes. Et toutes de poser comme urgence la fin de ce cercle vicieux qui, depuis plusieurs siècles, les opprime autant que les systèmes incriminés.

La femme, sujet d'affrontement

Cette focalisation sur la femme musulmane ne date pas d'hier. Dans les sociétés occidentales comme orientales, voilà un siècle que son comportement, son statut, son habillement se trouvent au cœur des débats intérieurs et des relations internationales.

La question de la femme fut posée dès que les Occidentaux mirent les pieds en Orient. À de nombreux égards ce sont eux qui, les premiers, ont fait de la femme voilée, de la femme cachée derrière un moucharabieh ou une tenture l'un des symboles de l'Orient, un Orient imaginaire et fantasmé, entièrement façonné par ce qu'on appelle l'orientalisme occidental. Edward Said[1] toute sa vie durant n'a cessé

1. Edward W. Said, intellectuel américain d'origine palestinienne, auteur de *L'Orientalisme*, Paris, Seuil, 2005.

d'analyser cet orientalisme et ses conséquences, lesquelles continuent d'imprégner les représentations mentales. « *Nous pouvons ainsi voir que l'orientalisme est une praxis similaire à celle de la domination masculine, ou patriarcale, dans les sociétés métropolitaines : l'Orient n'a cessé d'être décrit comme féminin, ses richesses comme fertiles, et ses principaux symboles ont été identifiés comme étant la femme sensuelle, le harem, et le dirigeant despotique, mais étrangement sympathique*[2]. » Le harem est alors perçu comme un lieu de licence, non comme une prison. Il est infiniment érotique et répond à un fantasme occidental plus qu'à une réalité. Dans une interview au magazine *Psychologies*, Fatima Mernissi, auteure du *Harem et l'Occident*, l'évoque non sans humour : « *Il suffit de regarder les odalisques nues de Matisse ou de lire Kant et sa conception de la beauté idéale ! Le fantasme de l'homme occidental, c'est une femme muette et passive intellectuellement. Le fantasme des Orientaux, c'est Schéhérazade, une femme essentiellement intellectuelle. C'est en touchant l'homme par des mots savamment choisis qu'elle réussit à agir sur ses émotions*[3]. »

Peintures érotisant les harems, poèmes exacerbant la sensualité de la femme orientale, les exemples sont innombrables dans la culture occidentale du XIXe siècle. Et le constat pourrait s'arrêter là, dénué de toute accusation sinon celle d'avoir esthétisé à outrance – et, ce faisant, trahi – une société qui n'avait pas demandé à l'être. Mais il glisse sur un autre terrain. Les doigts se pointent, accusant l'impérialisme politique et culturel de l'Occident qui a cru aveuglément dans l'universalité de ses modèles et de ses valeurs.

Le cœur du problème renvoie une fois encore à cette équation séculaire : Occident égale Modernité. La question de la femme est contemporaine de celle de la modernisation des sociétés musulmanes au XXe siècle. L'émancipation de la femme est liée à l'émancipation des peuples, pour la plupart encore sous domination occidentale. L'Orient a d'autant plus adhéré à cette modernisation de ses sociétés, qu'il se trouvait, nous l'avons dit, en situation d'échec par rapport à l'Occi-

---

2. Edward W. Said, « Retour sur l'orientalisme », dans *Réflexions sur l'exil*, Arles, Actes Sud, 2008, chap. 19.

3. Fatema Mernissi, « Seules les musulmanes persécutées intéressent l'Occident », interview donnée au magazine *Psychologies*, propos recueillis par Valérie Colin-Simard, décembre 2001, à l'occasion de la publication de son ouvrage *Le Harem et l'Occident*, Paris, Albin Michel, 2001.

dent. Pour rattraper cet Occident, pour l'égaler, le monde arabo-musulman devait se moderniser, donc s'occidentaliser. Pour ce faire, il allait tourner le dos à ses traditions, synonymes d'ignorance et d'arriération, en adoptant les valeurs politiques, culturelles et sociales de ce qui était désormais son modèle. Et, puisque l'Occident avait fait de la femme le symbole de l'Orient, l'Orient à son tour allait l'utiliser comme vitrine de sa modernité. Elle était cachée, on allait la sortir; elle était voilée, on allait la dévoiler.

Le premier à amorcer, pour ne pas dire imposer, dès 1922 ces grandes réformes d'occidentalisation est Mustapha Kemal. Les décisions se succèdent; autoritaires et radicales, mais qu'importe! La Turquie est engagée sur la voie de la modernité. En quelques années, la loi religieuse est abandonnée, le mariage religieux devient civil, le vêtement occidental imposé, le voile prohibé. L'égalité de l'homme et de la femme est reconnue, la polygamie interdite, l'école devient mixte, le droit de vote ainsi que l'éligibilité sont accordés aux femmes dès 1934. Faut-il rappeler qu'en France les femmes n'obtiennent ce droit qu'en 1944[4]? Dès le premier tiers du XXe siècle, la femme turque est incitée à voter, à fréquenter les universités, à investir à visage découvert l'espace public. De sa visibilité ou non-visibilité on peut déduire le degré d'avancement de toute la société. La femme, dans ces années-là, devient un véritable passeport pour la modernité.

D'autres pays comme l'Iran s'engagent sur des voies proches. Le Chah de 1936 à 1937 prend des mesures similaires avec les mêmes priorités, dont la situation des femmes, et un autoritarisme renforcé. Les femmes sont dévoilées, nous y reviendrons, encouragées à fréquenter l'école, et les premières d'entre elles font leur entrée à l'université. Censées être éduquées et libres d'aller et venir à leur guise, elles sont la preuve éblouissante d'un pays tout entier tourné vers l'avenir, c'est-à-dire vers l'Ouest.

Et l'Occident assiste béat à ce spectacle qui lui renvoie l'image flatteuse du modèle. Trop admirateur pour critiquer, il ne relève pas, ou feint de ne pas relever, le caractère autoritaire de ces réformes qui jour après jour sèment déjà le germe de la réaction. Comment et pourquoi l'Occident est-il resté aveugle si longtemps? Pourquoi n'a-t-il pas vu? N'a-t-il pas entendu les premières dents grincer? Voilà une des

4. L'Allemagne et les Pays-Bas ont accordé le droit de vote aux femmes en 1919, les États-Unis en 1920 et la Grande-Bretagne en 1928.

questions auxquelles les historiens de tous bords doivent aujourd'hui s'atteler.

En fait, ce n'est que tardivement que l'Occident a pris en compte ces résistances, alors qu'elles s'étaient transmuées en véritables opprobres formulés non seulement à son encontre mais également à l'encontre de « ses » femmes ; pourtant ces réactions conservatrices remontent au début de la présence occidentale, en Égypte notamment, et précisément à l'époque de ces réformes imposées. Dès la première moitié du XXe siècle, dans l'ensemble des pays musulmans ainsi modernisés, les réactions s'enchaînent, souterraines d'abord, puis de plus en plus ouvertes. L'émancipation de la femme, qui eut de vrais adeptes et de vrais militants déjà à cette époque, connut aussi des détracteurs, car, avec elle, se trouvaient chamboulées d'un coup toute l'organisation sociale et la structure familiale. À elle seule, la femme émancipée se mit à incarner le modèle étranger censé supplanter la société musulmane traditionnelle. Le rejet de l'Occident constitua l'embryon de la vague islamiste à venir. Lorsque celle-ci déferla, elle n'eut de cesse d'éradiquer toute référence à ce modèle, balayant d'un grand revers de main les traces visibles de cette occidentalisation. La femme bien sûr fut, la première, emportée dans la tempête.

Cette réaction fit taire d'un coup les voix féministes ou émancipatrices qui pour certaines s'étaient élevées bien avant l'occidentalisation du début du siècle. Et on ne l'a pas vu venir, y compris de l'intérieur, dans les pays où elle a été la plus virulente. Les propos de l'ayatollah Khomeiny en 1978, alors qu'il était encore en exil à Nadjaf, en Irak, sont annonciateurs de la conception qu'ont les religieux de la liberté de la femme : « *C'est le chah qui a privé le peuple, hommes et femmes, de ses libertés et qui étouffe ses aspirations. C'est encore lui qui, pour détourner la jeunesse des problèmes essentiels du pays, encourage certains programmes de cinéma abêtissants et avilissants. Le cinéma encouragé par le chah a pour objectif de fabriquer des "potiches". C'est pour cela que le peuple musulman juge ce cinéma contraire aux intérêts du pays et attaque les salles qui le programment. Il n'a pas besoin pour cela de consigne des religieux*[5] ». Et, pour les besoins de sa propagande, Khomeiny caricature à outrance les propos de son adversaire : « *Le*

5. Maurice Séveno, « Aucune solution n'est possible en Iran sans la disparition de la dynastie des Pahlavi. » *Le Monde*, 17 octobre 1978. Entretien avec l'ayatollah Khomeiny réalisé avant son départ d'Irak par une équipe de télévision dirigée par

chah a déclaré dans une interview à un journaliste italien que la femme ne doit être qu'un objet d'attraction sexuelle. C'est cette conception qui conduit les femmes à la prostitution et en fait des femmes-objets. C'est à cette image-là de la femme que s'oppose la religion et non pas à sa liberté et son émancipation. La participation des femmes de toutes les couches de la société aux récentes manifestations que nous appelons "référendum de la rue" démontre la fausseté de ces allégations. Les femmes étaient aux côtés des hommes dans la lutte pour exiger leur indépendance et leur liberté[6]. »

Chacun connaît l'impact des propos de l'ayatollah Khomeiny sur les intellectuels et les populations urbaines iraniennes ; ils ont imprégné les premiers élans de la révolution islamique de 1979, car ils n'ont pas hésité à emprunter la terminologie révolutionnaire, égalitaire et émancipatrice. Et une grande majorité a voulu y croire.

Que s'est-il passé ensuite ? Pourquoi la femme s'est-elle retrouvée malgré elle dans l'œil du cyclone ? Pourquoi aujourd'hui ce préjugé selon lequel parler de l'émancipation féminine serait nécessairement agir contre la religion ? La terminologie féministe dans son ensemble est le plus souvent perçue comme une importation de l'Occident, privant ainsi les femmes musulmanes de tout mode d'expression. Les groupes et associations de femmes sont aujourd'hui accusés de propager des idées non adaptées à la société musulmane. Tout débat sur les droits des femmes est d'emblée exclu et ne peut s'exprimer qu'à travers des questions telles que l'éducation ou le mariage, et même posées de façon ainsi détournée, elles sont systématiquement ramenées au bras de fer entre Occident et Orient, lequel fait inévitablement le lit des extrémistes.

Le cas de l'Arabie Saoudite et du retour en force de l'idéologie wahhabite est assez éloquent. Au début des années 1960, le roi Fayçal, sous l'impulsion de son épouse, impose l'éducation des filles, et cela malgré les protestations des dignitaires religieux et les résistances d'une société tribale. Puis, à partir des années 1980, la femme devient un problème moral et l'État saoudien met en place des lois très contraignantes à son égard, comme l'interdiction de conduire par exemple. « *En vingt ans*, explique le spécialiste de l'Arabie Saoudite Pascal

Maurice Séveno le 21 septembre 1978. Les films ont été confisqués, les réalisateurs détenus, mais ont réussi à sauver la bande enregistrée.

6. *Ibid.*

Ménoret, *l'État était passé du lexique de la modernisation à l'occidentale à celui d'un ordre moral "islamique". Loin de démontrer que l'État est essentiellement moderne ou islamique, favorable ou hostile aux femmes, libérateur ou oppresseur de la société, ce comportement signale donc à la fois le cynisme et l'impuissance d'une classe politique qui accepte de parler tous les langages et d'arborer tous les signes, pourvu qu'ils semblent la servir*[7]. » C'est en 1980 également que l'État saoudien crée le Comité de la promotion de la vertu et de la prévention du vice ainsi que ses policiers des mœurs, les *moutawa*, chargés de veiller aux règles de bienséance publique ou privée, dont la femme est la première victime. La création de cette police religieuse fut précédée et suivie de toute une série de mesures très symboliques destinées à contrer les ultraconservateurs wahhabites sur leur propre terrain. Pourquoi ? Parce que le pouvoir royal se trouvait confronté depuis 1979 à une double menace. À l'intérieur, une insurrection menée par Jouheiman Al Oteibi menaçait la légitimité de l'État au point d'occuper La Mecque à la tête d'un groupe armé. Ses revendications étaient radicales : débarrasser l'Arabie de tous les aspects de la civilisation moderne, importée d'un Occident athée et infidèle, pour instaurer un islam encore plus rigoriste. À l'extérieur, la révolution islamique iranienne cherchait à s'exporter et l'ayatollah Khomeiny se révélait être un adversaire dangereux, car il se présentait non comme un leader chiite, mais un leader pour l'ensemble du monde islamique. Al Oteibi et les cheikhs saoudiens qui l'ont suivi dans son aventure, ainsi que Khomeiny, mettaient en cause les relations privilégiées que l'Arabie saoudite entretenait avec les États-Unis ; les concessions faites à l'indépendance du pays n'étaient pas sans conséquences, pour eux, sur la pratique religieuse et le respect des valeurs islamiques. Face à cette double attaque, l'État saoudien devait donner l'image d'un État islamique irréprochable. Et qui mieux que la femme pouvait la lui fournir ? La femme saoudienne serait plus cachée que n'importe quelle autre femme d'Orient, une femme totalement exclue de la vie publique. D'instrument politique, la femme est devenue un véritable alibi de l'islamité de la famille Saoud qui accapare le pouvoir depuis le début du XXe siècle. Hatoun Al Fassi, historienne, très active dans la lutte pour les droits des Saoudiennes, dénonce les concessions faites par le

7. Pascal Ménoret, *L'énigme saoudienne.* Les Saoudiens et le monde, *1744-2003*, Paris, La Découverte, 2003, p. 197.

royaume aux islamistes : « Ce Comité de promotion de la vertu et de prévention contre le vice, rappelle-t-elle, est une institution officielle de l'État qui est chargée de veiller au respect des mœurs islamiques, de punir les femmes adultères, etc. Toutes ces prérogatives lui ont été données par l'État après les attentats de La Mecque en 1979. Ses membres ont des privilèges, touchent des primes, reçoivent des voitures neuves et des outils modernes de télécommunication [8]. »

Ébranlée dans son pouvoir, la famille Saoud se présente donc à partir des années 1980 comme le gardien de l'islam et de ses deux lieux saints, La Mecque et Médine. Et l'idéologie extrémiste est présente partout jusque dans les manuels scolaires ou dans les médias, en particulier à la télévision publique étroitement contrôlée par les wahhabites. Et Hatoun Al Fassi le regrette. Car « cette idéologie discrimine les femmes et jette l'anathème contre toute autre interprétation de l'islam, contre ceux, par exemple, qui ne voient dans le visage de la femme aucune intimité nécessitant qu'il soit couvert selon les textes sacrés islamiques [9]. »

Le voile, symbole de l'islam dans le monde

Dans ce contexte, la question du voile n'est que le degré extrême, la dernière marche d'un processus de focalisation. Plus un débat politique connaît de ramifications et d'extensions, plus il est difficile à appréhender, plus il a besoin de symboles forts qui agissent comme un aimant, ramenant à lui ses enjeux les plus divers, y compris ceux qui lui sont, au final, étrangers. Le voile, plus encore que la femme, est devenu cette sorte d'aimant sur lequel viennent se greffer toutes sortes de questions de politiques intérieures et extérieures, en Orient comme en Occident. Et la femme de s'étonner d'être ainsi cataloguée en fonction de ce qu'elle porte sur la tête.

Cette cristallisation, on l'a dit, remonte à l'époque de l'occidentalisation des sociétés musulmanes. En Iran, Reza Chah (1878-1944), dans son grand chantier de « modernisation » de la fin des années 1930, désarme les tribus, ouvre des universités, contrôle le clergé chiite et impose aux hommes comme aux femmes le vêtement occidental.

---

8. Entretien avec l'auteur.

9. *Ibid.*

L'historienne Mansurieh Ettehadeh raconte la violence avec laquelle ce changement s'est opéré. Les gens des campagnes et ceux des villes étaient avant reconnaissables à leurs tenues. Puis tous les hommes ont été obligés, sous la contrainte, de revêtir un complet veston et de se coiffer d'un chapeau. Les femmes, elles, ont été obligées d'abandonner leurs voiles. « Certaines y étaient favorables, mais une grande partie opposée », précise-t-elle. Pour différentes raisons d'ailleurs. Il y avait par exemple le problème de la pauvreté. Les rapports de police de cette époque font souvent référence à l'obligation pour les femmes de se dévoiler. Certains rapportent que les femmes sans le tchador ont de vieux vêtements en guenilles, déchirés, rafistolés et que le spectacle ainsi donné est désolant, à tel point que les rédacteurs proposaient aux autorités d'envoyer des vêtements convenables si elles voulaient que les femmes se dévoilent. Mais il y avait aussi une simple question d'habitude. Comme substitut au voile, les femmes ont commencé à porter des chapeaux et des foulards de toutes sortes qui ont été à leur tour interdits. Dans de nombreuses familles, on rencontre des tantes, des grands-mères qui, dès lors que le voile a été interdit, ne sont plus sorties. Les rapports de police, envoyés de toutes les régions d'Iran, révèlent que ces femmes, pour aller au hammam, passaient par des terrasses et les toits des maisons, qu'elles attendaient la nuit pour échapper aux policiers chargés de veiller à ce qu'aucune d'elles ne sorte voilée. Une petite partie des femmes s'est donc cloîtrée, les autres se sont adaptées, non sans mal pour certaines.

Faire en sorte que la femme ne soit plus visible avec son voile était devenu crucial pour l'image que le monde arabo-musulman voulait donner de lui-même. Si la société avait la volonté de se moderniser, il fallait que la femme se modernise, ce qui ne pouvait se faire avec le voile. Il y avait là comme une incompatibilité qui a fait du voile un enjeu crucial. Ce n'est qu'une fois le voile ôté que la femme pourrait avoir accès aux études et à la vie active. Certes il y a eu des avancées considérables à cette époque pour les femmes, et toutes le rappellent. Mais c'est aussi de cette époque que date l'idée erronée, particulièrement répandue en Occident, que la condition de la femme a évolué le jour où elle s'est dévoilée. Autrement dit, on a vu dans une simultanéité de faits une relation directe de cause à effet.

La loi française concernant l'interdiction de porter des signes religieux à l'école, votée en 2004, qui n'est aux yeux de nombreux pays musulmans qu'une loi sur le voile, a résonné comme un écho au dévoilement forcé du début du siècle en Turquie et en Iran, et déclenché de nombreuses manifestations. Les rares voix qui se sont exprimées pour modérer ces réactions ont d'ailleurs été étouffées dans leur pays. Gamal Al Banna raconte comment le Centre des recherches et d'études islamiques dépendant d'Al Azhar a cherché à censurer un de ses articles sur les minorités musulmanes vivant en Europe. Ce réformateur de l'islam suggérait « à la femme musulmane vivant dans les sociétés occidentales et voulant se couvrir les cheveux de porter un chapeau au lieu du voile islamique [10] ». Il ajoutait qu'à son avis, « ces minorités ont l'obligation de s'intégrer dans leur environnement culturel ».

Les réactions des islamistes à la loi sur le voile étaient prévisibles et certains d'entre eux ont même proféré des menaces à l'encontre de la France. Il est paradoxal de noter ici que ces extrémistes qui refusent aux femmes le simple voile parce qu'ils exigent le port de l'*abaya*, cette longue robe noire qui ne laisse paraître du corps que les yeux et les mains, soudain l'acceptaient au seul motif que personne, pas même l'État français, n'était en droit d'imposer à une musulmane un choix religieux, y compris contraire à leurs propres préceptes. Ils invoquent les principes des droits de l'Homme et de liberté de conscience qu'ils rejettent pourtant dans leur propre pays, au nom des valeurs islamiques.

Dans ce débat passionné sur la question du voile, on a donné peu d'écho aux réactions de certaines féministes dans les pays musulmans. Pour elles, une fois de plus, la loi s'attaquait aux symboles, sans s'attaquer au mal. La Marocaine Fatema Mernissi, féministe laïque, ne disait pas autre chose lorsqu'elle écrivait de façon provocante : « *Les musulmans semblent éprouver un sentiment de puissance virile à voiler leurs femmes, et les Occidentaux à les dévoiler* [11]. »

Et voilà féministes et extrémistes qui, en s'opposant à la même loi, se trouvaient réunis dans une contradiction qui les plaçait malgré eux en porte-à-faux par rapport à leurs propres discours. Ce paradoxe montre à quel point la question du voile est faussée puisque, à travers lui, ce n'est pas la femme qui est visée mais la référence ou non-référence à l'Occident.

À partir du moment où les modernisateurs du début du XXe siècle ont dévoilé la femme, et où les islamistes l'ont re-voilée, quelle marge

10. Entretien avec l'auteur.

11. Fatema Mernissi, *Le Harem et l'Occident*, *op. cit.*

de manœuvre reste-t-il aujourd'hui aux femmes pour revendiquer leur liberté. Leur choix, peu importe ce qui l'a déterminé, ne supportera comme interprétation qu'une obédience à deux mouvements qui se radicalisent d'autant plus qu'ils se nourrissent de l'opposition à l'autre : l'islamisme ou l'occidentalisme.

Dans certains États, la crispation est telle que le simple fait de reconnaître à la femme le droit de ne pas porter le voile peut entraîner les pires sanctions. Le mollah Youcefi Eshkévari en a fait les frais. « En avril 2000, raconte-t-il, la Fondation Heinrich Böll a organisé trois jours de conférence à la Maison des cultures du monde de Berlin. Une quinzaine d'intellectuels iraniens ont été invités à parler des problèmes de l'Iran. J'étais l'un d'entre eux. Ce que j'ai dit lors de cette conférence, et qui a abouti à mon arrestation, c'est que les règles sociales de l'islam, telles que les sanctions du code islamique, ou les règles concernant la famille, les femmes, les droits de l'enfant ou le pouvoir, peuvent changer en fonction de l'espace et du temps, parce que ces règles ont été établies pour une période donnée dans une culture donnée. J'ai même dit, au sujet par exemple de l'obligation du voile, qu'il s'agissait d'une règle de circonstance, modifiable au gré du temps et de son lieu d'application. J'ai ajouté que, même si elle n'était pas modifiable, on ne pouvait l'imposer par la force. Cela relève du libre choix des femmes. Le gouvernement n'a pas le droit d'intervenir dans ces affaires pour les imposer par la force. Eh bien, les responsables de la République islamique et les religieux détenteurs du pouvoir dans cette république ont considéré ces points de vue comme une sorte d'apostat et de reniement de la religion ; ils m'ont déclaré renégat. À mon retour à Téhéran, j'ai été arrêté et ils m'ont condamné d'abord à mort avant de commuer ma peine à sept ans puis quatre ans et demi de prison. Étant donné que j'avais purgé plus de la moitié de ma peine, j'ai été libéré sous condition[12]. » Youcefi Eshkévari a été pour sa part exclu du clergé chiite et n'a plus le droit de porter les habits de mollah ni d'enseigner la théologie.

L'enjeu du voile est en fait plus politique que religieux aussi bien du côté du pouvoir que de la population. Les femmes n'hésitent pas à le revendiquer comme tel. Si le voile était un signe de piété ou de religiosité, alors les filles voilées d'aujourd'hui seraient plus pieuses que leurs mères ou leurs grand-mères qui ne portaient pas le voile, disent-elles.

12. Entretien avec l'auteur.

Et bien sûr ce n'est pas le cas. La Tunisie est souvent citée, car contrairement à d'autres pays arabes, les femmes y ont massivement ôté leur voile jusque dans les années 1990. C'est lorsque le gouvernement est devenu autoritaire que les femmes ont commencé à remettre leur voile, comme signe de protestation ou d'hostilité au pouvoir. Pour elles, le voile n'était pas et n'est pas un alibi, mais un étendard[13].

Pour certaines Tunisiennes, porter le voile est une forme silencieuse de résistance à la dictature de Ben Ali qui a réactivé un décret l'interdisant dans les lieux publics.

Même noyé au cœur d'une argumentation religieuse, le voile dépasse largement le cadre de la croyance ou du respect d'un texte. Mayar Al Beblawy, prédicatrice de la télévision, ancienne actrice de série B, avec qui je me suis entretenue en Égypte, m'a d'abord parlé de sa découverte de Dieu et de sa lecture du Coran pour expliquer son soudain respect de l'obligation de porter le voile. Puis elle a fait glisser son discours sur un autre terrain. « J'ai une mission, me dit-elle, et le voile est le symbole de ma mission[14]. » Cette mission, c'est l'islam dont le symbole est aujourd'hui et dans le monde entier le voile.

Au sein des diverses institutions et autorités religieuses musulmanes, les interprétations des textes sur le voile couvrent un champ très large. Pour certains, l'habit correct est celui qui « n'affine ni dessine », seuls les yeux et les mains de la femme pouvant être montrés. Pour d'autres, se couvrir les cheveux semble suffire. Mais les résistances face à l'historicisation des textes prévalent encore dans de nombreuses sociétés. Accepter l'idée qu'une règle soit née dans un contexte précis et que l'adaptation de la règle à un nouveau contexte puisse se faire sans que l'esprit en soit bafoué ne va pas de soi. Différence fondamentale qui oppose aujourd'hui encore nombre de sociétés musulmanes aux sociétés traditionnellement chrétiennes, même si les évangélistes américains ont montré récemment qu'au sein de ces dernières la remise en cause de l'historicisation de la règle religieuse demeure toujours possible.

Reste que les sociétés méditerranéennes chrétiennes ont abandonné le voile alors que les musulmanes l'ont conservé.

---

13. Voir l'article de Florence Beaugé, « Tunisiennes, retour de voiles », *Le Monde*, 6 octobre 2006.

14. Entretien avec l'auteur.

Voile et traditions

Il n'est pas question ici de retracer l'histoire ancestrale de ce morceau de tissu qui depuis des millénaires couvre les cheveux des femmes de l'Espagne jusque dans les contrées les plus orientales de Russie. Rappelons simplement que la Bible, pour commencer, a fait du voile l'attribut de la pudeur qui, chez les femmes juives puis chrétiennes, était considérée comme une vertu. « *Descends, assieds-toi dans la poussière, Vierge, fille de Babylone, assieds-toi à terre, sans trône, fille des Chaldéens, car jamais plus on ne t'appellera douce et exquise. Prends la meule et broie la farine ; dénoue ton voile, relève ta robe, découvre tes jambes, traverse les rivières. Que paraisse ta nudité et que ta honte soit visible ; j'exécute ma vengeance et personne ne s'y opposera*[15]. » Le texte est clair, lui qui met sur le même plan le dénuement de la tête et celui des jambes. Et dans la Genèse ne trouve-t-on pas les versets : « *Isaac était revenu du puits de Lahaï Roï, et il habitait au pays du Négeb. Or Isaac sortit pour se promener dans la campagne, à la tombée du soir, et, levant les yeux, il vit que des chameaux arrivaient. Et Rébecca, levant les yeux vit Isaac. Elle sauta à bas du chameau et dit au serviteur : "Quel est cet homme-là, qui vient dans la campagne à notre rencontre ?" Le serviteur répondit : "C'est mon maître" ; alors elle prit son voile et se couvrit*[16]. » La femme sans voile est impudique ; considérée comme une femme de peu de vertu, elle est associée à la prostituée.

Le Nouveau Testament, quant à lui, recommande expressément aux femmes de se couvrir la tête, non tant par vertu que par soumission : « *Tout homme qui prie ou prophétise le chef couvert fait affront à son chef. Toute femme qui prie ou prophétise le chef découvert fait affront à son chef ; c'est exactement comme si elle était tondue. Si donc une femme ne met pas de voile, alors, qu'elle se coupe les cheveux ! Mais si c'est une honte pour une femme d'avoir les cheveux coupés ou tondus, qu'elle mette un voile [...] et ce n'est pas l'homme, bien sûr, qui a été créé pour la femme, mais la femme pour l'homme. Voilà pourquoi la femme doit avoir sur la tête un signe de sujétion, à cause des anges. [...] Jugez-en par vous-mêmes. Est-il convenable que la femme prie Dieu la*

15. Isaïe 47, 1-3, *La Bible de Jérusalem. La Sainte Bible*, traduite en français sous la direction de l'École biblique de Jérusalem, Paris, Desclée de Brouwer, 1975.
16. Genèse 24, 62-65, *La Bible de Jérusalem, op. cit.*

tête découverte ? La nature elle-même ne vous enseigne-t-elle pas que c'est une honte pour l'homme de porter les cheveux longs, tandis que c'est une gloire pour la femme de les porter ainsi ? Car la chevelure lui a été donnée en guise de voile[17]. »

De nombreuses traces de ce voile continuent d'être visibles dans les sociétés chrétiennes. Les religieuses se coupent ras les cheveux au moment où elles prononcent leurs vœux et « prennent » le voile, des femmes catholiques parmi les plus âgées dans les pays méditerranéens continuent de porter une mantille. Lors du mariage chrétien traditionnel, la jeune fille arrive voilée au bras de son père. Le mari, une fois le consentement des époux échangé, dévoile la jeune épouse. Autant dire que ce voile est lourdement chargé de traditions dont nul ne saurait faire la part du religieux tant il appartient à notre quotidien.

La bienséance occidentale a longtemps exigé des cheveux de la femme, seul attribut visible de sa féminité, une certaine « domestication ». L'expression courante, dans plusieurs langues et dialectes, de la femme « en cheveux » n'en est qu'une des nombreuses illustrations[18]. Dans toute l'iconographie occidentale et orientale, la prostituée, la femme démente, la révolutionnaire est peinte les cheveux défaits et hirsutes, à l'image de sa vertu ou de son esprit.

En 1929, alors même que les femmes se dévoilent en Orient, Louise Brooks apparaît pour la première fois, dans le film de G. W. Pabst[19], avec la fameuse coiffure à la garçonne dont la célébrité tiendra autant à la nouveauté qu'à l'audace du symbole. L'événement – car c'est bien d'un événement qu'il s'agit – révèle la démarche en train de s'accomplir à cette époque. En Occident, la psychanalyse fait prendre conscience de la symbolique attachée aux cheveux de la femme qui, du coup, se les réapproprie. La libération de la femme passe entre autres par la libération de la coiffure. Une

---

17. Première Épître aux Corinthiens 3, 4-1, *La Bible de Jérusalem, op. cit.*

18. « *Être coiffé en cheveux, n'avoir pour coiffure que ses cheveux arrangés de telle ou telle façon. Dans le même sens, être en cheveux. On dit aussi, sans le verbe être : Cette femme ne se tient pas bien, elle sort en cheveux.* » Extrait de l'article « Cheveu » du dictionnaire de la langue française d'Émile Littré, deuxième édition, 1872-1877.

19. *Loulou*, film de 1929 de Georg Wilhelm Pabst, dans lequel Louise Brooks (Loulou) joue le rôle d'une beauté fatale et scandaleuse. L'actrice donnera son nom à sa coiffure : coiffure à la garçonne ou à la Louise Brooks.

femme libre choisit sa coiffure. Se couper les cheveux, se les détacher au début du siècle est une marque ostensible d'affranchissement, d'où la difficulté de comprendre la position de certaines femmes qui, partout dans le monde musulman, tendent à se réapproprier le voile.

Cette incompréhension n'a cessé de s'exprimer de toutes parts, dérivant en véritables insultes à l'égard des coutumes des uns comme des autres. Il suffit de se plonger dans les archives des journaux pour se le rappeler. En octobre 1979, l'écrivain et journaliste Oriana Fallaci se rend à Qom, la ville sainte d'Iran où l'ayatollah Khomeiny résidait, et pour le compte du *Nouvel Observateur* réalise un entretien, assez savoureux : « *Je vous en prie, Imam, je dois encore vous poser quelques questions. À propos de ce tchador, par exemple, que j'ai revêtu pour venir vous voir et que vous imposez aux femmes. Dites-moi : pourquoi les obligez-vous à se cacher sous un vêtement peu commode et idiot, avec lequel on ne peut ni travailler ni se mouvoir ? Pourtant, ici aussi les femmes ont fait la preuve qu'elles étaient les égales des hommes. Comme les hommes, elles se sont battues, elles ont été emprisonnées, torturées ; comme les hommes, elles ont fait la révolution...* » Et Khomeiny de répondre : « *Les femmes qui ont fait la révolution étaient et sont des femmes qui portaient la tenue islamique, pas des femmes élégantes et fardées comme vous, qui se promènent dévêtues en entraînant derrière elles une cohorte d'hommes. Les délurées qui se fardent et sortent dans la rue en découvrant leur cou, leurs cheveux, leurs formes n'ont pas combattu le chah. Elles n'ont jamais rien fait de bon. Elles n'ont jamais su se rendre utiles : ni socialement, ni politiquement, ni professionnellement. Parce qu'en se découvrant elles distraient les hommes et les troublent. Et elles distraient et troublent les autres femmes aussi.* » O. Fallaci : « *Ce n'est pas vrai, Imam. Et d'ailleurs, je ne parle pas seulement du vêtement liturgique, mais de ce qu'il représente : c'est-à-dire la ségrégation qui fait que les femmes ont été rejetées après la révolution. Elles ne peuvent plus ni étudier à l'université avec les hommes, ni travailler avec les hommes, ni prendre de bain à la mer ou à la piscine avec les hommes. Elles doivent s'ébattre à part, avec leur tchador. À propos, comment fait-on pour nager avec un tchador ?* » Khomeiny : « *Tout cela ne vous regarde pas. Nos coutumes ne vous concernent pas. Si l'habit islamique ne vous plaît pas, vous n'êtes pas obligée de le porter. Parce que l'habit islamique est fait pour les jeunes femmes comme il faut.* » O. Fallaci : « *Vous êtes très aimable. Eh bien, puisque vous me dites ça, j'enlève tout de suite ces guenilles stupides du Moyen Âge. Voilà qui est fait...*[20] »

Cet entretien ou plutôt cette confrontation est symbolique de la cristallisation autour du voile d'un islam rétrograde incarné ici par Khomeiny et d'un Occident donneur de leçons représenté par une journaliste dont le parti-pris se muera quelques années plus tard, après les attentats du 11 septembre 2001, en un rejet des Arabes et des musulmans[21].

Fallaci et Khomeiny instrumentalisent, l'une et l'autre, cette question du tchador. Oriana Fallaci en parlant de « guenilles stupides du Moyen Âge » renvoie toutes les Iraniennes qui avaient décidé de porter le tchador avant l'arrivée de Khomeiny au pouvoir dans les ténèbres de l'histoire et leur refuse ainsi tout autre avenir que celui de l'obscurantisme. L'histoire la contredira. Trente ans après, on trouve aujourd'hui plus de filles que de garçons dans les universités iraniennes. Et Khomeiny réécrit l'histoire de son pays en niant la participation des femmes non voilées au mouvement révolutionnaire qui avait renversé le Chah. À ses yeux, seules les Iraniennes portant le tchador sont de bonnes citoyennes et donc utiles « socialement, politiquement et professionnellement ». Il frappe ainsi d'anathème toutes les femmes qui refusent le voile.

Trente ans après la révolution islamique et cette rencontre entre Fallaci et Khomeiny, les Iraniennes, même sous le tchador que l'État théocratique continue de leur imposer, luttent pour leur liberté. La plus célèbre figure de la poésie persane contemporaine, Simin Behbahani, qui a lancé en 2006 une campagne intitulée « *One Million* » afin de recueillir un million de signatures pour le retrait de lois discriminant les femmes, encourage ses compatriotes à redécouvrir la très longue histoire de la lutte pour leurs droits qu'elle fait remonter au début du XXe siècle[22] : « *On se fait encore des illusions sur ce qui se passait avant la révolution, on croit toujours que les droits ont été donnés d'en haut, par le pouvoir, alors qu'en réalité, cela a été une lutte incessante des femmes. Aujourd'hui, les féministes iraniennes retrouvent peu à peu la mémoire de cette histoire. Mais comme nous*

20. Entretien d'Oriana Fallaci avec l'ayatollah Khomeiny, *Le Nouvel Observateur*, 15 octobre 1979.

21. Voir Oriana Fallaci, *La Rage et l'Orgueil*, Paris, Plon, 2002.

22. Voir *Le Siècle des féminismes*, Ivry-sur-Seine, Les Éditions de l'Atelier, 2004.

étions contre le régime du Chah, la révolte contre la dictature a caché cette réalité des luttes des femmes[23]. » Elle ajoute que même si le droit de vote leur a été accordé en 1945 en même temps qu'aux Françaises, la polygamie n'a jamais été supprimée.

Aujourd'hui comme hier, les droits politiques sont plus faciles à conquérir que la liberté individuelle ou les droits sociaux. On trouve en Iran des députées et des maires élues au suffrage universel. Les droits politiques des femmes sont parmi les plus avancés des pays musulmans, mais leur statut personnel, toujours régi par la charia, les place en situation d'infériorité et de sujétion vis-à-vis des hommes.

Sous le voile, la révolution

Voilées ou non, quid de leur statut, de leur liberté, de leurs droits, de leur éducation ? Pourquoi n'en est-il pas davantage question ? Les femmes cherchent avant tout à sortir de cet engrenage. Elles revendiquent le droit de reprendre un cheminement amorcé bien avant le début du siècle, d'influer sur la vie publique tout en se rendant maîtresses de leur propre vie.

Détestant l'idée que l'Occident se fait d'elles, elles revendiquent une modernité antérieure aux réformes d'Atatürk. Vous vous représentez toujours la femme orientale illettrée, soumise et recluse, protestent-elles. Une femme qui aurait vécu dans des caves avant d'accéder à la lumière avec le XXe siècle. C'est faux. En Égypte, les femmes sont fières de leur histoire. Deux femmes, l'une voilée et l'autre pas, Oumamia Abou Bakr et Hoda Al Sadda, de l'association « Mémoire de femmes », sont intarissables sur l'importance de cet héritage et s'attachent à le diffuser auprès des jeunes générations. Au XVIIIe siècle par exemple, un des premiers romans modernes, *Les Conséquences des situations dans les récits et les faits*, est écrit par une Égyptienne, Aïcha Taïmour, également auteur d'un ouvrage sur la condition féminine. On peut la considérer comme pionnière en ce domaine. Au siècle suivant, sous l'influence de l'Occident il est vrai, un grand vent de liberté se met à souffler dans les milieux culturels égyptiens, en particulier ceux de l'édition et de la presse. De nombreuses femmes écri-

23. « Les Iraniennes doivent imposer leur volonté », propos de Simin Behbahani recueillis par Annette Lévy-Willard, *Libération*, 19 avril 2009.

vains peuvent ainsi s'exprimer. Le premier magazine féminin à être publié en Égypte, en 1892, s'appelle *Al Fatat (La Jeune fille)*. Dirigé par une Libanaise chrétienne Hind Nawfel, sa publication constitue un événement d'importance car elle crée un précédent et est suivie par une longue série d'autres publications féministes. En 1910, Malak Hifni Nassef[24], chroniqueuse dans le magazine nationaliste *Al Garida (Le Journal)* présidé par Ahmed Lotfi Sayed[25], publie plusieurs articles traitant du rôle de la femme dans la société. *La Libération des femmes*, écrit par Qassem Amin[26] (1863-1908), théologien appartenant au courant de pensée moderniste et homme très en vogue à l'époque, connaît également un succès retentissant. Il réclame la réforme du divorce et la fin du confinement des femmes. Il y écrit par exemple : « *Nous n'avons trouvé aucun texte dans la charia qui exige le* hijab *(voile) de la sorte que nous connaissons. Ce n'est qu'une coutume. C'est pour cela que nous ne voyons aucun inconvénient à discuter du sujet, et à insister sur le besoin des gens à changer cette coutume*[27]. »

L'historienne Amira Sonbol, en étudiant les archives des tribunaux du Caire, a découvert qu'au XIXe siècle, les femmes pouvaient demander le divorce auprès du juge, et elles l'obtenaient en quelques semaines sans que les causes invoquées soient nécessairement très graves[28]. Oumamia Abou Bakr m'indique qu'aujourd'hui il faut jusqu'à sept ans à une femme égyptienne pour obtenir un divorce alors même que les chefs d'accusation à l'encontre de l'époux sont d'une extrême gravité.

Au début du XXe siècle, les femmes égyptiennes participent non seulement à l'activité culturelle, mais elles sont également présentes sur la scène politique. Lors de la révolution de 1919, les femmes sont dans la rue ; voilées, elles prennent part aux insurrections. Puis Hoda

24. Voir l'article en anglais de Fayza Hassan « *Speaking for the other half* », *Al-Ahram Weekly On-line* 1-7 March 2001 Issue No.523.

25. Ahmed Lotfi Sayed (1872-1963), homme politique, penseur et homme de lettres égyptien. En 1907, il crée le quotidien nationaliste *Al-Garida*.

26. Qassem Amin, auteur de *Tahrir Al Mar'a (La Libération des femmes)*, 1899, et *Al Mar'a Al Gadida (La Femme nouvelle)*, 1901.

27. Qassem Amin, cité par Najet Belhatem, « L'autre son de cloche », FMES, http://www.fmes-france.net/article.php3?idarticle=448

28. Voir « *Battered and Repudiated Women in Tunis : Eighteenth-Twentieth centuries* », in *Women, the Family and divorce in Islamic History*, éd. Amira El Azhary Sonbol, Syracuse University Press, 1996.

Sharawi[29] institue l'Union des femmes égyptiennes. Elle décide même de se séparer du parti Wafd, considérant qu'il ne soutient plus le droit des femmes. « Tous ces événements, la révolution de 1919, la participation des femmes à la politique et à la révolution, les ont encouragées à revendiquer leurs droits. Effectivement cette révolution a donné une impulsion aux droits des femmes, puis de nombreuses étapes ont contribué à l'évolution, la plus importante étant l'instruction des Égyptiennes[30] », analyse Oumamia Abou Bakr qui revendique son droit à être croyante, voilée et féministe. Une situation qui peut paraître anachronique en Occident, et pourtant, fait révélateur, un mouvement féministe est en train d'émerger chez des femmes voilées qui revendiquent l'égalité des droits avec les hommes.

Peut-on être féministe, moderne et porter le voile ? À cette question, Oumamia Abou Bakr me répond : « Oui, sauf si l'on considère au départ que ce sont des concepts et des pratiques qui s'opposent ; moi je vous retourne la question. Parce que la question posée de cette façon laisse supposer qu'il y a contradiction ; celui qui pose ainsi la question pense que le voile est synonyme d'oppression. Que je le porte malgré moi, que je suis opprimée. Il considère que je ne peux pas avoir de conscience féminine, que l'islam ne respecte pas les droits de la femme. » Son amie Hoda Al Sadda, coprésidente de « Mémoires de femmes » précise que contrairement aux années 1970 et 1980, où le féminisme et l'islam apparaissaient comme contradictoires, des femmes traitent aujourd'hui les questions religieuses avec de nouvelles interprétations des textes islamiques. Leurs idées plus novatrices permettent de dépasser les interprétations des hommes qui avaient le monopole de ces questions jusque-là. Hoda Al Sadda considère « que c'est un mouvement important dans l'islam. De même que dans la sphère politique la participation des femmes à la prise de décision était importante, il est également essentiel qu'elles soient présentes dans le domaine religieux. Il faut qu'il y ait des femmes capables de présenter d'autres analyses, d'autres interprétations des textes et des codes religieux qui influent sur leur vie. Et il existe effectivement un

29. Hoda Sharawi (1879-1947), pionnière du mouvement féministe égyptien, fondatrice en 1923 de l'Union féministe égyptienne. La même année, elle se dévoile publiquement.

30. Entretien avec l'auteur.

mouvement féministe islamique qui n'est pas uniquement lié à la question du voile[31]. »

Les Iraniennes ont été à l'origine de ce mouvement féministe islamique né au début des années 1980, avec et à l'intérieur de la révolution islamique. Elles se sont immiscées dans ces questions d'interprétation des textes sacrés, ont bousculé le clergé chiite et demandé que les lois changent, sans pour autant refuser la religion. L'existence d'un clergé chiite a facilité l'*ijtihad*, cet effort de réflexion et d'interprétation des textes de l'islam, et a fait évoluer la charia. Ce mouvement féministe iranien a fait des émules dans les autres pays musulmans, particulièrement en Égypte où des femmes ont investi le champ de l'interprétation des textes islamiques.

Il n'en reste pas moins que des lois discriminatoires à l'égard des femmes persistent. La polygamie est toujours en vigueur en Iran et les lapidations pour adultère touchent principalement les Iraniennes. Celles-ci doivent demander à leur mari l'autorisation de travailler ou de se faire établir un passeport. Et ce ne sont que quelques exemples.

Voilées ou non, les féministes musulmanes revendiquent l'égalité des sexes et des droits. Toutes tiennent compte de la résurgence de la religion comme une donnée incontournable pour l'évolution de leurs sociétés, même si elles regrettent que la cristallisation identitaire dans les pays musulmans se soit faite autour de la femme et du voile. Elles font remarquer que, dans ce mouvement de réislamisation, il n'a pas été demandé aux hommes de reprendre leurs vêtements traditionnels, leurs tarbouches ou leur fez que les États avaient prohibés dans le passé. La plupart des islamistes, à l'exemple des Frères musulmans qui font du voile une question essentielle de l'identité musulmane, ne se présentent-ils pas en costume occidental ?

Cette question du voile obscurcit aujourd'hui l'ensemble du débat portant sur les droits des femmes, alors même que plusieurs théologiens musulmans comme l'Iranien Youcefi Eshkévari ou l'Égyptien Gamal Al Banna rappellent qu'historiquement c'est « le voile qui s'est imposé à l'islam et non l'inverse », qu'il n'est pas une obligation coranique. Mais, aux yeux des islamistes, quiconque traite des questions de la femme agit contre la religion tandis qu'aux yeux des laïcs quiconque porte le voile ou défend la liberté de porter le voile renvoie les femmes à l'obscurantisme. Hoda Al Sadda et Oumamia Abou Bakr racontent une histoire

---

31. *Ibid.*

symptomatique de cette incapacité à s'extraire de la question du voile. Lors d'une conférence au Caire sur la femme au début de l'ère islamique, toutes deux ont eu droit à des remarques sur leur tenue vestimentaire. Hoda a été félicitée par certains spectateurs pour son exposé et s'est vu reprocher dans le même temps de ne pas porter le voile ; les propos de Oumamia à l'inverse ont été dévalorisés sous prétexte qu'elle ne pouvait être à la fois voilée et avoir une opinion libre et indépendante. Autrement dit, le fait qu'elles soient voilées ou non a orienté les interprétations que chacun a pu faire de leurs interventions.

Au-delà de ces controverses sur le voile, un constat s'impose : de nombreuses féministes musulmanes n'acceptent plus d'assimiler l'islam à une régression qui entamerait leurs droits et leur liberté d'expression. Pour elles, rien ne lie de façon irrémédiable et universelle la religion à la régression, laquelle provient de conjonctures ou de mentalités rétrogrades. À côté d'un féminisme laïc se propage un féminisme qui revendique le droit de ne pas renoncer à la religion, voire d'utiliser la religion comme argument d'émancipation. Ces femmes développent un discours d'égalité entre hommes et femmes en se basant sur des réinterprétations des versets du Coran qui parlent de justice entre les sexes.

Le conflit de générations n'en est que plus sensible car, dans une même famille, une grand-mère dévoilée ayant brandi l'étendard du féminisme laïc à l'occidentale se voit contredite, non par un mollah austère ou un islamiste barbu, mais par sa petite-fille voilée dont le féminisme rejette toute idée de laïcité. En réalité, les femmes trouvent là une des brèches essentielles qui leur permet d'échapper au fameux engrenage dont il a été question plus haut, car jusqu'à présent le discours religieux, l'interprétation des textes étaient exclusivement réservés aux hommes. Or, une femme mufti, une femme qui accéderait aux plus hautes fonctions religieuses comme cela est aujourd'hui possible dans certains pays musulmans, voilà qui serait nouveau ! Et les femmes savent que, lorsqu'elles auront acquis dans la sphère religieuse une place équivalente à celle de l'homme, plus rien ne les empêchera de participer pleinement aux débats de société. C'est par l'islam, et sans pour autant faire allégeance au modèle occidental, que de nombreuses femmes espèrent influer enfin sur des questions telles que leur statut, leurs droits ou leur liberté [32].

---

32. Voir à ce sujet Fariba Adelkhah, *La Révolution sous le voile*, Paris, Karthala, coll. Hommes et sociétés, 1991.

Force est de reconnaître que, sur ce plan, le chemin à parcourir reste immense. Les quelques évolutions permises par ce mouvement féministe sont presque entièrement masquées par les limites du système, le fondamentalisme ou le zèle politique de certains États islamiques. Car l'interprétation des textes sacrés la plus répandue est celle des fondamentalistes. Et au-delà, l'islam comme toutes les autres religions – celle-ci plus que d'autres car elle n'est pas encore passée par le filtre humaniste –, quelle que soit l'interprétation que l'on peut en faire, sera une limite difficile à contourner pour le mouvement féministe dit islamique.

Lors d'un voyage en Arabie Saoudite, l'un des auteurs du feuilleton « *Tash ma tash* » (« Ça passe ou ça casse »), qui traite sur un mode humoristique des sujets de société, me confie qu'un épisode intitulé « Sans mahram » (Sans protecteur) a été violemment critiqué. Pourquoi ? Il racontait l'histoire de femmes qui, suite au départ du chef de famille, se retrouvaient sans protecteur, obligées de subir les tracasseries du voisinage parce que sans homme la vie d'une femme saoudienne est impossible. Selon la tradition, vieille de 1 400 ans, le *mahram* est un tuteur imposé à toute femme qui voyage loin. Or aujourd'hui l'Arabie saoudite l'impose à toute femme qui franchit le seuil de son foyer. Et ce n'est qu'un exemple.

L'humour des auteurs de « *Tash ma tash* » trouve ses limites lorsque l'on veut parler de l'égalité des sexes, souvent présentée par mes interlocuteurs dans les pays musulmans comme une donnée islamique, que ce soit dans le Coran ou dans les hadiths, les paroles du Prophète.

J'ai demandé à Abdoullah Al Sadhan, auteur et comédien de « *Tash ma tash* » jusqu'où il pouvait aller lorsqu'il parlait de la condition de la femme. « On dit souvent que l'islam prône l'égalité entre l'homme et la femme, lui ai-je dit, peut-on alors imaginer un épisode de "*Tash Ma Tash*" où une femme prendrait deux hommes par exemple, pour montrer l'égalité totale entre les deux sexes ? » Sa réponse fut sans ambiguïté : « Non. Certainement pas. J'ai mes propres convictions, ajouta-t-il, ma propre culture et ma propre éducation. Je ne peux pas imaginer que cela puisse arriver. C'est impossible. Je sais que vous me posez cette question pour me faire parler de la polygamie.

La polygamie était justifiée à une certaine époque de notre histoire par des circonstances exceptionnelles. Les guerres durant cette période préislamique et au début de l'islam causaient beaucoup de morts parmi les hommes, la polygamie fut autorisée pour éviter aux veuves la prostitution [33]. »

Un combat séculaire

À l'exception de la Turquie, l'égalité hommes/femmes dans les pays musulmans n'est malheureusement pas pour demain, même si quelques progrès sont notés çà et là, notamment avec l'adoption de nouveaux codes de la famille. Le Maroc a voté en 2004 un nouveau code de la famille appelé la *moudawana*, en référence au statut personnel de la femme, qui instaure la responsabilité partagée des conjoints dans la gestion des affaires du couple. La polygamie n'est pas pour autant abolie par la *moudawana*, même si elle la rend difficile. Les mariages de jeunes filles de moins de 18 ans, interdits par la nouvelle loi marocaine, continuent pourtant à être célébrés grâce à des dérogations délivrées dans les campagnes par des juges.

Les femmes musulmanes savent que leur combat ne fait que commencer, alors même que l'histoire du féminisme en terres d'islam remonte à la fin du XIXe. Mais les violences faites aux femmes dans de nombreux pays musulmans, à l'exemple de ce qui se passe en Afghanistan et au Pakistan, où même le droit à l'éducation est remis en cause, montrent que le chemin sera long.

Ce combat pour la liberté des femmes et l'égalité des sexes nécessitera malheureusement encore du temps, des formes laïques ou dans le cadre d'un islam réformé. Les féministes musulmanes en ont conscience. Elles connaissent parfaitement l'histoire du féminisme occidental et savent qu'il procède d'un long cheminement. Que l'on perçoive le début du siècle comme une fabuleuse avancée brutalement interrompue ou à l'inverse comme l'interruption brutale d'une évolution naturellement lente, on se heurte à chaque fois à la brutalité d'une rupture. Le cas de la Turquie se distingue clairement de ceux de l'Iran ou de l'Afghanistan, car les réformes, aussi rapides qu'elles aient été, ont eu lieu sur un terrain largement préparé par la culture ottomane, et accompagnées dans la durée par la figure d'Atatürk. Et cette progression plus douce n'empêche pas pour autant certains de faire marche

33. Entretien avec l'auteur.

arrière, en essayant, par exemple, de remettre en cause l'interdiction du voile à l'université.

Les pays européens ont depuis des siècles des histoires sociales quasi continues dans lesquelles toute évolution s'inscrit sans réelle rupture ; les changements répondent à un besoin, et non à une décision politique autoritaire et s'opèrent selon un temps nécessaire propre à tout processus.

Dans les pays musulmans, l'islam et la question de la femme ont été instrumentalisés, hier comme aujourd'hui, par la politique, à l'époque coloniale ou après les indépendances. Jacques Berque (1910-1995), qui a enseigné l'histoire sociale de l'islam au Collège de France, rappelle la responsabilité des anciennes puissances coloniales : « *On parle parfois du voile qu'imposent les islamistes, mais la France, avait-elle fait quelque chose pour l'enlever, ce voile ? Songez qu'en 1953, le grand argument employé pour évincer le roi du Maroc, sidi Mohamed, c'était qu'il avait dévoilé sa fille. Tel fut l'argument de la colonisation*[34]. » Le sultan Mohamed V a été destitué par la France et exilé jusqu'à son retour sur le trône en 1956, date de l'indépendance. Les dirigeants musulmans, après les indépendances, n'ont pas fait mieux. En Égypte, Gamal Abdel Nasser a fait ériger au centre du Caire une statue de plus de trois mètres représentant une femme faisant le geste de se dévoiler, appelée la *Nahda* (la renaissance). Il liait ainsi le sort de la femme à la renaissance de la nation arabe, donnait aux femmes des droits politiques tout en les maintenant dans un statut personnel inégalitaire. « *Le mouvement de libération de la femme, qui, en Égypte, était le plus fort du monde arabe jusqu'en 1952, s'est essoufflé à partir de la prise de pouvoir par les Officiers libres. Aucun pas significatif n'a été accompli dans le sens de la codification du droit de la famille*[35] », soulignait Mohamed Charfi.

Aujourd'hui, un mouvement est en marche ; le besoin de changement existe, issu d'une volonté qui ne vient pas seulement d'en haut, qui opère une évolution lente, encore peu perceptible. L'individualisation de la femme, une nouvelle lecture des textes, l'ouverture sur le monde grâce aux nouvelles technologies de l'information et de la

34. Jacques Berque, Jean Sur, *Les Arabes, l'islam et nous*, Paris, Arte Éditions/Mille et une nuits, 1994, p. 16.

35. Mohamed Charfi, *Islam et liberté, le malentendu historique*, Paris, Albin Michel, 1998.

communication constituent autant de processus dont les manifestations les plus visibles sont la participation grandissante des femmes à la vie publique et religieuse.

Et cette mécanique s'illustre par le seul fait que les femmes aujourd'hui expriment bien plus que des attentes ; voilées ou non, elles exigent de jouer un rôle à part entière sans être étouffées par la focalisation de l'Orient et de l'Occident sur leur personne, leur comportement, leur habillement, etc. Elles exigent de se réapproprier le débat qui les concerne et sur lequel les hommes avaient l'entière mainmise ; de participer à la production du discours religieux pour que les questions les plus épineuses soient traitées frontalement et non évincées par une interdiction telle que celle de la mixité. Les femmes demandent enfin à accéder à une véritable égalité en particulier quant à leur statut légal. Ces revendications se trouvent résumées dans la remarque de la Saoudienne Hatoun Al Fassi qui se bat dans son pays pour arracher des bribes de liberté, comme celle de conduire sa voiture : « Le statut de la femme est l'un des critères qui permet aujourd'hui de faire la différence entre une société moderne et celle qui ne l'est pas[36]. »

36. Entretien avec l'auteur.

Chapitre 7

AU NOM DE L'ISLAM

Lors du premier attentat kamikaze le 30 mai 1972 à l'aéroport Ben Gourion de Tel-Aviv – anciennement connu sous le nom de Lod –, perpétré par trois Japonais au nom de la cause palestinienne, les commentateurs affirmèrent que jamais un Arabe ou un musulman n'aurait réalisé ce genre d'opération. Revenant sur cet attentat et sur le détournement, quelques jours plus tôt, d'un avion forcé par quatre Palestiniens à atterrir dans ce même aéroport, le correspondant du journal *Le Monde* en Israël, André Scemama, relate : « *Lorsque les quatre Palestiniens qui s'étaient rendus maîtres de l'avion de la Sabena à l'aéroport de Lod avaient menacé de faire sauter l'appareil avec tous ses passagers, eux compris, si leur marché était refusé, les Israéliens avaient répondu : "Les Palestiniens ne sont pas des kamikazes, ils ne se suicideront pas"*[1]. »

Aujourd'hui, alors que de nombreux attentats suicides portent le sceau de l'islam, on explique que c'est dans la nature des musulmans de commettre de tels crimes. Et certains observateurs vont chercher dans l'histoire de l'islam, ou plutôt dans l'histoire politique des royaumes musulmans, la justification religieuse de ces actes. L'exemple le plus fréquemment cité est celui de la secte des « Assassins » (1090-1257). Ils étaient appelés « *Hachichins* » probablement parce qu'ils prenaient du hachich avant de commettre leurs crimes. Utilisant une technique adaptée à la guerre asymétrique, ils envoyaient un individu s'infiltrer dans les rangs adverses pour décapiter les dirigeants en public et semer la panique ; ce faisant, ils se sacrifiaient eux-mêmes puisqu'ils étaient chaque fois exécutés sur-le-champ.

---

1. André Scemama, « Tel-Aviv : des extrémistes palestiniens revendiquent la responsabilité du massacre commis à l'aéroport par trois Japonais », *Le Monde*, 1er juin 1972.

Ces *Hachichins* étaient des chiites ismaéliens dont les descendants constituent aujourd'hui une paisible communauté de dix millions de fidèles qui n'ont rien d'intégristes, ni de terroristes. Leur chef spirituel, le prince Aga Khan, est connu sur les hippodromes du monde entier comme un amoureux de la race chevaline. « *Le successeur des Assassins aime mieux jouer au tiercé qu'à la guerre* », écrit Odon Vallet dans son *Petit lexique des guerres de religions, d'hier et d'aujourd'hui* avant d'ajouter : « *qui s'en plaindrait*[2] ? »

L'islam instrumentalisé

Entretenir cette confusion entre islam et terrorisme constitue un réel danger pour l'avenir des États musulmans comme pour les équilibres mondiaux. Cela revient à offrir aux terroristes une légitimité religieuse, à leur signer un blanc-seing qui finit par implanter le chaos partout où ils officient. L'analyse fait trop souvent défaut et l'on préfère occulter les ressorts du phénomène ainsi que les contextes politiques et économiques très spécifiques dans lesquels il s'inscrit. Pourtant il en va du terrorisme islamique comme du terrorisme communiste ou d'autres formes de terrorisme politique ; en agissant au nom de l'islam, on lui fait supporter l'honneur des lauriers pour les uns, le poids de la faute pour les autres.

Doit-on par exemple incriminer l'ensemble du catholicisme pour les actions terroristes menées durant plusieurs décennies par l'IRA, l'Armée républicaine irlandaise, afin de lutter contre la domination coloniale de la Grande-Bretagne ?

Les terroristes islamistes constituent une infime partie de ceux qui agissent au nom de l'islam. Et ce serait une grossière erreur de penser que l'on jette l'opprobre sur l'islamisme lorsqu'il est assimilé au terrorisme, bien au contraire ! Car « l'éventail de l'islamisme va d'Al Qaïda aux islamistes turcs[3] », pour reprendre les termes de Mohamed Charfi. Cette confusion entre islamisme et terrorisme d'une part, et islamisme et islam d'autre part, est du pain béni pour tous les islamistes radicaux, qu'ils aient recours ou non à la violence. Dans de telles circonstances,

2. Odon Vallet, *Petit lexique des guerres de religions, d'hier et d'aujourd'hui*, Paris, Éditions Albin Michel, 2004, p. 33.

3. Entretien avec l'auteur.

ils cherchent à se présenter comme les défenseurs de l'islam aux yeux de l'ensemble des populations musulmanes.

Le monde arabo-musulman n'a pas le monopole de la violence. De même qu'en son sein, le terrorisme ou l'action armée ne sont pas les armes exclusives des islamistes, ils ne peuvent être regardés comme une déviance inhérente à l'islam, mais comme la conséquence d'un rapport de force qui, en se crispant chaque jour davantage, exclut peu à peu de son champ la négociation et le débat. Que reste-t-il quand ces perspectives d'ouverture disparaissent ? Du ressentiment, de la frustration ou de l'humiliation, autant de foyers de violence faciles à attiser. Et si utiles à certains intérêts locaux, nationaux ou internationaux.

En d'autres termes, l'islam est plus étranger qu'on ne le pense aux conflits, aux frictions, violences ou excès en tous genres qui lui sont pourtant imputés. En examinant les contextes dans lesquels ces explosions d'intolérance ou de violence émergent, que voit-t-on ? Des conflits politiques, économiques, sociaux dans lesquels l'islam sert à légitimer, le plus souvent *a posteriori*, des prises de position qui lui étaient au départ étrangères.

En Iran, par exemple, la lutte contre la dynastie Pahlavi a vu éclore dès les années 1940 toute une panoplie de mouvements dont les uns se réclamaient de l'islam, les autres du communisme, du nationalisme socialiste, ou encore des séparatistes kurdes. Aucun d'entre eux n'accédera au pouvoir. Mohamed Navab-Safavi (1924-1955), fondateur des Feddayin de l'islam à l'origine de nombreux assassinats d'hommes politiques iraniens, sera à son tour exécuté par le régime en 1955. Cette violence explose dans un contexte intérieur et international où interfèrent la montée du communisme, la Guerre froide, la nationalisation du pétrole et le coup d'État de 1953 qui, avec l'appui de la CIA, renversera le Premier ministre Mohamed Mossadegh[4].

Par la suite, les feddayin communistes, s'inspirant de l'action des Feddayin de l'islam, mènent à leur tour une lutte souvent sanglante contre le régime du Chah. En 1979, alors que la Révolution islamique est en marche, marxistes et islamistes combattent côte à côte. La même année, dans un article du *Monde*, Paul Balta et Dominique Pouchin racontent : « *Apprenant ce qui se passait, les fedayin (mouvement de guérilla marxiste léniniste), qui avaient commencé à défiler à partir de*

4. Voir Mark Gasiorowski, « Révélations sur le coup d'État de 1953. Quand la CIA complotait en Iran », *Le Monde Diplomatique*, octobre 2000.

l'université [...] éclatent en petits groupes qui viennent prêter main-forte aux moudjahiddines (mouvement de guérilla musulman). La plupart d'entre eux ont mis un bandeau blanc autour de leur tête pour signifier que "prêts à mourir", ils sont aussi les "kamikazes de l'ayatollah Khomeiny"[5]. »

Ce n'est finalement pas le communisme, en perte de vitesse et de crédibilité dans ces années, qui mobilisera les Iraniens contre la dictature du Chah et la mainmise des États-Unis dans les affaires du pays. La révolution de 1979 a été récupérée par le clergé chiite qui était en phase avec la majorité du peuple iranien, croyant et attaché à l'islam. Ahmad Salamatian, qui occupera des postes ministériels dans les premiers gouvernements de la république islamique, m'a raconté sa rencontre liminaire avec l'ayatollah Khomeiny en exil en France. Étudiant iranien de gauche, il est surpris de constater que Khomeiny lit la revue d'opposition au Chah dont il est l'un des animateurs. Il est encore plus surpris par ses conseils. Khomeiny lui dit en substance : tout ce que vous écrivez est juste, mais vous n'êtes pas écoutés par le peuple, parce que vous ne faites pas suffisamment référence à l'islam. Ajoutez, dit-il, dans vos écrits, de temps à autre, des références coraniques et vous verrez que vous serez plus accessibles au peuple.

Khomeiny venait de définir le nouveau sens donné désormais à l'islamisme, une idéologie politique avec des références islamiques. L'islamisme était dans le passé synonyme du mot islam. Voltaire, Tocqueville ou Renan utilisaient le mot « islamisme » pour désigner la religion des musulmans. C'est à partir du début XXe siècle et des études européennes sur cette religion que le mot « islam », utilisé par les musulmans eux-mêmes, supplantera petit à petit celui d'islamisme.

En Égypte, la lutte contre la domination britannique dans la première moitié du XXe siècle est menée par les Frères musulmans, au nom des valeurs islamiques, autant que par les nationalistes en quête de souveraineté pour leur peuple. Il a été montré précédemment que les Officiers libres de Gamal Abdel Nasser, qui renversent en 1952 le roi Farouk et mettent ainsi fin au protectorat britannique, avaient de très bonnes relations avec les Frères musulmans. Un membre de cette organisation figurait même dans le premier gouvernement de la

5. Paul Balta et Dominique Pouchin, « L'action décisive des groupes de la guérilla », *Le Monde*, 13 février 1979.

nouvelle République égyptienne. Informés de la préparation du coup d'État militaire, ils l'ont approuvé et soutenu.

Et sitôt au pouvoir, il commence à persécuter, exiler, emprisonner, torturer ou exécuter leurs membres. La violence générant la violence, c'est le totalitarisme, les emprisonnements et la torture qui offrent aux fondamentalistes des justifications pour passer à la lutte armée. L'idéologue des Frères musulmans, Saïd Kotb, exécuté par Nasser en 1966, théorise cette notion de martyr que tous les jihadistes de la planète reprendront à leur compte : « La mort de ceux qui périssent dans la voie de Dieu donne une impulsion nouvelle à la cause, qui se nourrit aussi de leur sang. » Lorsque Montesquieu, dans *De l'esprit des lois*, parle de la religion comme du dernier rempart contre le despotisme, il sait que la loi divine est plus puissante que celle des despotes, quels qu'ils soient. Un fidèle peut aller jusqu'à sacrifier sa vie pour Dieu, mais quel dictateur peut se vanter de tels sacrifices ? Voilà un principe que les fondamentalistes de l'islam ont parfaitement intégré.

Une fois les Frères musulmans exilés ou éliminés, Gamal Abdel Nasser, le chantre du panarabisme, ne tourne pas pour autant le dos à l'islam. Pour ne pas être coupé de son peuple, le Raïs a besoin d'une caution religieuse. Et c'est auprès d'Al Azhar, l'importante institution de l'islam sunnite, qu'il la trouvera, en la soumettant au pouvoir politique, quitte à fragiliser sa crédibilité. En retour, Al Azhar reçoit les fonds nécessaires à son expansion, et ouvre des écoles et des facultés dans tout le pays. Depuis Nasser, l'institution religieuse est sous contrôle étatique et ses avis fluctuent au gré des gouvernants. Au début des années 1960, rappelle Mustapha Kamel Al Sayid, « Al Azhar émet un avis pour dire que la lutte contre Israël est un devoir islamique, et en 1979, après la visite de Sadate à Tel-Aviv, le même Al Azhar affirme que la paix avec Israël correspond le mieux aux principes de l'islam[6]. » Le politologue égyptien souligne ainsi le peu de crédibilité de cette institution, devenue un instrument entre les mains du pouvoir.

Nasr Abou Zayed, autre intellectuel égyptien, confirme cette sujétion. « Si le pouvoir est fort, dit-il, Al Azhar est sous sa coupe. Et si le pouvoir est faible, Al Azhar retrouve son autonomie. Les relations entre l'État et cette institution n'ont pourtant pas toujours été au beau fixe. Au début du XXe siècle, Al Azhar était une institution très

6. Entretien avec l'auteur.

modérée. Elle est passée complètement sous le contrôle de l'État à partir de l'accession de Nasser au pouvoir. Beaucoup d'intellectuels et de religieux libéraux souhaitent aujourd'hui la séparation des institutions religieuses de l'État[7]. »

Le successeur de Nasser, Anouar Al Sadate qui aimait se faire appeler « *rais al moumen* » (le président croyant), dans un premier temps libère des prisons les Frères musulmans et facilite le retour de ceux qui sont en exil pour contrecarrer l'influence de la gauche et des nasséristes qui détiennent plusieurs rouages du pouvoir. L'historien et éditorialiste égyptien Yunan Labib Rizq explique que « Sadate pensait pouvoir manipuler les islamistes pour asseoir son pouvoir. Après les avoir libérés des prisons où ils croupissaient, il leur a permis de publier de nouveau leur journal *Al Dawa*, interdit sous Nasser, et leur a ouvert les colonnes de la presse gouvernementale comme *Al Ahram*[8]. » Ces concessions faites n'empêcheront pas son assassinat en octobre 1981 par un groupe d'islamistes, dissident des Frères musulmans, qui lui reprochaient d'avoir fait la paix avec Israël. L'un des assassins de Sadate, Khaled Istambouli, sera célébré par le régime des mollahs iraniens qui se souviennent de l'exil offert au Chah par l'Égypte et baptisent de son nom une avenue de Téhéran.

En Arabie Saoudite, l'attaque de La Mecque en novembre 1979 constitue le premier acte terroriste commis par des islamistes radicaux au nom de l'islam. Un groupe de plusieurs centaines de fondamentalistes armés, mené par un certain Jouheiman Al Oteibi, membre d'une grande tribu du royaume, envahit la Grande Mosquée. Il s'ensuivra un combat sanglant auquel les forces françaises prendront d'ailleurs part, menées par le capitaine Barril. Le chercheur saoudien Saoud Al Sahran analyse dans le détail cet événement déterminant dans l'histoire contemporaine de l'Arabie Saoudite. « Al Oteibi était un disciple de la pensée wahhabite, explique-t-il, mais ne reconnaissait pas l'autorité de ses dignitaires. Il était entouré et conseillé par des théologiens tels que le Syrien Nasser Eddine Al Albani, le Yéménite Mokbel Al Wadi et le Pakistanais Badi Eddine Al Sindi, eux-mêmes disciples du cheikh Abdel Aziz Ibn Baz, le mufti du royaume. Ils seront tous trois expulsés vers leur pays d'origine après l'insurrection de 1979. Personne aujourd'hui ne connaît les motivations réelles de ce groupe, et une

7. Entretien avec l'auteur.

8. Entretien avec l'auteur.

question cruciale persiste : pourquoi Al Oteibi et les membres de son groupe étaient-ils accompagnés de leurs femmes et de leurs enfants lorsqu'ils ont occupé la Grande Mosquée de La Mecque, à la veille du nouveau siècle de l'hégire[9] (1400) ? Al Oteibi était un millénariste – en islam aussi, cela existe – et l'année 1979 correspondait, dans le calendrier de l'hégire, à l'année 1400. Al Oteibi se référait au hadith du Prophète selon lequel au début de chaque siècle apparaîtra celui qui redonnera à l'islam sa gloire et sa pureté. Il est vrai qu'à cette époque, les musulmans d'Arabie devenaient de plus en plus matérialistes et délaissaient la religion. On raconte aussi qu'en ce 20 novembre 1979 le roi Khaled Ibn Saoud était attendu à l'aube à La Mecque et que Al Oteibi voulait le séquestrer et l'obliger à abdiquer. À mon avis, cette hypothèse du coup d'État n'est pas crédible. Pour preuve le roi Khaled n'était pas à La Mecque ce jour-là mais à Riyad. Si Al Oteibi voulait assassiner le roi ou un membre de sa famille, il n'aurait pas monté une opération aussi compliquée et risquée que l'occupation de La Mecque et de la Kaaba. D'autres pensent que Jouheiman voulait frapper un grand coup pour déclarer son opposition au pouvoir et interpeller la population dont il critiquait les égarements. À mes yeux, cette hypothèse n'est pas plus plausible. Jouheiman était réellement obsédé par l'idée de la "fin du monde". Il était convaincu que la fin des temps était très proche et que, selon la tradition, l'allégeance au Mahdi ne pouvait être déclarée qu'à l'intérieur de la Grande Mosquée de La Mecque entre l'Autel (Maqâm) et Zamzam (la source d'eau bénite, puits d'eau qu'Abraham donna à son fils Ismaël et sa mère après les avoir abandonnés dans le désert)[10]. » Cette question reste sans réponse convaincante.

Les rumeurs les plus insolites ont couru et la famille Saoud a mis une chape de plomb sur les circonstances de ce bain de sang qui l'a durablement affaiblie. Pendant plusieurs jours – certaines sources parlent de dix-huit jours – l'Arabie Saoudite fondée sur le wahhabisme se trouve ébranlée, car contestée au nom d'un islam encore plus radical que le sien. Du coup, les dignitaires religieux wahhabites doivent émettre une fatwa pour contourner l'interdiction d'ouvrir le feu dans ce haut lieu de l'islam. Mais l'armée saoudienne est impuissante face aux

9. L'hégire est le début du calendrier musulman (calendrier lunaire) qui correspond au 16 juillet 622 de l'ère chrétienne.

10. Entretien avec l'auteur.

insurgés qui ont pris en otages des milliers de pèlerins ; elle fait appel dans un premier temps à l'armée jordanienne, sans succès. Les Saoud se tournent alors vers la France. Le président Valéry Giscard d'Estaing et son ministre de la Défense Yvon Bourges envoient trois super-gendarmes français du Groupe d'intervention de la Gendarmerie nationale (GIGN) dont le capitaine Paul Barril, convertis pour la circonstance à l'islam de façon à pouvoir entrer à La Mecque, interdite aux non-musulmans. Cette aide française ne suffira pas, la détermination des insurgés de La Mecque et les armes dont ils disposent leur permettent de repousser tous les assauts des militaires saoudiens conseillés, pour ne pas dire commandés, par les hommes du GIGN. Pour mettre fin à cette insurrection, le capitaine Barril fait alors venir de Paris, en avion spécial, plusieurs tonnes de chlorobenzylidène malonitrile. Les gendarmes français et les Saoudiens décident de déverser ce gaz hautement toxique dans les sous-sols de La Mecque où se sont réfugiés les rebelles. Ces derniers n'ont alors d'autre recours que de se rendre ou de mourir sur place. Bilan de l'opération, des milliers de morts, pour la plupart de simples pèlerins. Quant aux insurgés pris vivants, ils sont exécutés sans autre forme de procès.

Le wahhabisme sort finalement renforcé de cet événement et obtiendra des concessions importantes du régime.

Trente ans plus tard, des questions demeurent sur l'étendue de cette révolte et les acteurs qui l'ont menée. Mais une chose est certaine, ni les insurgés islamistes ni le pouvoir saoudien n'ont hésité, au nom de l'islam, à souiller son plus grand lieu saint à un moment où la révolution iranienne constituait une menace pour la stabilité du pouvoir. À la lumière des circonstances qui ont entouré ce qui peut apparaître comme une tentative de coup d'État, l'islam semble tout à coup très secondaire au regard des intérêts politiques et stratégiques en jeu. Dans les années 1960, le royaume saoudien avait eu affaire à d'autres tentatives de coup d'État de nature toute différente, laïc et nationaliste ; c'est la souveraineté nationale qui était mise en avant et non l'islam.

Ainsi l'année 1979 a-t-elle été un tournant historique dans l'émergence de l'islamisme. C'est, du même coup, l'année où l'islam est devenu simultanément dans plusieurs pays le label de la résistance, de la révolte et de l'affirmation des peuples. Après la révolution islamique de Khomeiny et la prise d'otages à La Mecque débute la guerre en Afghanistan dont les ondes de choc continuent d'alimenter une vague terroriste dans le monde. Le 24 décembre 1979, quarante mille soldats soviétiques envahissent l'Afghanistan pour soutenir un gouvernement communiste dirigé par des militaires. Plusieurs dizaines de milliers de moudjahidines, appelés à l'époque dans la presse occidentale les « combattants de la foi », vont, avec le soutien de l'Occident et une partie du monde musulman, défendre les montagnes afghanes et résister à l'occupant pendant plus de neuf ans. L'islam est un facteur essentiel de la mobilisation de la résistance afghane face au communisme et à l'occupation soviétique. Même s'il a pris ses distances avec l'islamisme de sa jeunesse, le célèbre commandant Massoud, homme pieux et épris de liberté, a bien compris l'importance que les Afghans attachent à leur religion[11]. Michael Barry, ami et biographe de Massoud, parle avec beaucoup d'émotion de celui qui a incarné la résistance afghane. « J'ai eu le privilège d'être le témoin d'une aventure politique, humaine et spirituelle bouleversante. Ce que j'ai vu dans les années 1980, c'était la montée d'un homme, d'un mouvement, d'une action qui se réclamaient de l'islam le plus intériorisé, le plus spiritualisé, celui du soufisme. D'une mystique islamique entièrement tournée vers les relations de l'âme et de la divinité dans le refus de toute haine. Une religion d'amour proclamant que la guerre faite par haine et non par défense pervertit le message. Ce mouvement, à travers la personnalité du commandant Massoud, qui fut un ami quand j'ai appris à le connaître, ce mouvement réussissait à défendre une indépendance nationale et à se proclamer en conformité de vue complète avec le parlementarisme, l'État de droit et le plein droit pour les femmes d'étudier et d'accéder aux plus hautes fonctions de l'État. Cet islam-là, vécu de l'intérieur, plongé dans la spiritualité, dans le refus de la haine, dans le refus du ressentiment, dans le refus de l'amertume, et qui se conjuguait avec une pratique de la miséricorde, de la justice sociale et de l'indépendance nationale me semblait être un véritable modèle[12]. » Ce n'est pas lui qui sortira vainqueur de la guerre.

Mais la guerre va attirer quelques milliers de jihadistes venus d'autres pays musulmans, tels que l'Arabie Saoudite, l'Égypte ou l'Algérie. Et qui va soutenir cette légion de jihadistes internationaux, parmi lesquels le milliardaire Oussama Ben Laden et l'Égyptien

11. Voir Michael Barry, *Massoud. De l'islamisme à la liberté*, Paris, Louis Audibert, 2002.

12. Entretien avec l'auteur.

Ayman Al Zawahiri, héritier idéologique de Saïd Kotb? Les pétrodollars saoudiens vont les financer; les États-Unis et le Pakistan vont les armer. Ainsi l'épisode afghan va-t-il donner au monde entier une double leçon. Il va apporter la preuve que, par l'action armée, quelques dizaines de milliers d'hommes peuvent tenir en échec la deuxième puissance du monde[13]. Il va légitimer le mot d'ordre des jihadistes internationaux qui se propagera partout dans le monde: mener au nom de l'islam l'action armée et la guérilla dans d'autres pays musulmans.

Michael Barry, grand connaisseur de l'Afghanistan où il a mené de nombreuses missions humanitaires durant cette période, témoigne de ce que « la retraite de l'armée russe en 1989 est perçue par l'ensemble des populations musulmanes de la planète pour ce qu'elle était en réalité: un triomphe militaire, non pas seulement d'un mouvement national, mais d'un mouvement réellement musulman. D'où une bouffée d'espoir pour les populations restées profondément convaincues du bien-fondé de leurs valeurs religieuses[14]. »

Pour les peuples musulmans, dont la plupart ont connu une période coloniale, cette victoire revêt une importance particulière. C'est la première indépendance acquise par les armes à se réclamer de l'islam. Les autres indépendances gagnées par les armes durant le XXe siècle, comme celle des Turcs sur les Anglais et sur les Grecs (1922), des Algériens sur les Français (1962) sont toutes d'inspiration non religieuse.

En Afghanistan, après le retrait des Soviétiques, le gouvernement s'effondre sous la pression des rebelles. S'ensuivra une guerre civile entre plusieurs factions de la résistance afghane. Le pays sera divisé en zones d'influence et ce sont les Talibans qui occuperont Kaboul et une grande partie du pays.

Les Talibans imposent alors une lecture et une pratique de l'islam des plus violentes et des plus rétrogrades, qui interdisent notamment la musique, le cinéma, toutes activités sociales aux femmes, le cerf-volant... Un ministère pour la promotion de la vertu et la répression du vice contrôle tous les aspects de la vie des Afghans. C'est sous leur

---

13. Voir les images d'archive sur le site de l'INA http://www.ina.fr/archivespourtous/index.php?vue=notice&from=themes&code=C0524220244&num_notice=1&total_notices=52.

14. Entretien avec l'auteur.

protection qu'Al Qaïda de Ben Laden et Al Zawahiri se structureront pour lancer un jihad international, dirigé en premier lieu contre leurs anciens alliés, les Américains.

Le 9 septembre 2001, deux jours avant les attentats de New York et de Washington, l'homme pieux Ahmed Chah Massoud est assassiné par deux activistes tunisiens d'Al Qaïda qui se présentent comme journalistes marocains munis de faux passeports belges. Cet assassinat n'est pas un règlement de compte entre les tenants d'un islam modéré et ceux d'un islam extrémiste. Il s'agit simplement pour Al Qaïda d'éliminer le chef de l'Alliance du Nord, principal adversaire de leurs alliés, les Talibans, et d'assurer ainsi la suprématie de ces derniers ainsi que la sécurité de leurs amis.

Affrontement ou coexistence pacifique ?

Durant ces trois dernières décennies, l'islam s'est donc imposé comme l'étendard de toutes les causes, de toutes les revendications et de tous les ressentiments. L'acte qui a projeté le monde, et singulièrement le monde musulman, dans le XXIe siècle, à savoir l'opération kamikaze organisée par Al Qaïda et exécutée par dix-neuf terroristes saoudiens et égyptiens le 11 septembre 2001 à New York et à Washington, porte aux yeux du monde entier le sceau de l'islam. Ces attentats ont fait près de trois mille victimes. Un choc pour l'ensemble de l'Occident et pour une majorité de musulmans, malgré les quelques manifestations de joie qui ont éclaté un peu partout dans le monde musulman. Marc Ferro, historien et auteur d'un ouvrage sur *Le choc de l'islam*[15], parle du double impact du 11 septembre : « Les peuples arabes et musulmans sont devenus schizophrènes parce que, d'un côté, le coup porté à l'Amérique a provoqué une immense joie. Quel moment d'orgueil ! ô combien inattendu, et fort ! Ça, c'est la réaction que j'ai pu constater à Tunis par exemple, où l'on dansait dans les rues. Mais d'un autre côté, il ne faudrait pas que l'islamisme intégriste l'emporte parce que, disaient-ils, nous ne voulons pas tous devenir intégristes, n'est-ce pas. Nous souhaitons une vie meilleure, la prospérité, etc.[16] »

15. Marc Ferro, *Le Choc de l'islam*, Paris, Éditions Odile Jacob, 2002.
16. Entretien avec l'auteur.

Mohammed Arkoun, professeur émérite d'histoire de la pensée islamique à la Sorbonne, qui se trouvait le 11 septembre 2001 au Maroc, raconte que « *comme partout dans le monde arabe, l'opinion publique marocaine s'est livrée à toutes les supputations que l'on connaît. L'amoncellement des interrogations ne diminue pas la fascination devant le déroulement précis, la complexité logistique d'une opération menée au cœur de New York et du Pentagone par des jeunes gens peu entraînés*[17]. » Après le temps de « *l'émotion* » et de « *l'angoisse partagée d'une mort inéluctable pour les milliers de personnes prises au piège* », vient le temps de l'analyse. Et Mohammed Arkoun de livrer sa perception intime de l'événement : « *une tragédie historiquement et politiquement programmée.* » « *Je me suis pris à espérer*, écrit-il, *que les grandes consciences de notre temps prendraient la parole et que s'élèverait un discours de l'espérance, assorti d'un programme d'action immédiate pour éteindre les nombreux incendies allumés dans le monde depuis 1945*[18]. » Or ce discours n'a pas eu lieu.

Le XXe siècle a été celui de tous les désordres et de toutes les violences dans le monde arabo-musulman : guerres de décolonisation, indépendances confisquées par des clans ou des familles régnant sans partage, conflit israélo-palestinien à l'issue incertaine, etc. C'est pourquoi les intellectuels arabes que j'ai rencontrés font d'abord appel à l'Histoire pour expliquer les ressentiments qui taraudent la mémoire musulmane, exploitée par des activistes qui agissent aujourd'hui au nom de l'islam, réduit à un instrument, à une idéologie.

Al Qaida et le 11 septembre apparaissent alors comme les résultantes ultracondensées des différents facteurs historiques énoncés plus haut. Et c'est l'intensité de ce condensé qui est nouveau, bien plus que les éléments qui le constituent.

Mais le 11 septembre 2001 est aussi le fruit d'un échec multiple, aussi bien économique que politique ou social, et s'inscrit dans un contexte géopolitique de mondialisation. Abdelaziz Al Qassim, avocat saoudien emprisonné entre 1993 et 1995 pour avoir initié une pétition demandant au roi des réformes démocratiques, parle de circonstances nombreuses et complexes. Pour lui, « l'apparition du mouvement jihadiste en Afghanistan, qui a entraîné au maniement des armes et à

17. Mohammed Arkoun, Joseph Maïla, *De Manhattan à Bagdad. Au-delà du Bien et du Mal*, Paris, Desclée de Brouwer, 2003, p. 15.
18. *Ibid.*

l'endoctrinement idéologique un nombre considérable de jeunes musulmans, est sans aucun doute l'élément le plus déterminant. Le 11 septembre incarne de la manière la plus paroxystique l'état d'échec absolu de la politique et même de la civilisation arabe. Le 11 septembre traduit le sentiment de désespoir et de frustration dû aux défaites militaires récurrentes, à l'absence de développement socio-économique efficace et à l'incapacité des partis politiques islamiques, nationalistes et/ou socialistes marxistes qui se sont succédés dans le monde arabe, à emporter l'adhésion de la population quant à ses projets d'avenir. Évidemment, il ne faut pas oublier non plus l'arrogance de l'Amérique et sa politique injuste envers le monde arabe et notamment tout ce qui touche à la cause du peuple palestinien[19]. »

Au lendemain du 11 septembre, le discours d'espérance souhaité par Mohammed Arkoun n'a donc pas été tenu. Au lieu de cela, les réactions des pays occidentaux ont été essentiellement policières et militaires, ce qui est nécessaire et légitime, mais insuffisant ; les campagnes militaires en Afghanistan et en Irak n'ont pas éteint les incendies dans cette partie du monde. L'Irak occupé depuis 2003 revivifie, au contraire, les ressentiments des Arabo-musulmans et insuffle une nouvelle légitimité à un jihad internationalisé qui porte le label d'Al Qaïda. Deux attentats particulièrement meurtriers ont eu lieu en Europe. Le 11 mars 2004, plusieurs bombes posées par des islamistes marocains dans des trains de banlieue ont fait près de deux cents victimes et mille quatre cents blessés à Madrid. C'est aussi dans les transports en commun que les terroristes ont frappé à Londres, le 7 juillet 2005, en posant quatre engins qui ont fait cinquante-six morts et sept cents blessés. Les auteurs de cet attentat londonien sont quatre jeunes musulmans britanniques. Dans une vidéo posthume, livrée par Al Qaïda à la chaîne de télévision qatarie Al Jazira et diffusée le 1er septembre 2005, l'un des terroristes Mohamed Sidique Khan confesse ses motivations : « *Moi et des milliers comme moi avons tout abandonné pour ce que nous croyons [...]. Notre religion est l'islam [...]. Vos gouvernements démocratiquement élus continuent de commettre des atrocités contre mon peuple [musulman]. Leur soutien vous rend directement responsables exactement comme je suis moi-même responsable de protéger et venger mes frères et sœurs musulmans [...].* »

---

19. Entretien avec l'auteur.

Les pays musulmans, eux, ne semblent pas avoir tiré les leçons de la période terroriste afghane des années 1990. L'Arabie Saoudite, hier soutien des Talibans à Kaboul, encourage depuis 2003 le jihad des sunnites en Irak. Certes, le gouvernement s'abstient officiellement d'un soutien quelconque à l'une des factions combattant chez son voisin, mais c'est très ouvertement que vingt-six cheikhs ont signé, à Riyad en novembre 2004, une fatwa appelant les musulmans à aller faire le jihad en Irak pour chasser les Américains et contenir l'influence grandissante des chiites, majoritaires dans ce pays. Des chiites qui ne sont pas de vrais musulmans aux yeux de certains Saoudiens : « le chiisme est une confession erronée ; il ne fait pas partie de l'islam », m'ont dit quelques étudiants de l'université de Riyad. « La fatwa des vingt-six cheikhs est connue et largement commentée par les médias et les organes de presse du pays. Est-ce un hasard, le nombre vingt-six est aussi celui des terroristes recherchés à l'époque par les forces de sécurité. C'était plus une sorte de manifeste politique qu'une fatwa religieuse proprement dite[20] », relate Yahia Al Amir, éditorialiste proche du pouvoir qui, ayant critiqué cet appel au jihad en Irak, a reçu des menaces de mort. « Les mosquées lançaient plusieurs appels au jihad par jour, se souvient-il. Durant le ramadan, le mois du jeûne, les oulémas incitaient les gens à se lever au milieu de la nuit et à prier pour la victoire de la résistance à Fallouja[21]. Ce qui rappelle l'attitude et la mobilisation des gens autour du drame palestinien. Mais cette manifestation de solidarité à l'égard de l'Irak s'exprimait avec beaucoup plus d'intensité et cela à cause de la proximité des événements[22]. »

Des milliers de jeunes Saoudiens ont traversé la frontière pour aller, au nom du jihad, rejoindre les brigades de combattants sunnites composées de jeunes venus d'autres pays musulmans et d'Europe.

Le jihad, justement, un mot fourre-tout qui fait irruption le 11 septembre 2001 dans les salons des téléspectateurs occidentaux qui reçoivent en pleine figure ces images insoutenables des attentats contre les tours jumelles du World Trade Center. En riposte, Geor-

20. Entretien avec l'auteur.

21. Fallouja est une ville au cœur du triangle sunnite en Irak qui a été pendant plusieurs mois le bastion de la guérilla avant d'être conquise par l'armée américaine au prix de plusieurs centaines de victimes, pour la plupart des civils.

22. Entretien avec l'auteur.

ges W. Bush affirme rapidement sa volonté de mener une « croisade » contre le terrorisme. « Croisade », le mot est lâché et fait le tour du monde musulman. Difficile d'expliquer aux peuples musulmans que le mot ici n'a pas la charge historique qu'ils lui donnent et que les Américains l'utilisent couramment pour parler par exemple « d'une croisade contre le tabagisme ». Comme il est difficile d'expliquer aux Occidentaux que le mot « jihad » est utilisé dans plusieurs sens chez les musulmans. Lors de la guerre d'Algérie, il n'était pas rare que des combattants algériens, appelés moudjahiddines, parlent de jihad, crient *« Allah Akbar »* (« Dieu est grand ») pour se donner du courage. Pourtant, la guerre menée par les Algériens pour l'indépendance n'était ni une guerre de religions, ni une guerre sainte.

Dans le *Dictionnaire du Coran* dirigé par Mohammed Ali Amir-Moezzi, fort utile pour comprendre les textes sacrés de l'islam, auquel ont collaboré vingt-sept spécialistes aux compétences scientifiques reconnues, les auteurs n'ont pas retenu l'entrée « jihad », ils lui ont préféré l'entrée « guerre et paix[23] ». Pour eux le « *jihad (guerre sainte) est une notion apparue dès le début de l'islam dans un climat de conflit armé*[24] », une manière d'historiciser les quarante et une occurrences que l'on trouve dans le Coran, allant de la guerre contre les autres religions, les polythéistes ou les apostats au « *"grand jihad" qui serait une lutte contre le mal en soi-même*[25] ».

À l'instar des autres religions, l'islam est d'abord ce que vivent les croyants et il se vit de plusieurs façons. Malheureusement, dans de nombreux pays musulmans, il semble que la pratique fondamentaliste l'emporte sur des pratiques plus libérales, plus ouvertes sur le monde.

L'historienne saoudienne Hatoun Al Fassi, qui anime un groupe de militantes pour les droits des femmes, explique que « les interprétations salafistes et wahhabites ont propagé une idéologie extrémiste qui se réfère au concept du *takfir* (anathème), lequel permet de lancer l'anathème contre d'autres musulmans. Si l'on pense différemment, si l'on écoute de la musique, si l'homme rase sa barbe ou si la femme

23. Mohammad Ali Amir-Moezzi (sous la dir.), *Dictionnaire du Coran*, Paris, Éditions Robert Laffont, 2007, p. 372.

24. *Dictionnaire du Coran, op. cit.*, p. 373.

25. *Ibid.*

montre son visage, les adeptes de cette idéologie peuvent décider que vous êtes en dehors de l'islam, un apostat ; il leur est donc permis de vous éliminer ou de vous tuer[26]. »

Parmi ceux qui propagent cette idéologie peuvent être incriminés les auteurs de manuels scolaires, certains médias officiels et les mosquées aux mains des fondamentalistes en Arabie Saoudite. Pour Hatoun Al Fassi, les manuels scolaires saoudiens « sont sous l'influence de la pensée wahhabite qui consiste à rejeter les autres cultures ». Pour elle, « ils encouragent ouvertement la haine des chiites » dans un pays où ils représentent entre 10 et 15 % de la population. Elle cite les travaux du professeur Hamza Al Mizeini de l'université du Roi Saoud, à Riyad, sur « ce phénomène culturel qui encourage les jeunes à mourir pour retrouver une meilleure vie dans l'au-delà. » Croyante et pratiquante, Hatoun Al Fassi tient à défendre l'islam « venu protéger la vie et non pas la détruire, l'islam qui préfère un musulman vivant à un musulman mort[27]. »

Dans cette même université du roi Saoud, une des plus modernes de la planète, décorée de marbres et de jets d'eaux, j'ai rencontré des étudiants saoudiens aisés à qui j'ai demandé de me définir des mots tels que modernité, démocratie ou jihad. Sur le jihad, la majorité des réponses correspondent à celles recueillies dans d'autres pays musulmans : « C'est la défense de son pays » ; « Beaucoup de jeunes ne comprennent pas ce qu'est le vrai jihad, et c'est à cause d'eux que l'on confond jihad et terrorisme » ; « C'est la défense de la terre d'islam agressée par des mécréants » ; « C'est une obligation absolue dans le seul cas où le chef religieux l'ordonne ». Un étudiant d'une vingtaine d'années me fait une réponse surprenante et me récite une de ces sornettes que les chefs des groupes jihadistes racontent, pour les encourager, aux candidats aux attentats-suicides : « Dieu le tout puissant promet de rétribuer ceux qui font le jihad. Il promet de ne pas les juger lors du jugement dernier, et de les marier à soixante-dix beautés, oh pardon ! Je voulais dire, de pardonner les pêchés de soixante-dix membres de leur famille. Tout musulman espère pouvoir un jour faire le jihad pour l'amour de Dieu. »

L'idéologie islamiste radicale ne touche pas, au sein d'une jeunesse dont l'âge moyen est de vingt ans, uniquement quelques

26. Entretien avec l'auteur.

27. *Ibid.*

« égarés » comme les autorités les nomment en Arabie Saoudite. Après avoir toléré cet extrémisme religieux, la famille Saoud craint aujourd'hui pour sa sécurité et cherche à l'endiguer. Plusieurs milliers d'arrestations parmi les islamistes les plus activistes ont eu lieu depuis 2007. Pour ramener ces « égarés » sur le droit chemin, le gouvernement use de la carotte et du bâton. La carotte, c'est une aide financière conséquente pour aider à la réinsertion des repentis. Le bâton, ce sont des centres de rééducation religieuse – en fait, des centres de détention pour les activistes saoudiens arrêtés dans le pays ou de retour après avoir été prisonniers des forces américaines en Irak ou à Guantanamo. Des religieux wahhabites tentent d'y inculquer le « bon islam ». Le journaliste Georges Malbrunot, qui a connu les geôles des islamistes jihadistes pendant les quelques mois de 2004 où il a été détenu avec Christian Chesnot et leur chauffeur en Irak, évoque dans *Le Figaro* les cours de réhabilitation sur le jihad dispensés aux prisonniers : « *À quelles conditions pouvez-vous faire la guerre sainte en Irak ?* », demande cheikh Ahmed Jihan. « *Après avoir reçu le feu vert d'une autorité religieuse* », répond un « élève », vêtu de sa tunique blanche. « *Ce n'est pas suffisant*, poursuit l'enseignant à la longue barbe noire. *Pour accomplir le djihad, il faut aussi respecter les accords internationaux que l'Arabie a signés et que vos parents soient d'accord*[28] ». Une interprétation très particulière des textes sacrés d'une religion que les islamistes et les dictateurs, monarques ou présidents à vie, des pays musulmans manipulent selon les intérêts politiques du moment.

La guerre en Irak n'entamera en rien les relations que l'Arabie Saoudite entretient avec son allié indéfectible, les États-Unis. L'accord signé en 1945 a été immortalisé par les images devenues célèbres du président Franklin Roosevelt accueillant le fondateur du royaume, Abdelaziz Ibn Saoud, sur un croiseur de la marine américaine, le Quincy, qui mouillait au large de l'Arabie Saoudite lors d'une tournée au Moyen-Orient. Les États-Unis assureraient la sécurité du royaume qui lui fournirait en contrepartie le pétrole dont ils auraient besoin. Cet accord de sécurité interdit aux troupes américaines de fouler le sol saoudien abritant les lieux saints de l'islam. Officiellement, cet accord sera respecté jusqu'à l'invasion du Koweït par l'Irak, en 1990, et la

28. Georges Malbrunot, « La rééducation des terroristes d'Arabie Saoudite », *Le Figaro*, 19 janvier 2008.

guerre du Golfe qui s'ensuivra. D'importantes troupes américaines se sont alors installées sur le sol saoudien, à la frontière de l'Irak, ce que le gouvernement a présenté comme nécessaire pour la sécurité du pays. Malgré cela, le choc est immense. Pour l'avocat Abdelaziz Al Qassim, « l'effet le plus important de l'invasion du Koweït fut l'apparition soudaine et inhabituelle, au sein de la population, d'une critique ouverte et d'une opposition frontale à la politique du gouvernement saoudien. On parlait sans fard de modernisation politique et de réformes institutionnelles. Des sujets autrefois tabous comme l'énormité du budget de la défense, alors que nous étions incapables d'assurer notre sécurité, comme les dépenses de l'État et de la famille royale, ou encore la faillite des institutions sociales sont devenus matière à débat et à critique acerbe, et ceci en l'espace de quelques semaines seulement. L'opposition s'est trouvée, par la force des choses, dirigée par des figures religieuses parce que leur marge de liberté était plus importante que celle des laïcs et des libéraux. La mosquée est le seul endroit de rassemblement autorisé par le pouvoir judiciaire, politique et sécuritaire en Arabie[29]. »

Plusieurs fatwas contradictoires sont alors émises contre la présence d'armées étrangères sur le sol saoudien. Les islamistes interdisent l'intervention des forces étrangères alors que les oulémas d'institutions religieuses officielles autorisent le recours à l'aide miliaire des pays amis pour assurer, disent-ils, la sécurité intérieure. L'éditorialiste du journal *Al Riadh*, Yahia Al Amir, raconte qu'au début « la majorité de la population penchait en faveur de la fatwa officielle, car elle les rassurait dans l'éventualité d'une invasion étendue au territoire saoudien via la frontière nord du pays. Mais une fois le Koweït libéré et le sentiment de sécurité rétabli, la population a commencé à soutenir la fatwa interdisant l'intervention américaine. Cela démontre que la société penche toujours du côté des fatwas qui garantissent le mieux leurs intérêts particuliers. »

La présence des troupes américaines sur le sol saoudien durant la première guerre du Golfe (1990-1991) a nourri un anti-américanisme violent au sein de l'islamisme radical. La décennie 1990 sera d'ailleurs marquée par de nombreux attentats dirigés contre les intérêts des États-Unis : World Trade Center (1993), ambassades à Nairobi et à Dar Es-Salam (août 1998) et navires de l'US Navy à Aden (2000).

29. Entretien avec l'auteur.

Ceux qui se servent de l'islam, savent conjointement se servir de la mondialisation. Car la télévision par satellite, et Internet permettent d'internationaliser les condamnations proférées à l'encontre des « ennemis » de l'islam. Elle leur donne une audience d'une amplitude inédite, et un impact qui, par voie de conséquence, devient un outil de propagande. Salman Rushdie, le premier, en fit les frais. La condamnation de son livre *Les Versets sataniques*, en 1989 connut un retentissement nouveau dont l'ampleur a grossi de façon exponentielle. L'intervention de l'ayatollah Khomeiny lança la machine. Le hojatoleslam Mohsen Kadivar, religieux iranien réformiste, rappelle pourtant qu'il n'a pas été le premier à émettre une fatwa contre Salman Rushdie : « Plusieurs oulémas d'Inde et du Pakistan en avaient déjà émis non pas quelques semaines, mais plusieurs mois plus tôt. Or la personnalité de l'ayatollah Khomeiny était telle que sa fatwa a éclipsé celle des autres et que son écho s'est propagé dans le monde entier. C'était juste après le cessez-le-feu entre l'Iran et l'Irak. L'ayatollah Khomeiny avait dit avoir bu la ciguë en avalisant ce cessez-le-feu. Aussi quand l'affaire de Salman Rushdie s'est présentée, il s'est emparé de ce prétexte pour redorer son blason auprès du monde islamique[30]. » La guerre Iran/Irak (1980-1988) déclenchée par Saddam Hussein, avec l'aide des Occidentaux, pour affaiblir Khomeiny, a causé en effet plus d'un million de morts.

Depuis, les fatwas font florès. À l'instar des tribunaux de l'Inquisition à la fin du Moyen Âge chrétien, les tribunaux islamiques n'hésitent pas à condamner les apostats, les ennemis de l'islam, et en réalité tout opposant dont l'autorité ou la crédibilité représente un risque majeur pour la voie du dogmatisme radical. Des groupes terroristes ou fondamentalistes érigent leurs propres tribunaux et après des simulacres de procès, édictent et exécutent leurs sentences parfois devant des caméras, envoient des menaces de mort et appellent au meurtre. Cette stratégie de la chasse aux sorcières, bien connue en Occident où elle a pris diverses formes dont celle du maccarthysme, est terriblement efficace. Elle rassemble un groupe, une communauté, un parti ou un État autour d'un ennemi commun criminalisé au point de rendre légitime des procédures d'exception. McCarthy a ainsi fait régner aux États-Unis une véritable terreur, traquant pendant plus d'une décennie tout sympathisant communiste, ou supposé tel, chacun étant devenu

30. Entretien avec l'auteur.

aux yeux de l'opinion aussi dangereux que le bloc soviétique tout entier. Emprisonnement, destitution, sévices psychologiques, tout était mis en œuvre pour éradiquer le danger rouge.

Pour fonctionner, cette chasse à l'opposant doit s'appuyer sur des mesures dont la légitimité est reconnue par le plus grand nombre. McCarthy était à la tête d'une commission d'enquête sénatoriale dont les procédures spéciales visant à limiter les droits civiques des suspects étaient légales. Les islamistes, eux, s'appuient sur les fatwas et les anathèmes. Ces jugements reposent sur une connaissance imprécise des textes religieux, la plupart des islamistes activistes n'ayant aucune formation théologique ; Ben Laden a fait des études techniques et commerciales et Zawahiri est médecin. Mais les fidèles peuvent difficilement les mettre en cause, en raison de leur propre ignorance religieuse.

Ces incitations à la violence, explicites ou implicites, sont souvent présentes dans les discours religieux, politiques et même éducatifs. Des livres scolaires contiennent un matériau « d'éveil » au combat idéologique (religieux) en développant une rhétorique de la justice, du renoncement, de la lutte et de la fierté. Le professeur saoudien et militant anti-islamiste Saoud Al Sahran rappelle que « Mohamed Kotb[31] a longtemps participé au comité de rédaction de livres scolaires religieux de l'Arabie Saoudite. La lecture de ses écrits comme celle de son livre le plus connu *Les musulmans du XXe siècle sont-ils vraiment des musulmans ?* était généralement conseillée et recommandée dans les écoles saoudiennes[32]. »

De manière générale, ainsi que l'indique Abdelaziz Al Qassim, l'idéologie de l'affrontement et les systèmes d'organisation des groupes armés sont inspirés des Frères musulmans, alors que la vision communautaire du monde, l'obéissance, la loyauté au groupe et l'anathème (*takfir*) sont issus de la vision wahhabite de la communauté.

Choc des civilisations ou choc des intérêts ?

La violence se sert de l'islam, profite de l'islam et en particulier de certaines de ses composantes historiques et conjoncturelles telles que le

31. Frère de Saïd Kotb.

32. Entretien avec l'auteur.

ressentiment, la crise identitaire ou le sentiment d'échec politique et économique. Politiques et religieux se font complices, au mieux ils ferment les yeux, au pire ils soufflent sur la braise. Et cela ne date pas du 11 septembre. Pour certains intellectuels occidentaux et musulmans, les structures organisationnelles, les mythologies qui y sont attachées, le contenu des enseignements rappellent à de nombreux égards les heures les plus noires des totalitarismes européens.

Pour Michael Barry, ce qui se passe aujourd'hui dans les sociétés musulmanes ne doit pas nous étonner et rappelle l'histoire de l'Europe du XXe siècle : « Dans une Europe parlementaire, précise-t-il, nous avons vu à travers tout cet horrible XXe siècle que des minorités, agissantes, militantes, déterminées peuvent imprimer un terrorisme intellectuel à l'ensemble de la société. C'est évident que la minorité agissante peut intellectuellement terroriser une masse de gens qui finalement ont autre chose à faire que de vouloir embêter leurs concitoyens [...]. Donc des minorités agissantes pèsent sur les sociétés et leur font peur jusqu'à ce que la société se sente tellement agressée dans ce qu'elle a de plus vital, tellement menacée qu'elle peut réagir. Mais on a vu dans les années 1920, 1930, une minorité d'extrême droite en France terroriser intellectuellement la majorité par des propos antisémites. Après la Deuxième Guerre mondiale, une minorité stalinienne en France s'est livrée à des formes d'intimidation sur des intellectuels français qui voulaient la paix. Alors on a prononcé certains mots, on a laissé passer certaines choses. Et on a entendu des tenants du stalinisme le plus dur sous ses différentes réincarnations, dont le maoïsme, tenir des propos antidémocratiques absolument aberrants de cruauté et d'irresponsabilité morale. Mais ils en ont eu le droit parce qu'ils exerçaient une forme de domination intellectuelle qui ne laissait que peu de place à la confrontation des idées. Alors que des sociétés occidentales s'étonnent de voir aujourd'hui dans des sociétés issues de la civilisation islamique des minorités extrêmement organisées et déterminées terroriser intellectuellement la majorité, on se demande pourquoi. C'est malheureusement le propre des sociétés humaines, en tout cas depuis cette ère des idéologies que nous vivons, depuis le début du XXe siècle[33]. »

Cette violence peut être perçue comme une constante des sociétés, des plus primitives aux plus modernes ; elle constitue une dimension

33. Entretien avec l'auteur.

anthropologique incontournable qui, récupérée, devient source d'une banalisation pouvant aller jusqu'à cette revendication : « Vous avez eu votre violence ; l'Asie, l'Amérique ont eu leur violence ; pourquoi n'aurions-nous pas la nôtre ? Parce qu'elle se fait au nom de l'islam et non au nom d'une idéologie ? » L'amalgame entre islam et violence se retourne alors contre ses auteurs. « Ce n'est pas après la violence que vous en avez, entend-on souvent, c'est après l'islam. »

Le terrorisme dans les pays musulmans en vient pour certains à se parer des vertus révolutionnaires dans la mesure où il fait voler en éclat des structures politiques elles-mêmes violentes.

De l'indulgence à l'approbation tacite, il n'y a qu'un pas tangible. Il suffit de regarder autour de soi pour en percevoir les signes. Sven Lindqvist[34] ne cesse d'écrire depuis des années sur la mémoire encore vive du consensus occidental qui s'est imposé autour d'un colonialisme exterminateur.

Et c'est dans ce contexte que la théorie du « choc des civilisations[35] » s'est propagée comme un feu de paille, reprise par certains responsables politiques quelque peu imprudents, tel Silvio Berlusconi qui déclare quelques jours après les attentats du 11 septembre 2001 : « *Nous devrions être conscients de la supériorité de notre civilisation, un système de valeurs qui a apporté à tous les pays qui l'ont adopté une large prospérité, et qui garantit le respect des droits de l'Homme et des libertés religieuses*[36]. » De tels propos visent à rejeter sur l'ensemble de la civilisation islamique des comportements totalitaires ou terroristes, et ils portent d'autant plus que l'Europe ne connaît plus, comme forme de terrorisme, que les actions indépendantistes régionales telles que celles qui frappent l'Espagne ou la Corse. Les Brigades rouges ou la Bande à Baader sont déjà loin.

Alors faut-il mettre toutes les violences commises par des musulmans, même si c'est au nom de l'islam, sur le compte d'une civilisation qui a été traversée par divers courants philosophiques et a produit

34. Sven Lindqvist, intellectuel suédois, auteur de *Exterminez toutes ces brutes*, Paris, Les Arènes, 2007 et de *Terra Nullius*, Paris, Les Arènes, 2007.

35. Samuel R. Huntington, *Le choc des civilisations*, Paris, Odile Jacob, 2000.

36. Propos prononcés en septembre 2001 alors que Silvio Berlusconi était le Premier ministre italien. Voir les images d'archives de l'INA : http://www.ina.fr/archives pourtous/index.php?vue = notice&from = fulltext&num_notice = 1&cs_page = 0&cs _order = 0&total_notices = 20&mc = Occident.

durant plus d'un millénaire des créations de l'esprit, des arts et de la littérature parmi les plus raffinées que l'humanité ait connue ? Hossam Tamam, rédacteur en chef du site Internet IslamOnline, ne parle pas de choc des civilisations mais de « confrontation des intérêts ». Pour lui, celle-ci « peut un jour aboutir à une confrontation générale au nom de cultures différentes. Aujourd'hui, dans le monde, certains pays et des groupes d'intérêts internationaux ne voient pas d'un mauvais œil l'éventualité d'une telle confrontation qui préserverait leurs visées et leurs intérêts stratégiques à long terme. L'invasion de l'Irak n'est pas un conflit de civilisation, mais plutôt l'incarnation d'un groupe influent de l'Administration américaine qui entendait protéger ses intérêts financiers et pétroliers et renforcer l'hégémonie politique de l'empire américain dans la région [37]. » Cette analyse, les musulmans sont nombreux à la faire. Ils sont moins nombreux à accepter l'universalité de la démocratie, des droits de l'Homme et de l'égalité des sexes, des valeurs qui ont émergé depuis des siècles en Occident. Ceux qui luttent pour ces valeurs dans leurs pays, le font souvent au péril de leur vie.

La question aujourd'hui est de savoir si l'engrenage de la violence a atteint son paroxysme où s'il n'en est encore qu'à un déclenchement annonciateur du pire, si une guerre a réellement été déclarée, par qui, pour qui et pour quoi. De part et d'autre les discours les plus audibles sont forcément les plus extrêmes. Apologie de la lutte, glorification quasi épique des combattants, négation de la souffrance de l'autre, victimisation. Le monde arabo-musulman n'est pas seul en cause mais montrer du doigt l'Occident et Israël ouvre un piège : en dénonçant la politique des uns on légitime celle des autres. Mohammed Arkoun parle de la « *parole absente* » qui porterait « *un discours politique de l'espérance* [38] ». À commencer par les musulmans qui doivent crier haut et fort, « *"Pas en notre nom!", de même qu'en Irlande du Nord, les catholiques se sont dégoûtés de la violence de l'IRA* [39] », comme le dit l'écrivain britannique d'origine hindou-musulmane Salman Rushdie.

37. Entretien avec l'auteur.

38. Mohammed Arkoun, Joseph Maïla, *De Manhattan à Bagdad. Au-delà du Bien et du Mal*, Paris, Desclée de Brouwer, 2003, p. 15.

39. Salman Rushdie, « Mes Lumières », *Le Nouvel Observateur*, 21 décembre 2006-3 janvier 2007.

Conclusion

Le fondamentalisme, pas plus que la violence, ne porte la marque de l'islam. Il frappe à des degrés divers toutes les grandes religions, particulièrement les trois religions monothéistes. Certains parmi leurs fidèles peuvent se croire investis de la mission d'imposer une interprétation unique des textes sacrés, et d'opposer la « vraie religion » à l'« erronée ». Comme on le voit à travers le monde, l'action des fondamentalistes ne s'arrête pas à la spiritualité des croyants ; ils entendent aussi peser sur les affaires de la cité. C'est le cas des juifs orthodoxes en Israël ou des fondamentalistes protestants aux États-Unis qui ont tant influencé la politique de l'Administration Bush entre 2000 et 2008.

Nous avons vu les raisons politiques et historiques qui ont conduit le fondamentalisme musulman à se muer en une véritable idéologie politique à références religieuses. Nous avons évoqué comment l'islamisme, puisqu'il s'agit de lui, s'est paré d'habits révolutionnaires pour constituer aujourd'hui une idéologie porteuse d'espoirs aux yeux de nombreux musulmans. La responsabilité en incombe en grande partie à la faillite des dirigeants ayant présidé à leurs destinées après les indépendances et au soin qu'ils ont mis à éliminer toutes les oppositions laïques.

Figurent dans les rangs de l'islamisme autant les conservateurs turcs de l'AKP, qui gouvernent leur pays depuis 2002 et frappent à la porte de l'Europe, que les islamistes marocains ou koweïtiens entrés au Parlement par la voie des urnes, ou encore les jihadistes d'Al Qaïda qui veulent imposer par la terreur leurs opinions. Cette situation rappelle celle du communisme, qui regroupait sous le même label les communistes italiens à la recherche d'un « compromis historique » avec la démocratie chrétienne, ceux des pays de l'Est et certains groupuscules passés à l'action armée, au nom justement du communisme ou du marxisme-léninisme. Mais, pour revenir à l'islam, ce que l'opinion publique retient, ce sont d'abord les violences commises par ces groupuscules, en son nom.

L'Occident s'imagine facilement être la cible unique de cette violence islamiste, oubliant que les premières victimes sont les musulmans eux-mêmes. Les Algériens qui subissent le terrorisme islamiste dans les années 1990, puis les Afghans avec les Talibans, et les Irakiens avec le terrorisme d'Al Qaïda dans les années 2000. L'intervention militaire occidentale en Afghanistan et en Irak n'a fait qu'ajouter des victimes à d'autres victimes qui se dénombrent dans ces deux pays en centaines de milliers, pour la plupart des civils innocents.

Peu de pays musulmans échappent aux violences commises par les islamistes radicaux qui cherchent à déstabiliser les régimes en place ou tentent de prendre le pouvoir par les armes. Le Maroc ou l'Égypte, l'Arabie Saoudite ou l'Indonésie, l'Algérie ou le Pakistan vivent à des degrés divers sous la menace permanente des attentats. D'autres pays comme la Somalie vivent une terreur différente, non moins violente, celle des tribunaux islamiques. Et la liste des pays est trop longue pour être dressée de façon exhaustive.

Et pourtant, cette violence demeure la partie émergée de la vague islamiste qui touche l'ensemble des pays musulmans. Les islamistes représentent, dans la plupart des cas, une minorité, mais une minorité qui fait souvent régner une terreur intellectuelle, imposant au reste de la population sa vision de la société et sa lecture de l'islam. Menacés par cette montée de l'islamisme, les dirigeants politiques de ces pays, souvent des monarques ou des présidents à vie, font des concessions pour se maintenir au pouvoir. C'est ainsi que les islamistes et les fondamentalistes semblent édicter aujourd'hui leurs normes en terres d'islam et font subir aux autres musulmans, jour après jour, l'oppression, la discrimination, les atteintes aux droits fondamentaux et même à la vie. Nous avons parlé des femmes, bafouées par un statut inégalitaire, voire absent, subissant toutes sortes de violences, des crimes d'honneur à la lapidation.

Elles ne sont pas les seules victimes. Ce sont toutes les catégories de musulmans qui souffrent, tous ceux qui à un moment donné de leur existence sont ou seront confrontés à l'intolérance, parce qu'elles sont femmes, parce qu'ils appartiennent à une minorité religieuse, parce qu'ils sont incroyants ou athées, parce qu'ils sont homosexuels, parce qu'ils ont osé faire une lecture différente du Coran. L'Arabie Saoudite n'admet aucune pratique religieuse relevant d'une autre confession sous peine de condamnations très sévères si bien que tous les citoyens sont *de facto* considérés comme musulmans. Les athées, agnostiques ou autres quittent le pays ou gardent secrètes leurs convictions. Même parmi la minorité musulmane, les chiites sont parfois regardés avec mépris par les sunnites. Dans beaucoup de pays musulmans, les homosexuels sont pourchassés et souvent condamnés à de lourdes peines de prison. L'opinion internationale a été témoin ces dernières années de procès de masse visant plusieurs dizaines de personnes en Égypte, pays où l'homosexualité n'est pourtant pas condamnable au regard de la loi. Ces homosexuels étaient poursuivis par la Haute Cour de sûreté de l'État pour des motifs fallacieux tels que la propagation d'idées extrémistes. Le pouvoir avait besoin de donner des gages aux Frères musulmans et aux dignitaires religieux d'Al Azhar qui ne sont pas moins rétrogrades que les islamistes. J'ai entendu de responsables d'Al Azhar des propos extrêmement virulents sur toutes ces questions de mœurs ou de liberté individuelle, particulièrement à l'égard de l'orientation sexuelle, que les ardents militants des Frères musulmans ne renieraient guère.

Les islamistes finissent par placer les musulmans dans une situation impossible. Et nombreux sont ceux qui s'indignent des idées propagées par les institutions religieuses officielles auprès des jeunes. On leur enseigne que le plus légitime des régimes politiques est celui du califat et ils découvrent qu'il n'y a plus de califat. Ils apprennent les règles d'une société idéalisée, sacrée, des règles auxquelles on ne doit pas toucher. Et ils découvrent dans leur environnement que le monde a évolué, malgré les pesanteurs. « C'est une école de la schizophrénie et, du coup, des bombes à retardement », s'alarmait Mohamed Charfi, ancien ministre tunisien de l'Éducation nationale. « Il est normal qu'une fraction de ces enfants, devenus adultes, se révolte. Il est temps, il est urgent, très urgent, de modifier les systèmes éducatifs, non pour dire qu'il faut rejeter l'islam, au contraire ; simplement pour enseigner l'islam de la croyance, de la métaphysique, de la prière, du jeûne, etc. On peut enseigner les règles de la charia en tant que règles du passé, et rappeler que les choses changent et que le changement est normal[1]. »

Malheureusement, les freins à tout changement sont nombreux. La lapidation, cette méthode d'exécution barbare utilisée à l'époque préchrétienne dans le bassin méditerranéen, figure encore aujourd'hui dans certaines législations musulmanes. L'Iran, l'Arabie Saoudite, le

1. Entretien avec l'auteur.

Yémen, le Soudan, le Pakistan, l'Afghanistan et même le Nigéria ont encore recours à ce supplice qui ne se trouve pourtant pas dans le Coran[2]. Cette punition qui frappe les femmes et les hommes adultères a été introduite durant les premiers siècles de l'islam, dans la charia, par des théologiens se référant aux paroles du Prophète rapportées par ses compagnons ou des témoins après sa mort. Les réformateurs musulmans, des croyants, font remarquer qu'il ne s'agit donc pas d'une parole divine et que cette loi doit être abrogée, dans le respect du texte coranique.

Les individus sont victimes, et certains plus que d'autres. Les peuples sont victimes. L'islam au bout du compte est victime car il est aujourd'hui perçu comme archaïque, violent et radical. Les seules voix qui portent désormais sont celles des islamistes, ce sont elles qu'on entend, et pire, celles qu'on écoute. Il suffit qu'un petit Ben Laden du fin fond du désert menace par communiqué les intérêts de l'Occident pour que les médias le relaient. Les islamistes l'ont bien compris, et leur stratégie de communication est au point. Elle leur permet de se positionner comme les premiers opposants à l'Occident oppresseur, et du même coup de justifier la guerre qu'ils mènent à l'intérieur contre les soi-disant ennemis de l'islam.

La plupart de ces victimes sont anonymes. D'autres portent un nom, un visage, une voix. Et c'est parce que cette voix s'est fait entendre qu'il y a eu sentence, fatwa, excommunication, assassinat. Tout le monde connaît Salman Rushdie et ses *Versets sataniques*. Eh bien, seize ans après la fatwa de l'ayatollah Khomeiny, les Gardiens de la Révolution iranienne continuent de réclamer le châtiment suprême. En Europe, on connaît aussi le visage et la voix de l'écrivaine Taslima Nasreen, condamnée à mort par les fondamentalistes de son pays, le Bangladesh, pour son athéisme et sa dénonciation des violences faites aux femmes et aux minorités non islamiques ; elle est obligée aujourd'hui de vivre en exil.

En Occident des hommes et des femmes, musulmans ou originaires des terres d'islam, luttent contre l'obscurantisme et pour un islam libéral, un islam des Lumières[3]. Il n'est pas possible de les citer tous.

2. Voir Mohammed Ali Amir-Moezzi (sous la dir.), *Dictionnaire du Coran*, Paris, Robert Laffont, 2007, p. 31.

3. Voir Malek Chebel, *Manifeste pour un islam des Lumières. Vingt-sept propositions pour réformer l'islam*, Paris, Hachette littératures, 2004.

Un hommage particulier doit toutefois être rendu au travail accompli, en France, par quelques personnalités de grand talent telles que Mohammed Arkoun, spécialiste de la raison islamique et de l'humanisme arabe, l'écrivain Abdelwahab Meddeb, le philosophe et anthropologue des religions Malek Chebel ou le théologien Ghaleb Bencheikh, auteur de *La laïcité au regard du Coran*[4].

Il faut rappeler que ce sont d'abord les Arabo-musulmans luttant à l'intérieur même de leur pays qui font et feront changer les choses au péril de leur vie ou de leur liberté. Ce sont eux qui, au milieu des leurs, affrontent au quotidien le fondamentalisme musulman ; ils labourent le terrain qui verra germer le changement.

Nombreux sont ces intellectuels, penseurs et réformistes, qui œuvrent depuis plusieurs décennies dans leur pays pour une interprétation libérale du Coran et luttent contre l'islam des islamistes, en proie aux pires menaces. Qui se souvient de l'exécution pour apostasie, en 1985, du penseur soudanais Mahmoud Mohamed Taha qui avait critiqué l'instauration de la charia dans son pays ? Le 8 juin 1992, l'intellectuel égyptien Farag Fouda, auteur de plusieurs ouvrages critiques à propos de la charia, est assassiné par deux islamistes en présence de son fils qui sera blessé. L'assassinat est approuvé par un dignitaire d'Al Azhar, fonctionnaire de l'État, Mohamed Al Ghazali, qui déclare devant le tribunal jugeant les assassins que l'exécution d'un apostat est un devoir pour les musulmans.

Voici ce que déclarait Farag Fouda à la télévision égyptienne, quelques mois avant sa mort : « *Est-ce qu'on est obligé de suivre tout ce qui est écrit et considéré comme licite dans les textes religieux ? La question peut paraître naïve. Je me souviens qu'il y a quelques mois, les Égyptiens dans leur ensemble, c'est-à-dire toute la société, étaient choqués par ce gardien d'immeuble qui s'était marié avec une jeune fille de treize ans. Tout le monde a considéré que c'était un crime. Et pourtant, les livres de la Sunna et des Hadith (paroles du Prophète) racontent que notre Prophète s'est marié avec Aïcha qui avait neuf ans. Je ne suis pas en train de dénoncer le Prophète. Mais je dis que l'époque du Prophète n'est pas celle d'aujourd'hui.* »

Deux ans plus tard, le Prix Nobel de littérature, Naguib Mahfouz (1911-2006), reçoit plusieurs coups de poignard alors qu'il est âgé de

4. Ghaleb Bencheikh, *La laïcité au regard du Coran*, Paris, Presses de la Renaissance, 2005.

83 ans. Son crime ? La publication en 1959 d'un roman, *Les fils de la Médina*, qui avait provoqué les foudres des oulémas d'Al Azhar et avait été interdit par le Président de l'époque, le colonel Nasser. Trente-cinq ans plus tard, dans une Égypte sous influence islamiste, deux jeunes fanatiques, qui ont reconnu n'avoir jamais lu une seule ligne de son œuvre, tentent de l'assassiner, convaincus qu'il faut éliminer les apostats.

Lors de mes séjours dans le monde arabo-musulman, j'ai rencontré ces hommes et ces femmes qui mettent en danger leur vie au nom d'un islam libéral. Mais c'est en Europe que je me suis entretenu avec l'Égyptien Nasr Abou Zayed qui m'a fait le récit détaillé de ce qui lui est arrivé dans son pays : « Tout a commencé à l'université, raconte-t-il. J'étais candidat à un poste d'enseignant en théologie et l'un des professeurs qui supervisaient mes examens d'admission appartenait à la mouvance islamiste. Il écrivit que mes idées étaient hérétiques. Il a donc été décidé de me destituer de mes droits à devenir professeur. Comme j'ai refusé leur décision, tout a été révélé dans la presse et l'Égypte s'est scindée en deux camps : les pro-Abou Zayed et les anti-Abou Zayed. Ensuite, les islamistes ont porté l'affaire en justice. Qu'y avait-il dans mes ouvrages de si choquant ? Je critiquais les compagnies d'investissement islamiques, ce qu'ils appellent les économies islamiques, parce qu'elles utilisent l'islam pour faire de l'argent. Or ce professeur était le conseiller religieux de l'une de ces entreprises. L'affaire était donc avant tout politique[5]. »

Puisqu'aucune loi ne considère l'hérésie comme un crime, les islamistes portent l'affaire devant le juge aux affaires familiales. Le mariage d'Abou Zayed est annulé. Mais ce n'est pas suffisant ; il est qualifié d'apostat par les islamistes, ce qui signifie à leurs yeux qu'il mérite la mort.

Obligés de se déplacer sans cesse avec des gardes du corps, Abou Zayed et sa femme ont finalement accepté l'invitation de l'université de Leyde aux Pays-Bas. Ils savent qu'ils ne pourront probablement jamais retourner vivre dans leur pays. C'est donc en Europe que ce penseur, ce théologien qui prône une lecture critique des textes islamiques, a créé il y a une dizaine d'années, avec quelques autres intellectuels arabes comme Mohammed Arkoun et Mohamed Charfi, la Fondation arabe pour la pensée moderne dont l'un des objectifs est

5. Entretien avec l'auteur.

de « *mettre un terme aux régressions constatées dans les sociétés arabes au cours des dernières décennies*[6] ».

La figure historique de la défense des droits des femmes en Égypte, Nawal Al Sadaoui[7], a été, elle aussi, poursuivie en 2001 pour apostasie à la suite d'une campagne violente orchestrée par des islamistes. Un avocat, qui lui reprochait de porter atteinte à l'islam parce qu'elle avait dénoncé le voile ou les mariages forcés, la traduit en justice sur la base d'une loi islamique permettant à un particulier de porter plainte s'il juge que les valeurs coraniques sont bafouées. Une mobilisation des associations internationales des droits de l'Homme a permis d'éviter la sentence requise, le divorce, exactement comme dans le cas d'Abou Zayed.

Au Caire, chez lui, dans un appartement qui ressemble plus à une bibliothèque qu'à un logement, envahi de près de vingt mille livres, j'ai eu la chance de m'entretenir avec Gamal Al Banna, une des figures de l'islam des libertés. Gamal Al Banna est le frère du fondateur des Frères musulmans, mouvement auquel il n'a jamais adhéré. Quand je lui demande pourquoi, il me dit avoir reçu une éducation très différente de celle de son frère, de quatorze ans son aîné. « J'avais une culture plutôt profane, ou laïque, explique-t-il, une éducation qui n'était pas nécessairement axée sur l'islam. J'étais plus attiré par les idées socialistes, le syndicalisme et le combat pour la libération de la femme ; j'étais très attiré par la culture occidentale surtout dans les domaines culturels et artistiques. Tous ces centres d'intérêt n'étaient pas au cœur des préoccupations des Frères à l'époque. Leur vision sur la question de la femme en islam était quelque part limitée à mes yeux. J'avais donc des réserves. Et j'en parlais d'ailleurs souvent à Hassan Al Banna qui m'écoutait en souriant. Je crois qu'il n'a jamais refusé mes idées, mais il n'a rien fait non plus pour les intégrer à sa pensée sur l'islam[8]. »

Gamal Al Banna, qui est né en 1920, rassemble ses dernières forces pour réformer l'islam et l'adapter au XXIe siècle. Il fustige l'islam tel

6. Extrait des statuts de la Fondation dont le siège est à Genève.

7. Auteur en 2007 d'une pièce de théâtre arabe intitulée *Dieu démissionne à la réunion au sommet,* jugée blasphématoire par Al Azhar qui l'interdira.

8. Entretien avec l'auteur. Gamal Al Banna a écrit plusieurs ouvrages en arabe ; aucun n'a été traduit en français. Le plus célèbre s'intitule *Vers une nouvelle jurisprudence islamique*, en trois volumes, Le Caire, Dar Al Fikr Al Islami, 1969-1996.

qu'il est pratiqué et enseigné par les institutions religieuses officielles d'Égypte, d'Iran ou d'Arabie Saoudite qu'il qualifie d'« islam salafiste », « un enseignement des savants musulmans des trois premiers siècles de l'islam qui ont fait leur temps, après plus de mille ans, il est devenu caduc aujourd'hui. » Gamal Al Banna voit dans le salafisme l'origine de tous les maux des sociétés musulmanes, la régression et le sous-développement. « C'est comme si tous les musulmans du monde actuel vivaient au rythme de la vie d'il y a dix siècles et non au rythme de notre époque contemporaine. À mes yeux, c'est une énorme bêtise, de la "bêtise sacrée" si vous voulez ! » Et il martèle que « les religions ont été créées pour l'homme et non le contraire[9] », qu'il est grand temps de réformer toute la pensée islamique.

En 2000, Al Azhar, qui détient le contrôle de la commission nationale de la censure, a tenté d'interdire la publication du livre de Gamal Al Banna, *De la responsabilité de l'échec de l'État islamique*[10], dans lequel il conseillait aux minorités musulmanes vivant en Europe de s'intégrer à leur environnement culturel. « J'y suggérais, explique-t-il, à la femme musulmane qui vit dans les sociétés occidentales et qui veut se couvrir les cheveux, de porter un chapeau au lieu du voile islamique. » Pour lui, on s'en souvient, le voile n'est pas une obligation coranique. « Entre ghettoïsation et assimilation », pour reprendre le titre d'un chapitre de son livre, il existe une voie qui permet de vivre paisiblement sa religion et ses traditions dans le respect des lois du pays. Ce militant d'un islam libéral ne cesse de rappeler que le Coran est un texte « pluriel » qui n'exige pas une seule interprétation ; il n'appartient à personne d'imposer son interprétation.

Pour lui qui a traversé le XXe siècle dans l'ombre et a connu tous les désordres du monde arabo-musulman, la première condition du changement est « la liberté », la liberté de penser, la liberté d'expression, la liberté de croire ou de ne pas croire, sans aucune restriction. « Évidemment ceci va provoquer beaucoup de troubles au début, comme ce fut le cas lors de l'éclatement de l'Union soviétique par exemple, mais la situation finira par changer et les choses se calmeront[11]. »

L'Égypte, on s'en doute, n'est pas un cas isolé. Mohamed Charfi, ancien ministre du président Ben Ali avant de devenir un farouche

9. *Ibid.*

10. Non traduit en français.

11. Entretien avec l'auteur.

détracteur des aspects dictatoriaux du régime, décrivait une situation comparable en Tunisie où « les hommes de l'islam officiel sont des agents de l'État, et l'État ne veut pas de penseurs musulmans modernes, car ils remettent aussi en cause la situation politique actuelle[12]. »

Il savait de quoi il parlait, lui qui a subi les foudres conjuguées du pouvoir tunisien et des dignitaires religieux. En juin 2002, lors d'une prière du vendredi dans la grande mosquée de Kairouan, en Tunisie, le cheikh Abdel Rahman Khlif, fonctionnaire de l'État et ancien député, s'en prend à lui dans un prêche qui « appelle au lynchage » selon les militants tunisiens des droits de l'Homme : « *Oh ! Dieu, écoute-nous, cet homme est ton esclave. Nous ne l'insultons pas, nous ne le condamnons pas, nous n'appelons pas à son meurtre comme l'avait fait Khomeiny pour Salman Rushdie [...]. Oh ! Dieu, nous dénonçons Charfi auprès de toi. Si tu souhaites le punir en ce monde, fais-le, si tu préfères renvoyer sa punition au jour du jugement dernier, c'est toi qui décides. Et si tu veux le punir ici bas et dans l'au-delà, fais-le, Oh ! Dieu*[13]. » Ce qui a déclenché tant de haine de la part de l'imam de Kairouan, c'est un livre, écrit en français (on le lui reprochera également) intitulé *Islam et liberté, le malentendu historique*[14], dans lequel il cherche à concilier l'islam et les conceptions modernes du droit et de l'État. L'auteur y dénonce la mainmise de l'enseignement religieux par les fondamentalistes en ces termes : « *Entre l'islam traditionnel et officiel, d'une part, et les intégristes, d'autre part, s'il y a une différence de comportement, il n'y en a aucune sur le plan de l'analyse, de la théorie, du fondement. Dès lors, se créent nécessairement entre eux des liens et des passerelles*[15]. »

Ce prêche est devenu célèbre en Tunisie car il a été filmé, certes par une caméra amateur, mais suffisamment présente pour être repérée des responsables de la mosquée ; j'ai moi-même visionné cette cassette et elle a été largement diffusée dans le pays. Or pour les militants tunisiens des droits de l'Homme, sa diffusion n'a pu se faire sans l'accord du gouvernement. Dans une tribune publiée sur un site Internet de l'opposition tunisienne, en mars 2003, plusieurs femmes tunisiennes s'alarment : « *Quand on sait le verrouillage qui préside aujourd'hui aux*

12. Entretien avec l'auteur.
13. Vidéo visionnée par l'auteur.
14. Mohamed Charfi, *Islam et liberté, le malentendu historique*, Paris, Albin Michel, 1998.
15. Mohamed Charfi, *Islam et liberté, le malentendu historique*, *op. cit.*, p. 197.

libertés publiques en Tunisie, que ce soit la liberté de culte, de circulation, de réunion ou d'expression ; lorsqu'on sait comment les mosquées sont strictement régentées par l'administration du culte, les prêches commandés et programmés et les imams soigneusement triés sur le volet, on ne peut rester indifférentes, ni au fond ni à la forme de ce discours[16]. »

Il a été indiqué précédemment comment le mollah iranien Youcefi Eshkévari a été condamné à mort à son retour de Berlin pour avoir affirmé lors d'une conférence que le voile n'est pas une obligation coranique et qu'en islam, les règles familiales ou sociales peuvent changer en fonction de l'époque ou du lieu. Malgré cette condamnation commuée en peine de prison, il réitère ses attaques : « D'une manière générale je peux dire que la république islamique est en train de suivre la politique du Vatican et de l'Église du Moyen Âge. À cette époque aussi dans les tribunaux spéciaux de l'Inquisition on jugeait ceux qui s'écartaient des dogmes. C'est ainsi que de nombreux ecclésiastiques, même des cardinaux, des archevêques, ont été excommuniés. C'est exactement ce qui est en train de se passer dans la république islamique, et l'une des personnes qui a été l'objet de cette épuration du tribunal spécial du clergé, c'est moi[17] ! »

Le hojatoleslam Mohsen Kadivar, réformateur religieux dont il a été beaucoup question, a lui aussi connu la prison à cause de ses critiques à l'encontre du régime théocratique et de ses idées favorables à la sécularisation de la société iranienne. De même Ramin Jahanbegloo, emprisonné pendant quatre mois, à son retour de l'étranger, sous prétexte qu'il complotait avec les ennemis du régime. La liberté de parole de ce philosophe de renommée internationale, appelé à donner des conférences dans le monde entier, n'est guère appréciée de la dictature iranienne.

En Arabie Saoudite où le droit d'expression n'existe tout simplement pas, des femmes comme l'historienne Hatoun Al Fassi, professeur à l'université publique du roi Saoud, à Riyad, se dresse ouvertement contre l'obscurantisme et la rigueur salafiste qui règnent dans le royaume. Elle est une militante active des droits des femmes dans un pays qui leur refuse jusqu'à la possibilité de se déplacer seules ou de conduire une voiture. Très récemment, Hatoun Al Fassi s'est

16. « Le pouvoir, faux rempart contre l'islamisme », publié le 9 mars 2003 sur plusieurs sites Internet de l'opposition tunisienne.

17. Entretien avec l'auteur.

élevée contre la condamnation d'une femme de soixante-quinze ans à quarante coups de fouet ; la police religieuse l'avait accusée d'avoir reçu chez elle deux jeunes gens qui n'étaient pas de sa famille. Cette militante féministe ne baisse jamais les bras, malgré un environnement hostile, pour ôter à la femme saoudienne ce statut de mineure imposé par les wahhabites.

Et d'une manière générale, les femmes, les plus écrasées par les politiques gouvernementales et par l'influence grandissante des fondamentalistes, tentent de s'organiser un peu partout dans le monde musulman. On a cité précédemment la déclaration des femmes tunisiennes au sujet de Mohamed Charfi. Comment ne pas citer Chirin Ebadi, première femme en Iran à devenir présidente d'un tribunal en 1974, fonction qu'elle a été obligée de quitter après l'arrivée de Khomeiny au pouvoir ? Elle reprend alors sa carrière d'avocate, enseigne le droit et œuvre pour la défense des femmes et des enfants. Ses prises de position sur la question des droits de l'Homme lui ont valu de la prison en Iran et un prix Nobel de la Paix décerné en 2003. Ce prix ne la met pas complètement à l'abri des tracasseries, de même que le prix Nobel attribué en 1975 à Andreï Sakharov ne lui a pas évité nombre de persécutions du KGB, mais les distinctions et les reconnaissances internationales peuvent servir de porte-voix aux idées de liberté et de démocratie.

L'aide ne doit pas passer par une intervention militaire, car elle ruinerait bien sûr toute chance de succès chez ceux qui luttent sur place. La victoire sur l'islamisme passe par la bataille des idées, la seule qui durera dans le temps et apportera des fruits pour les générations futures. La force des idées est bien plus grande que nous le croyons. L'islam a besoin des Voltaire, et il y en a, mais ils ne sont pas audibles, ni visibles. Ils sont pris en étau entre la montée en puissance de l'intégrisme et les gouvernements tyranniques que l'Occident soutient avec la promesse d'endiguer les islamistes. Les gouvernements démocratiques doivent cesser d'apporter leur aide à des dictatures, au nom des intérêts économiques ou politiques, sans contrepartie sur les respects de certaines valeurs humaines.

De même que nous avons aidé intellectuellement et matériellement les victimes des dictatures des pays de l'Est, nous pouvons aider les victimes de l'islamisme et des dictatures arabo-musulmanes, en mobilisant les opinions des pays démocratiques et en faisant connaître les actions et les idées des femmes et des hommes qui défendent, avec leurs sensibilités et leurs cheminements, les valeurs universelles des droits de l'Homme et de l'égalité des sexes.

Nous devons respecter ces sensibilités qui ne sont pas forcément copies conformes à celles qui prévalent en Occident. Et nous devons le faire non pas au nom d'un quelconque relativisme culturel, car il ne faut en aucune manière céder sur les fondements de ces valeurs, mais en acceptant les cheminements choisis par ces femmes et ces hommes dans leur quête de liberté et de démocratie.

En juin 2009, lorsque le régime dictatorial vole à de nombreux Iraniens l'espoir de voir les choses changer par les urnes lors de l'élection présidentielle, la contestation se dresse, menée par des laïcs et des religieux. « Mort au dictateur », profèrent des manifestants à l'adresse du Guide suprême, l'ayatollah Ali Khamenei, et du président Ahmadinejad ; mais on entend aussi des « *Allah Akbar* » dans les cortèges ou sur les toits des immeubles, qui le soir sonnent comme un slogan de ralliement.

Ces événements ont montré la fragilité de l'équilibre institutionnel iranien qui oscille entre une république encadrée où l'expression électorale du peuple est permise et une suprématie, au nom de l'islam, d'un guide religieux pratiquement inamovible et doté de pouvoirs exorbitants. La contestation de l'autorité de l'imam Khamenei qui, pour la première fois, s'est largement exprimée dans la rue, ouvre la voie au refus de cette prééminence du religieux sur le politique. À côté de ceux qui réclamaient une application stricte de la démocratie, dans le cadre constitutionnel iranien, se trouvaient d'autres manifestants qui rejetaient le régime en place depuis l'arrivée au pouvoir de Khomeiny, en 1979, souhaitant mettre fin à l'instrumentalisation politique de l'islam.

L'alliance entre cette société civile iranienne descendue dans la rue – certains y ont sacrifié leur vie – pour réclamer le droit de choisir ses dirigeants et cette fraction du clergé qui demande la fin de la théocratie sera probablement le moteur des changements à venir dans ce pays.

Glossaire

Abaya : voile, traditionnellement de couleur noire, qui couvre amplement tout le corps des musulmanes en Arabie Saoudite et dans les pays du Golfe, très souvent porté avec le « *nikab* ». L'abaya est de plus en plus adoptée par des femmes musulmanes dans d'autres régions du monde.

Ayatollah : titre le plus élevé dans le clergé chiite (contrairement au sunnisme, le chiisme est très hiérarchisé). L'ayatollah est considéré comme un docteur de la loi islamique pouvant l'interpréter.

Bid'a : innovation qui ne respecte pas la tradition musulmane et les préceptes du prophète Mohamed.

Burqa : équivalent de l'abaya, portée par des femmes en Afghanistan et au Pakistan. La burqa peut être de toutes les couleurs.

Charia : loi islamique établie lors des premiers siècles de l'islam, encore en vigueur aujourd'hui dans certains pays musulmans.

Cheikh : titre donné au sage ou à un guide dans la vie spirituelle, en raison de ses grandes connaissances religieuses.

Chiisme : courant minoritaire en islam. Les chiites représentent 10 à 15 % des musulmans dans le monde. Le plus grand pays chiite est l'Iran.

Choura : consultation des croyants prônée dans le Coran avant toute décision prise par le chef de la communauté.

Fatwa : mot arabe désignant un avis juridique émis par un spécialiste de la loi religieuse pour régler un problème où la jurisprudence islamique n'est pas claire.

Fitna : mot arabe qui se réfère à la guerre civile et aux divisions au sein de l'islam.

Hadith : terme arabe souvent utilisé au pluriel – les hadiths – pour désigner les dires, les actes et les approbations du prophète Mohamed.

Hijab : voile porté au-dessus des vêtements par des musulmanes, qui peut prendre des formes différentes selon les régions (voir aussi : tchador, burqa ou abaya).

Hojatoleslam : titre honorifique dans le clergé chiite, moins important qu'un ayatollah.

Jihad : a deux sens, la guerre sainte contre les ennemis, les infidèles ou la lutte contre le mal en soi-même.

Madrasa: « école » en arabe, mais ce terme est souvent utilisé pour indiquer les écoles ou les universités coraniques.
Mollah: membre du clergé chiite.
Mufti: religieux dans l'islam sunnite qui a l'autorité d'interpréter la charia et d'émettre des avis juridiques.
Nikab (ou ***niqab***): voile, souvent noir, couvrant le visage, sauf les yeux, en prolongement du hijab ou de l'abaya, porté par des musulmanes principalement au Moyen-Orient.
Ouléma, ou ***uléma*** : « savant » en arabe. Le mot désigne un érudit dans la tradition musulmane sunnite.
Salafisme: mouvement religieux revendiquant le retour à l'islam des premiers siècles de l'ère musulmane.
Souna (Sunna) : tradition prophétique, les dires et les actes du prophète Mohamed.
Sunnisme: courant religieux majoritaire en islam. Les musulmans qui le pratiquent sont appelés les sunnites.
Talibans: étudiants en théologie islamique dans des madrasas. Depuis la guerre contre les Soviétiques (1979-1989), des talibans ont donné naissance à un mouvement politico-religieux en Afghanistan et au Pakistan appelé par les médias occidentaux : les Talibans.
Tchador: voile, souvent noir, porté par des musulmanes iraniennes et des pays de l'Asie centrale.
Uléma (voir ***ouléma***).
Wahhabisme: doctrine fondée par l'imam Mohamed Ibn Abdel Wahhab (1703-1792) en Arabie Saoudite pour un retour à un islam des origines.

Table des principaux entretiens

Oumamia Abou Bakr (et **Hoda Al Sadda**), professeures à l'université du Caire et militantes féministes, fondatrices de l'association « Mémoire de femmes ».

Mohamed Mahdi Akef, Guide suprême des Frères musulmans, en Égypte, depuis 2004.

Yahia Al Amir, éditorialiste dans un grand quotidien saoudien, *Al Riyadh*.

Salman Al Aouda, leader du mouvement islamiste saoudien *Al Sahwa* (l'Éveil) et l'un des vingt-six religieux qui ont signé une fatwa appelant au jihad en Irak, en novembre 2004. L'idéologie de ce mouvement *Al Sahwa* est très proche de celle des Frères musulmans égyptiens.

Gamal Al Banna, militant égyptien d'un islam libéral et frère de Hassan Al Banna, le fondateur des « Frères Musulmans ». Militant socialiste et syndicaliste dans les années 1940-1960. Écrivain et éditeur de textes religieux depuis une quarantaine d'années, il est devenu, aujourd'hui, un des théologiens réformistes les plus prolifiques.

Mayar Al Beblawy, Égyptienne, ancienne actrice de cinéma, devenue prédicatrice à la télévision depuis 2003.

Hatoun Al Fassi, historienne saoudienne, professeure à l'université publique du roi Abdelaziz Ben Saoud, à Riyad, figure importante de la lutte pour les droits des femmes dans son pays.

Abdelaziz Al Qassim, avocat saoudien que les chercheurs européens qualifient d'islamo-libéral, emprisonné entre 1993-1995 pour avoir participé à un mouvement réclamant des réformes sociales et institutionnelles dans le royaume.

Hoda Al Sadda (voir **Oumamia Abou Bakr**).

Abdoullah Al Sabih, professeur saoudien à l'université islamique de l'iman Mohamed Ben Saoud de Riyad.

Abdoullah Al Sadhan, auteur et comédien saoudien, notamment du feuilleton télévisé « *Tash ma tash* » (« Ça passe ou ça casse ») qui traite sur un mode humoristique les questions de société. Cette série a eu beaucoup de succès entre 2004 et 2006.

Saoud Al Sahran, chercheur saoudien, spécialiste de la pensée islamique et des mouvements islamistes radicaux.

Mustapha Kamel Al Sayid, professeur égyptien à la Fondation des sciences politiques de l'université du Caire.

Ahmed Al Tayeb, recteur de l'université islamique d'Al Azhar et ancien grand mufti d'Égypte.

Fawzi Al Zafzaf, président de la Commission de dialogue avec les autres religions monothéistes de la grande mosquée d'Al Azhar.

Paul Barril, ancien membre du GIGN qui a participé à la libération de la Grande Mosquée de La Mecque, suite à une prise d'assaut par un groupe islamiste, en novembre 1979.

Michael Barry, professeur américain à l'université de Princeton (USA) et responsable du Département d'art islamique au Metropolitan Museum de New York.

Kaveh Bayate, chercheur iranien, spécialiste de l'histoire contemporaine de son pays et ancien professeur à l'université de l'Imam Sadegh, à Téhéran.

François Burgat, chercheur français, directeur de recherche au CNRS et directeur de l'Institut français du Proche-Orient.

Mohamed Charfi (1936-2008), universitaire et homme politique tunisien. Président de la Ligue tunisienne des droits de l'Homme (1988-1989) et ministre chargé de l'Éducation nationale (1989-1994).

Youcefi Eshkévari, théologien réformiste iranien, condamné à mort par un tribunal religieux pour avoir déclaré lors d'une conférence à Berlin que le voile n'est pas une obligation coranique. Sa peine a été commuée en une peine de prison de sept ans. Il n'a plus le droit d'enseigner la théologie ni de porter l'habit clérical. Eshkévari a aussi été député dans le premier parlement après la révolution islamique de 1979.

Mansurieh Ettehadeh, historienne iranienne, professeure à l'université de Téhéran. Auteure, en 1979, d'une thèse à l'université d'Édimbourg, Écosse, sur « Les origines et le développement des partis politiques en Iran ».

Marc Ferro, historien français, codirecteur de la revue *Les Annales* et directeur d'études à l'École des hautes études en sciences sociales de Paris.

Ramin Jahanbegloo, politologue et philosophe iranien, directeur du Département des études contemporaines de l'université de Téhéran.

Jean Lacouture, journaliste et écrivain français. Auteur de nombreux ouvrages.

Joseph Maïla, politologue et philosophe franco-libanais. Il a commencé sa carrière à l'université Saint-Joseph, à Beyrouth, avant de devenir doyen puis recteur de l'Institut catholique de Paris. Il est aujourd'hui professeur associé dans de nombreuses universités européennes et américaines.

Hojatoleslam Mohsen Kadivar, religieux réformiste et professeur de philosophie islamique à l'université de Téhéran. Il est, par ailleurs, professeur invité des études religieuses à l'université de Virginie (USA). Opposant au régime iranien, il a connu les prisons de son pays, à l'époque du Chah et sous la république islamique.

Amir Nikpey, professeur d'anthropologie et de sociologie à l'université de Shahid Beheshti, à Téhéran. Chercheur associé à l'École des hautes études en sciences sociales à Paris.

Diaa Rashwan, chercheur égyptien, un des meilleurs spécialistes des mouvements islamistes au Centre de recherches Al Ahram, au Caire.

Yunan Labib Rizq, historien égyptien, copte, éditorialiste dans le journal *Al Ahram* du Caire.

Adbel Sabour Marzouk, secrétaire général du Haut conseil des affaires islamiques d'Al Azhar qui contrôle les commissions de la censure religieuse.

Hossam Tamam, journaliste égyptien, rédacteur en chef du site d'informations et de conseils pratiques sur la religion, IslamOnline.

Nasr Abou Zayed, théologien libéral égyptien, accusé d'apostasie et condamné par un tribunal du Caire, en 1995. Il vit actuellement en exil avec sa famille aux Pays-Bas, enseigne à l'université de Leiden et dirige la chaire Ibn Roushd « humanisme et islam » à l'université d'Utrecht. Il préside la Fondation pour la pensée arabe moderne.

Ces entretiens ont été réalisés en 2004 et 2005.

Bibliographie

Ouvrages cités

Ali Abderraziq, *L'Islam et les fondements du pouvoir*, trad. Abdou Filaly-Ansary (philosophe marocain), Paris, La Découverte, 1994.

Fariba Adelkhah, *La Révolution sous le voile*, Paris, Karthala, coll. Hommes et sociétés, 1991.

Gamal Al Banna, *Vers une nouvelle jurisprudence islamique*, (en arabe), en trois volumes, Le Caire, Dar Al Fikr Al Islami, 1969-1996.

Mohammad Ali Amir-Moezzi (sous la dir.), *Dictionnaire du Coran*, Paris, Éditions Robert Laffont, 2007.

Ancien Testament, Isaïe 47, 1-3, *La Bible de Jérusalem, La Sainte Bible*, traduite en français sous la direction de l'École biblique de Jérusalem, Paris, Desclée de Brouwer, 1975.

Ancien Testament, Genèse 24 62-65, *La Bible de Jérusalem, La Sainte Bible*, traduite en français sous la direction de l'École biblique de Jérusalem, Paris, Desclée de Brouwer, 1975.

Mohammed Arkoun, Joseph Maïla, *De Manhattan à Bagdad. Au-delà du Bien et du Mal*, Paris, Desclée de Brouwer, 2003.

Michael Barry, *Massoud, de l'islamisme à la liberté*, Paris, Éditions Louis Audibert, 2002.

Marc Bergé, *Les Arabes. Histoire et civilisation des Arabes et du monde musulman des origines à la chute du royaume de Grenade*, Paris, Éditions Lidis, 1978.

Ghaleb Bencheikh, *La laïcité au regard du Coran*, Paris, Presses de la Renaissance, 2005.

Jacques Berque, Jean Sur, *Les Arabes, l'islam et nous*, Paris, Arte Éditions/Mille et Une Nuits, 1994.

Mohamed Charfi, *Islam et liberté, le malentendu historique*, Paris, Albin Michel, 1998.

Collectif, *Le Siècle des féminismes*, Ivry-sur-Seine, Les Éditions de l'Atelier, 2004.

Youssef Courbage (voir Emmanuel Todd).
Marc Ferro, *Le choc de l'islam*, Paris, Odile Jacob, 2002.
Marc Ferro, *Le Ressentiment dans l'histoire. Comprendre notre temps*, Paris, Odile Jacob, 2007
Marcel Gauchet, *Le Désenchantement du monde*, Paris, Gallimard, 1985.
Marcel Gauchet, *La Religion dans la démocratie*, Paris, Gallimard, 2000.
Amitav Ghosh, « L'Indien et l'imam », dans *Nouvelles du Bengale*, Paris, Magellan & Cie, 2007.
Samuel Huntigton, *Le choc des civilisations*, Paris, Odile Jacob, 2000.
Gilles Kepel, *Terreur et martyre. Relever le défi de civilisation*, Paris, Flammarion, 2008.
Saïd Kotb, *À l'ombre du Coran*, traduit et annoté par Osama Khalil, Asnières, mosquée Al Hidayah Al Islamyah, Alphabeta, 1998.
Fouad Laroui, *De l'islamisme. Une réfutation personnelle du totalitarisme religieux*, Paris, Robert Laffont, 2006.
Bernard Lewis, *Histoire du Moyen-Orient. Deux mille ans d'histoire de la naissance du christianisme à nos jours*, Paris, Albin Michel, 1997.
Bernard Lewis, *Que s'est-il passé ? L'islam, l'Occident et la modernité*, Paris, Gallimard, 2002.
Sven Lindqvist, *Exterminez toutes ces brutes*, Paris, Les Arènes, 2007.
Sven Lindqvist, *Terra Nullius*, Paris, Les Arènes, 2007.
Joseph Maïla (voir Mohammed Arkoun).
Jean-Marie Mayeur, *La Séparation de l'Église et de l'État*, Ivry-sur-Seine, Éditions de l'Atelier, 2005.
Abdelawahab Meddeb, *La maladie de l'islam*, Paris, Le Seuil, coll. La couleur des idées, 2002 ; coll. Points Essais, 2005.
Pascal Ménoret, *L'énigme saoudienne. Les Saoudiens et le monde, 1744-2003*, Paris, La Découverte, 2003.
Fatema Mernissi, *Le Harem et l'Occident*, Paris, Albin Michel, 2001.
Nouveau Testament, Premier Épître aux Corinthiens 3, 4-1, *La Bible de Jérusalem, La Sainte Bible*, traduite en français sous la direction de l'École biblique de Jérusalem, Paris, Desclée de Brouwer, 1975.
Pierre Pactet, *Institutions politiques. Droit constitutionnel*, Paris, Masson, 1985.
Évelyne Patlagean, *Un Moyen Âge grec : Byzance IXᵉ-XVᵉ siècle*, Paris, Albin Michel, 2007.
Jennifer Pitts, *Naissance de la bonne conscience coloniale, les libéraux français et britanniques et la question impériale* (1770-1870), L'Atelier, 2008.
Platon, *La République*, 558b sq, trad. Robert Baccou, Paris, Garnier Frères, 1966.
Salman Rushdie, *Les Versets sataniques*, Paris, Plon, 1999.
Edward W. Said, *L'Orientalisme*, Paris, Le Seuil, 2005.

Edward W. Said, « Retour sur l'orientalisme », dans *Réflexions sur l'exil*, Arles, Actes Sud, 2008, chap. 19.
Ghassan Salamé, *Démocraties sans démocrates. Politiques d'ouverture dans le monde arabe et islamique*, Paris, Fayard, 1994.
Amira Sonbol, « *Battered and Repudiated Women in Tunis : Eighteenth-Twentieth centuries* », in *Women, the Family and divorce in Islamic History*, éd. Amira El Azhary Sonbol, Syracuse University Press, 1996.
Jean Sur (voir Jacques Berque).
Emmanuel Todd et Youssef Courbage, *Le rendez-vous des civilisations*, Paris, Le Seuil, 2007.
Tzvetan Todorov, *La peur des barbares, au-delà du choc des civilisations*, Paris, Robert Laffont, 2008.
Dominique Urvoy, *Histoire de la pensée arabe et islamique*, Paris, Le Seuil, 2006.
Odon Vallet, *Petit lexique des guerres de religions, d'hier et d'aujourd'hui*, Paris, Éditions Albin Michel, 2004.
Abdessalam Yacine, *Islamiser la modernité*, Casablanca, Al Ofok Impressions, 1998.
Thierry Zarcone, *La Turquie moderne et l'islam*, Paris, Flammarion, 2004.
Nasr Abou Zayed, *Critique du discours religieux*, Arles, Actes Sud, 1999.

Articles cités

Qassem Amin, cité par Najet Belhatem, « L'autre son de cloche », FMES, (http://www.fmes-france.net/article.php3?idārticle=448).
Christophe Ayad, « Quatre ans de prison pour non-respect du ramadan », *Libération*, 9 octobre 2008.
Paul Balta, « La République islamique d'Iran », (www.clio.fr).
Paul Balta et Dominique Pouchin, « L'action décisive des groupes de la guérilla », *Le Monde*, 13 février 1979.
Élie Barnavi (voir Régis Debray).
Florence Beaugé, « Tunisiennes, retour de voiles », *Le Monde*, 6 octobre 2006.
Simin Behbahani, « Les Iraniennes doivent imposer leur volonté », propos recueillis par Annette Lévy-Willard, *Libération*, 19 avril 2009.
Ali Belhadj, cité dans *Al Watan Al-Arabi*, 27 juillet 1990.
Ali Belhadj, *El Mounquid* n° 23, le journal du FIS, septembre 1990.
Ali Belhadj, *Horizons*, journal quotidien algérien, 23 février 1989.
Abdelmajid Charfi, « L'islam aujourd'hui face à la modernité », *Le Monde*, 12 octobre 2007.
Régis Debray-Élie Barnavi, « Le Proche-Orient, l'islam et nous », *Le Figaro*, 13 février 2008.

Chirin Ebadi, « La démocratie n'est pas un luxe à l'occidentale », *Le Monde*, 29 avril 2009.
Chirin Ebadi, article publié par le journal italien *La Stampa*, et reproduit par *Courrier International* n° 883, du 4 au 10 octobre 2007.
Oriana Fallaci, entretien avec l'ayatollah Khomeiny, *Le Nouvel Observateur*, 15 octobre 1979.
Mark Gasiorowski, « Révélations sur le coup d'État de 1953. Quand la CIA complotait en Iran », *Le Monde Diplomatique*, octobre 2000.
Fayza Hassan, « Speaking for the other half », *Al-Ahram Weekly On-line,* 1-7 March 2001 Issue No.523, en anglais.
Valia Kaimaki, « Pressions de l'Église sur l'État. Occasion perdue pour la laïcité en Grèce », *Le Monde Diplomatique*, décembre 2002.
Kamel Labidi, « La longue descente aux enfers de la Tunisie », *Le Monde Diplomatique*, mars 2006.
Georges Malbrunot, « La rééducation des terroristes d'Arabie Saoudite », *Le Figaro*, 19 janvier 2008.
Fatema Mernissi, « Seules les musulmanes persécutées intéressent l'Occident », interview donnée au magazine *Psychologies*, propos recueillis par Valérie Colin-Simard, décembre 2001.
Dominique Pouchin (voir Paul Balta).
Salman Rushdie, « Mes Lumières », *Le Nouvel Observateur*, 21 décembre 2006-3 janvier 2007.
André Scemama, « Tel-Aviv : des extrémistes palestiniens revendiquent la responsabilité du massacre commis à l'aéroport par trois Japonais », *Le Monde*, 1er juin 1972.
Maurice Séveno, « Aucune solution n'est possible en Iran sans la disparition de la dynastie des Pahlavi. » *Le Monde*, 17 octobre 1978.
Tzvetan Todorov, « Afghanistan : Européens et Américains doivent partir », *Libération*, 10 octobre 2008.

Ouvrages de référence, non cités

Mohammed Arkoun, *Humanisme et Islam : combats et propositions,* Paris, Librairie Philosophique Vrin, 2005.
Mohammed Arkoun, *Pour une critique de la raison islamique*, Paris, Maisonneuve et Larose, 1984.
Mohammed Arkoun, *L'Islam, morale et politique*, Paris, Desclée de Brouwer/Unesco, 1986.
Salim Bachi, *Le silence de Mahomet*, Paris Gallimard, 2008.
Rachid Benzine, *Les nouveaux penseurs de l'islam*, Paris, Albin Michel, 2004.
Hervé Elie Bokobza, *Israël-Palestine la paix à la lumière de la Torah*, Paris, L'Œuvre, 2008.

Dounia Bouzar, *L'intégrisme, l'islam et nous*, Paris, Plon 2007.
Jean-Charles Brisard, *Zarkaoui, le nouveau visage d'Al-Qaïda*, Paris, Fayard, 2005.
François Burgat, *L'islamisme en face*, Paris, La Découverte, 2002.
François Burgat, *L'islamisme à l'heure d'Al-Qaïda*, Paris, La Découverte, 2005.
Olivier Carré, *Mystique et politique. Le Coran des islamistes*, Paris, Le Cerf, 2004.
Ahmed Chaarani, *La mouvance islamiste au Maroc. Du 11 septembre 2001 aux attentats de Casablanca du 16 mai 2003,* Paris, Karthala, 2004.
Jean-Paul Chagnollaud, Sid-Ahmed Souiah, *Les frontières au Moyen-Orient*, Paris, L'Harmattan, 2004.
Malek Chebel, *Manifeste pour un islam des Lumières. Vingt-sept propositions pour réformer l'islam*, Paris, Hachette, 2004.
Georges Corm, *Le Proche-Orient éclaté 1956-2003*, Paris, Gallimard, 2003.
Christian Delacampagne, *Islam et Occident les raisons d'un conflit*, Paris, Presses universitaires de France, 2003.
Abdou Filali-Ansary, *Réformer l'islam. Une introduction aux débats contemporains*, Paris, La Découverte, 2003.
Dexter Filkins, *La guerre sans fin*, Paris, Albin Michel, 2008.
Alain Gresh, Dominique Vidal, *Les 100 clés du Proche-Orient*, Paris, Hachette, 2003.
Patrick Haenni, *L'islam de marché l'autre révolution conservatrice*, Paris, Le Seuil, 2005.
Mahmoud Hussein : *Penser le Coran,* Paris, Grasset, 2009.
Gilles Kepel, *Jihad expansion et déclin de l'islamisme*, Paris, Gallimard, 2003.
Gilles Kepel, *Fitna Guerre au cœur de l'islam*, Paris, Gallimard, 2004.
Gilles Kepel, *Al-Qaïda dans le texte*, Paris, Presses universitaires de France, 2005.
Gérard D Khoury (voir Jean Lacouture).
Olfa Lamloum, *Al-Jazira, miroir rebelle et ambigu du monde arabe*, Paris, La Découverte, 2004.
Jean Lacouture, Ghassan Tuéni, Gérard D Khoury, *Un siècle pour rien. Le Moyen-Orient arabe de l'Empire ottoman à l'Empire américain*, Paris, Albin Michel, 2002.
Abdallah Laroui, *Islam et Histoire*, Paris, Albin Michel, 1999.
Bernard-Henri Lévy, *Ce grand cadavre à la renverse*, Paris, Grasset, 2007.
Guy Millière, *Qui a peur de l'islam ?* La démocratie est-elle soluble dans l'islam ? Paris, Michalon, 2004.
Hamadi Redissi, *L'exception islamique,* Paris, Le Seuil, 2004.
Yann Richard, *100 mots pour dire l'Iran moderne*, Paris, Maisonneuve & Larose, 2003.

Olivier Roy, *L'islam mondialisé*, Paris, Le Seuil, 2002.

Sid-Ahmed Souiah (voir Jean-Paul Chagnollaud).

Xavier Ternisien, *Les Frères musulmans*, Paris, Fayard, 2005.

Ghassan Tuéni, (voir Jean Lacouture).

Lawrence Wright, *La guerre cachée. Al-qaïda et les origines du terrorisme islamiste*, Paris, Robert Laffont, 2007.

Index

A

Abdelkader [émir], 48, 64
Abderraziq, Ali, 49-50, 203
Abdou, Mohamed, 56-57
Abou Azaim [cheikh], 49
Abou Bakr, Oumamia, 130, 152-155, 199
Abou Zayed, Nasr, 165, 190-191, 201, 205
Abraham, 167
Adelkhah, Fariba, 156, 203
Aflert, Michel, 110
Aga Khan, 162
Ahmad, Ali, 62
Ahmadinejab, Mahmoud, 121, 196
Akef, Mohamed Mahdi, 51, 124, 130, 199
Al Afghani, Jamal Eddine, 56-57
Al Albani, Nasser Eddine, 166
Al Amir, Yahia, 41, 56, 62, 74, 174, 178, 199
Al Aouda, Salman, 34, 44-46, 52, 125, 199
Al Azhar, 21, 33, 48-49, 57, 59, 61, 76, 101, 115, 145, 165, 187, 189-192, 200-201
Al Banna, Gamal, 16, 33, 102, 129, 145, 155, 191-192, 199, 203
Al Banna, Hassan, 15, 28-29, 31, 33, 191, 199
Al Beblawy, Mayar, 20, 147, 199
Al Farabi, 39
Al Fassi, Hatoun, 34, 45-46, 70-71, 142-143, 160, 175-176, 194, 199
Al Ghazali, Mohamed, 189
Al Khawarizmi, 83
Al Ma'mûn (al-Ma'mûn), 84
Al Mawdoudi, Abdoul, 26, 31
Al Mizeini, Hamza, 176
Al Oteibi, Jouheiman, 34, 142, 166
Al Qassim, Abdelaziz, 53, 78, 172, 178, 180, 199
Al Sabih, Abdoullah, 24, 199
Al Sadaoui, Nawal, 191
Al Sadate, Anouar, 111, 166
Al Sadda, Hoda, 130, 152, 154-155, 199
Al Sadhan, Abdoullah, 65, 72, 98, 157, 200
Al Sahran, Saoud, 34, 166, 180, 200
Al Sayid, Mustapha Kamel, 29, 33, 64, 67, 101, 134, 165, 200
Al Sindi, Badi Eddine, 166
Al Tayeb, Ahmed, 61, 115, 200
Al Wadi, Mokbel, 166
Al Zafzaf, Fawzi, 76, 200
Al Zawahiri, Ayman, 32, 37, 170
Ali Amir-Moezzi, Mohammed, 175
Ali, Mohamed, 26, 92
Amin, Qassem, 153, 205
Arkoun, Mohammed, 77-78, 103-104, 172-173, 183, 189-190, 203-204, 206
Atatürk, Mustapha Kemal, 40, 42, 45, 88-91, 128, 152, 158

Averroès, Ibn Rouchd, 39, 63, 84
Avicenne, Ibn Sina, 39, 83
Ayad, Christophe, 15, 205

B
Balta, Paul, 95, 163-164, 205-206
Barril, Paul, 168, 200
Barry, Michael, 38-39, 64, 75, 83, 136, 169-170, 181, 200, 203
Bayate, Kaveh, 90, 200
Beaugé, Florence, 147, 205
Behbahani, Simin, 151-152, 205
Belhadj, Ali, 52-53, 126, 205
Belhatem, Najet, 153, 205
Ben Ali, Zine el-Abidine, 112
Ben Laden, Oussama, 46, 169
Bencheikh, Ghaleb, 189, 203
Benigni, Roberto, 60
Berlusconi, Silvio, 182
Berque, Jacques, 37, 159, 203, 205
Bhutto, Ali, 26
Bodin, Jean, 108
Bonaparte, Napoléon, 57
Bourges, Yvon, 168
Bourguiba, Habib, 94, 112
Brooks, Louise, 149
Burgat, François, 98, 104, 200, 207
Bush, George W., 51, 58, 64, 80, 98, 175, 185

C
Charfi, Abdelmajid, 106, 205
Charfi, Mohamed, 5, 65, 68, 94, 106, 113, 125, 127-129, 159, 162, 187, 190, 192-193, 195, 200, 203
Chebel, Malek, 188-189, 207
Chesnot, Christian, 177
Colin-Simard, Valérie, 138, 206
Courbage, Youssef, 105, 204-205

D
Descartes, 110

E
Ebadi, Chirin, 115, 118-119, 129, 135, 195, 205-206
Erdogan, Recep Tayyip, 22
Eshkévari, Youcefi, 35, 91, 95, 116, 131, 133, 146, 155, 194, 200
Ettehadeh, Mansurieh, 62-63, 68, 71, 113, 144, 200
Étudiant(e)s saoudien(ne)s, 174

F
Fallaci, Oriana, 150-151, 206
Fayçal [roi], 25, 42, 141
Ferro, Marc, 46, 69-71, 171, 201, 204
Filaly-Ansary, Abdou, 49, 203
Fouad [roi], 48
Fouda, Farag, 189

G
Gandhi, mahatma, 26
Gasiorowski, Mark, 163, 206
Gauchet, Marcel, 105, 204
Georges-Picot, François, 67
Ghosh, Amitav, 103, 204
Giscard d'Estaing, Valéry, 168
Golpayegani [ayatollah], 122

H
Hassan, 15, 28-29, 31, 33, 43, 125, 129, 191, 199
Hassan, Fayza, 153, 206
Hitler, Adolf, 118
Hobbes, Thomas, 108
Huntington, Samuel R., 182
Hussein, 43
Hussein [chérif], 48
Hussein, Saddam, 40, 44, 58, 60, 179

I
Ibn Abdelwahhab, Mohamed, 24
Ibn Arabi, 39
Ibn Baz, Abdel Aziz, 166

Ibn Khaldoun, 39
Ibn Rouchd, Averroès, 39, 63, 84
Ibn Saoud, Abdelaziz, 24-25, 33, 48, 177
Ibn Saoud, Khaled, 167
Ibn Saoud, Mohamed, 24
Ibn Sina [Avicenne], 39, 83
Ismaël, 167
Istambouli, Khaled, 166

J
Jahanbegloo, Ramin, 105, 119-120, 134, 194, 201
Jihan, Ahmed, 177
Jinnah, Mohamed Ali, 26

K
Kadivar, Mohsen, 60, 117-118, 120, 123, 133-134, 179, 194, 201
Kaimaki, Valia, 132, 206
Karzaï, Hamid, 60, 112
Kemal, Mustapha (Atatürk), 40, 42, 88-89, 94, 109, 139
Kepel, Gilles, 98, 204, 207
Khaled, Amr, 14
Khaled [émir], 48
Khamenei [imam], 44, 117, 120, 196
Khatami, Mohamad, 121
Khlif, Abdel Rahman, 193
Khomeiny [ayatollah], 35-36, 39, 44, 61, 77, 91, 95, 117, 120, 123, 134, 140-142, 150-151, 164, 168, 179, 188, 193, 195-196, 206
Kotb, Mohamed, 32, 180
Kotb, Saïd, 31-32, 165, 170, 180, 204

L
Labidi, Kamel, 112, 206
Lacouture, Jean, 42, 201, 207-208
Laroui, Fouad, 53, 204
Lawrence d'Arabie, 12, 67
Leibniz, Gottfried Wilhelm, 110
Lévy-Willard, Annette, 152, 205
Lindqvist, Sven, 182, 204

M
Madani, Abassi, 126
Mahfouz, Naguib, 189
Mahmud II, 109
Maïla, Joseph, 77-78, 88, 104, 172, 183, 201, 203-204
Malbrunot, Georges, 177, 206
Malkom Khan, Mirza, 71
Marzouk, Adbel Sabour, 59, 73, 201
Massoud, Ahmed Chah [commandant], 64, 169, 171, 203
Massoud [commandant], 64, 169
Meddeb, Abdelwahab, 63, 85, 189
Ménoret, Pascal, 25, 99, 142, 204
Mernissi, Fatema, 138, 145, 204, 206
Mohamed V [sultan], 159
Mohiédine, Khaled, 30
Montazeri [ayatollah], 16, 60, 120, 122, 133
Montesquieu, 108, 165
Mossadegh, Mohamed, 163
Moubarak, Hosni, 111
Moussab Al Zaquaoui, Abou, 60
Moussavi, Mir Hossein, 121

N
Naguib, Mohamed, 30
Nassef, Malak Hifni, 153
Nasser, Gamal Abdel [colonel], 29-32, 79, 92-94, 109, 111, 159, 164-166, 190
Navab-Safavi, Mohamed, 163
Nawfel, Hind, 153
Nikpey, Amir, 96, 201
Nouri, Abdullah, 133

O
Obama, Barack, 10, 13, 60, 66, 79

P
Pabst, Georg Wilhelm, 149
Pactet, Pierre, 123, 204
Pahlavi, Mohammad Reza [Chah], 90
Pahlavi, Reza [Chah] (Reza Khan), 90
Pouchin, Dominique, 163-164, 205-206

R
Rashwan, Diaa, 28, 74, 79, 201
Renan, Ernest, 57
Rizq, Yunan Labib, 62, 69, 92, 166, 201
Rousseau, Jean-Jacques, 108
Rushdie, Salman, 179, 183, 188, 193, 204, 206

S
Sabour Marzouk, Adbel, 59, 73, 201
Said, Edward W., 137-138, 204-205
Sakharov, Andreï, 195
Saladin, 69
Salamatian, Ahmad, 164
Salamé, Ghassan, 127, 205
Sayed, Ahmed Lotfi, 153
Scemama, André, 161, 206
Schéhérazade, 138
Séveno, Maurice, 140, 206
Shabastari, Moudjahid, 133
Sharawi, Hoda, 93, 154
Shariati, Ali, 96
Sidique Khan, Mohamed, 173
Solé, Robert, 15
Sonbol, Amira, 153, 205
Spinoza, Baruch, 110
Sykes, Mark, 67

T
Taha, Mahmoud Mohamed, 189
Taïmour, Aïcha, 152
Tamam, Hossam, 21, 77, 183, 201
Todd, Emmanuel, 105, 204-205
Todorov, Tzvetan, 59, 205-206

U
Urvoy, Dominique, 57, 206

V
Vallet, Odon, 162, 205
Védrine, Hubert, 98
Voltaire, 110, 164, 195

Y
Yassine, Abdessalam [cheikh], 37

Z
Zaghloul, Saad, 93, 111
Zarcone, Thierry, 88, 109, 205

Table des matières

Remerciements 7

Introduction 9

Chapitre 1 – La vague islamiste 19
La face émergée 19
Aux origines de l'islamisme 24
Le wahhabisme 24
La Jamaat-e-Islami pakistanaise 26
Les Frères musulmans 27
L'échec du panarabisme 29
La radicalisation de l'islamisme égyptien 31
L'Éveil saoudien 32
La révolution islamique 34
Divergences et convergences 36

Chapitre 2 – Le califat ou l'idéalisation d'une grandeur du passé . . . 41
Treize siècles de califat 42
Le choc de l'abolition 45
Les tentatives de restauration 47
Le fantasme islamiste 50

Chapitre 3 – L'Occident, cible de choix 55
Qui hait qui ? Qui menace qui ? 56
Les facteurs de dégradation 64
Le poids de l'histoire 67
L'humiliation 69
Les civilisations en question 74
Le conflit rêvé 77

Chapitre 4 – Islam et modernité, frères ennemis ? 81
Que s'est-il passé ? 82
L'échec des modernisations 88
L'Occident en question 96

La modernité en question 100
La modernité en cours 103

Chapitre 5 – Démocratie et islam 107
La démocratie, une invention de l'Occident 107
La démocratie sans démocrates 110
Quelle démocratie, quel avenir ? 114
La démocratie et l'islam 116
Droit divin, droit du peuple 122
L'exemple algérien 125
L'exemple turc 127
Éducation et démocratie 129
La question de la laïcité 130
Souveraineté et légitimité 133
Les forces en présence 135

Chapitre 6 – Les femmes, enjeu politique 137
La femme, sujet d'affrontement 137
Le voile, symbole de l'islam dans le monde 143
Voile et traditions 148
Sous le voile, la révolution 152
Un combat séculaire 158

Chapitre 7 – Au nom de l'islam 161
L'islam instrumentalisé 162
Affrontement ou coexistence pacifique ? 171
Choc des civilisations ou choc des intérêts ? 180

Conclusion 185

Glossaire 197

Table des principaux entretiens 199

Bibliographie 203

Index 209

Mise en page : Le vent se lève...

Achevé d'imprimer sur les presses
de la Nouvelle Imprimerie Laballery
58500 Clamecy
N° d'éditeur : 6035 – N° fab. : 6212
N° d'imprimeur : 907182
Dépôt légal : septembre 2009

Imprimé en France